Rolf Bolwin · Peter Seibert (Hrsg.)
unter Mitarbeit von Sandra Nuy

Theater und Fernsehen

Studien zur Kommunikationswissenschaft

Band 18

Dieser Band dokumentiert eine vom Deutschen Bühnenverein in Zusammenarbeit mit dem Teilprojekt „Theater im Fernsehen" des DFG-Sonderforschungsbereichs 240 „Bildschirmmedien" der Universität-GH Siegen veranstaltete Tagung (Köln, 14.2.–15.2.1995).
Rolf Bolwin ist Mitherausgeber des Bandes im Auftrag des Deutschen Bühnenvereins.

Rolf Bolwin · Peter Seibert (Hrsg.)
unter Mitarbeit von Sandra Nuy

Theater und Fernsehen

Bilanz einer Beziehung

Westdeutscher Verlag

Die Deutsche Bibliothek – CIP-Einheitsaufnahme

Theater und Fernsehen: Bilanz einer Beziehung /
Rolf Bolwin; Peter Seibert (Hrsg.). Unter Mitarb. von
Sandra Nuy. – Opladen: Westdt. Verl., 1996
  (Studien zur Kommunikationswissenschaft; Bd. 18)
  ISBN 3-531-12861-2

NE: Bolwin, Rolf [Hrsg.]; GT

Alle Rechte vorbehalten
© 1996 Westdeutscher Verlag GmbH, Opladen

Der Westdeutsche Verlag ist ein Unternehmen der Bertelsmann Fachinformation.

Das Werk einschließlich aller seiner Teile ist urheberrechtlich
geschützt. Jede Verwertung außerhalb der engen Grenzen des
Urheberrechtsgesetzes ist ohne Zustimmung des Verlags un-
zulässig und strafbar. Das gilt insbesondere für Vervielfäl-
tigungen, Übersetzungen, Mikroverfilmungen und die Ein-
speicherung und Verarbeitung in elektronischen Systemen.

Umschlaggestaltung: Christine Huth, Wiesbaden
Druck und buchbinderische Verarbeitung: Lengericher Handelsdruckerei, Lengerich
Gedruckt auf säurefreiem Papier
Printed in Germany

ISBN 3-531-12861-2

Inhalt

Vorwort 7

Rolf Bolwin
Rechtliche Aspekte im Verhältnis Theater-Fernsehen. 9

Erste Podiumsdiskussion
Theater im Fernsehen - Quotenkiller oder Zukunftschance?. 16

Helmut Schanze
Theater und Fernsehen im Kontext "Neuer Medien" 45

Peter Seibert
Theater reihenweise.
Anmerkungen zur Geschichte von Theater im Fernsehen 53

Sandra Nuy / Bettina Petry
Auf der Suche nach den schönen Bildern.
C. Rainer Eckes Regiearbeiten für *Die aktuelle Inszenierung* 65

Inga Lemke
Theater (wie) für das Fernsehen geschaffen.
Thomas Langhoff als Theater- und Fernsehregisseur 82

Stephan Becker
Die vermittelte Unmittelbarkeit.
Kleiner Mann, was nun? Theater im Fernsehen
und mediale Ausdifferenzierung 105

Rolf M. Bäumer
Rettung des Theaters im Film -
Zerstörung des Theaters im Fernsehen?. 113

Doris Rosenstein
Theater im Kulturmagazin -
zwischen Information und Kritik. 127

Barbara Büscher
Theater und Video - jenseits des Fernsehens?
Intermediale Praktiken in den achtziger Jahren. 145

Zweite Podiumsdiskussion
Theater im Fernsehen -
Perspektiven für die Theaterberichterstattung. 169

Anhang 211

Vorwort

"Theater muß sein" - so postuliert es eine Kultur-Initiative des Deutschen Bühnenvereins. Aber muß es auch im Fernsehen sein? Die privatrechtlichen Sender scheinen dies von jeher verneint zu haben. Daß sich ihrer Position mit dem ZDF auch eine öffentlich-rechtliche Anstalt anschloß, als diese ihre langjährige Sendereihe *Die aktuelle Inszenierung* - Kulturauftrag hin, Kulturauftrag her - strich, mußte Aufregung verursachen. Dies nicht zuletzt beim Deutschen Bühnenverein selbst, der nicht nur die materiellen und künstlerischen Interessen der einzelnen von ihm vertretenen Bühnen tangiert sah, sondern um die Stellung des deutschen Theaters insgesamt fürchten mußte: Das Dominanzmedium Fernsehen drohte durch solche 'Ausgrenzung' zum gesellschaftlichen und kulturellen Bedeutungsverlust des traditionsreichen Kunstmediums beizutragen.

Daß *Die aktuelle Inszenierung* eingestellt wurde, hatte auch die Medienwissenschaft, zumal wenn sie die Geschichte der einzelnen Medien als Entwicklung in einem Medienensemble begriff, zu registrieren und zu werten als Indiz für grundlegendere Umstrukturierungen im Verhältnis von Theater und Fernsehen. Diese waren nicht allein abzuleiten aus einem gewandelten Zuschauerverhalten, nicht allein zu begründen in aktuellen rundfunkpolitischen Veränderungen, sie verweisen auch auf die Heraufkunft neuer Medien, durch die immer stärker auch traditionelle Vorstellungen von 'Theater' selbst zur Disposition gestellt werden.

So bot es sich an, daß Medienwissenschaftler des Sonderforschungsbereichs "Bildschirmmedien", den die Deutsche Forschungsgemeinschaft an der Universität Siegen eingerichtet hat, gemeinsam mit dem Deutschen Bühnenverein zu einer Tagung Anfang 1995 nach Köln einluden. Die offenkundig gewordene Krise in den Beziehungen der beiden Medien sollte auf dieser Konferenz mit Verantwortlichen aus den Fernsehanstalten und den Theatern diskutiert werden.

Zu dieser historisch-ästhetischen Bestandsaufnahme, der Analyse der augenblicklichen Situation und der Erörterung möglicher Perspektiven im intermedialen Verhältnis konnte schließlich August Everding als Präsident des Deutschen Bühnenvereins Indendanten, Programmdirektoren, Kulturdezernenten, Regisseure, Künstler, Journalisten, Verleger, Verwaltungsdirektoren, Gewerkschaftsvertreter und Wissenschaftler begrüßen. Das von dem beteiligten Personenkreis, aber auch den angesprochenen Themen her breite Gespräch über Theater und Fernsehen, wie es durch die Zusammenarbeit von Deutschem Bühnenverein und Siegener Hochschule - ein Novum sicherlich für beide Institutionen - gestiftet wurde, erschien den Veranstaltern einer Dokumentation wert.

Von daher versteht es sich auch von selbst, wenn Wortlaut und Diktion der Tagungsbeiträge und -vorträge in der Publikation gewahrt wurden.* Wer ein weitergehendes wissenschaftliches Interesse an "Theater und Fernsehen" hat, sei hiermit auf die umfassenden Bibliographien verwiesen, die vom Siegener Forschungsprojekt vorgelegt worden sind.**

Zu danken ist an dieser Stelle den Mitarbeitern des Medienzentrums der Universität Gesamthochschule Siegen: Auf der Grundlage ihrer audiovisuellen Dokumentation der Konferenz konnte der vorliegende Tagungsband entstehen. Der Dank gilt nicht zuletzt Götz Schmedes, der wesentlichen Anteil an der Erstellung der Druckvorlage hatte.

Peter Seibert, Juli 1995

---

* In den Tagungsband zusätzlich aufgenommen ist lediglich das Referat Inga Lemkes, das in Köln zwar in schriftlicher Form vorlag, den Teilnehmern am Symposion aber nicht mehr im mündlichen Vortrag präsentiert werden konnte.

** Theater im Fernsehen. Eine Bibliographie der Diskussionsbeiträge von 1953 -1990. Hrsg. von Doris Rosenstein und Peter Seibert unter Mitarbeit von Stephan Becker, Angela Merte und Susanne Pütz. Arbeitshefte Bildschirmmedien 24. Siegen 1991.; Nuy; Sandra: Ergänzungsbibliographie der Diskussionsbeiträge zu "Theater im Fernsehen". In: Renate Gompper/Petra Weber: Schöne neue Theaterwelt in HDTV? "Timon aus Athen" - eine Theateraufzeichnung. Arbeitshefte Bildschirmmedien 31. Siegen 1993, Anhang S. I-XVII.

Rolf Bolwin

Rechtliche Aspekte im Verhältnis Theater-Fernsehen

Wer sich über Kultur im Fernsehen äußert und nachweisen möchte, daß sie zu kurz kommt, beginnt am besten mit einer kleinen Ungerechtigkeit, dem Blick in die 'prime-time'. Was zwischen vielleicht 19 und 22 Uhr über die Bildschirme unserer öffentlich-rechtlichen Hauptprogramme geht, von den privaten ganz zu schweigen, hat nämlich mit Kultur in der Regel wenig zu tun. Da konkurrieren am Samstag *Zwei alte Hasen* im ZDF mit *Verstehen Sie Spaß?* in der ARD.[1] *Der Orden wider den tierischen Ernst* in der ARD am Sonntag kann mit Mühe unter Kultur abgehakt werden. (Der Satz stammt noch aus der Zeit vor der Sendung.) Am Dienstag kann der, der *Unser Lehrer Dr. Specht* ohne ernsthaften Schaden noch überstanden hat, sich dann anschließend im ZDF den *Sonnenstich* holen, der allerdings mit *Peter Strohm. Das Mädchen aus St. Petersburg* konkurriert. Wer bis Donnerstag aushält, freut sich schon auf *Dingsda*, eine Sendung der ARD, die schon durch die Präzision des Titels besticht, oder sieht sich vom ZDF mit der glasklaren Alternative *Entweder oder* konfrontiert. Dann endlich schlägt am Freitag im ZDF die Stunde der Kultur. *Faust* steht auf dem Programm. 'Teil 1 oder 2, oder auch nur die Wurzel daraus?' fragt sich der kulturinformierte Zuschauer. *Tödliche Route* steht im Programmheft, scheint also ein neuer dritter Teil zu sein, als Krimiserie angelegt oder endgültig als Fahrt zur Hölle. Und damit die Privaten sich hier nicht beruhigt zurücklehnen: Als Alternative kann man am Freitag auch wählen zwischen einem *Wirbelsturm in Florida* (Sat 1) und *Die nackte Kanone 2 1/2* (RTL), ein Film der, wieder laut Programmheft, mal infantil, mal genial ist, was natürlich eine unglaublich vielversprechende Mischung zu sein verspricht.

Wie gesagt, das alles ist ein wenig ungerecht, wissen wir doch zu genau, daß zwischen diesen Sendungen bei ARD und ZDF *Kulturweltspiegel* und *Kulturreport, Aspekte* und *Das literarische Quartett* ihre durchaus guten Sendezeiten behaupten. Daß dies gelingt, verwundert ein wenig, scheinen

---

1 Die Programmbeobachtung umfaßt die Zeit vom 4.02.1995 bis zum 10.02.1995.

doch manche Programmplaner in dem Glauben verhaftet zu sein, kulturinteressierte Zuschauer blieben nachts lange auf und würden, wenn überhaupt, erst am Morgen spät zu arbeiten anfangen. Anders ist eine Sendezeit von 23.50 Uhr für die letzte *Aktuelle Inszenierung* im ZDF, Büchners *Woyzeck* am Düsseldorfer Schauspielhaus, nicht verständlich. Daß Schule mit einer immerhin hier nicht ganz unbeträchtlichen Zielgruppe von Lehrern und hoffentlich auch Schülern schon immer morgens gegen 8 Uhr begonnen hat und daß es den Unterricht fördert, wenn alle Beteiligten ausgeschlafen sind, scheint in den Programmetagen des Fernsehens in Vergessenheit geraten zu sein.

Natürlich wissen wir auch, daß es die Dritten Programme der ARD gibt, zudem arte und 3sat. Diese leisten viel für die Kultur. Dem gebührt unsere große Anerkennung. Schon wegen dieser Programme setzt der Deutsche Bühnenverein in erster Linie auf den öffentlich-rechtlichen Rundfunk, wenn es um Theaterübertragungen oder Kulturberichterstattung geht. Und weil wir nicht wollen, daß die Kultur als Teil aller öffentlich-rechtlichen Programme weiter an Bedeutung verliert, fordert der Bühnenverein unmißverständlich eine Erhöhung der Rundfunkgebühren, auch wenn es unserem Herrn Bundeskanzler nicht gefällt. Dessen ungebetene Ratschläge sind im übrigen alles andere als willkommen, und auch die Vorschläge von Herrn Biedenkopf und Herrn Stoiber haben nur einen einzigen Vorzug, den der Zuständigkeit.

Doch Theater, Kultur im Fernsehen ist nicht nur eine Frage von Kultursendungen. Es geht auch um den Anteil von Kultur an der allgemeinen Berichterstattung. Natürlich steht an der Spitze der augenblicklichen Nachrichtensendungen Tschetschenien und die Lage in Rußland, Bosnien, der Tarifkonflikt in der Metallindustrie. Ansonsten werden wir viel mit Verlautbartem überhäuft, von dem man den Eindruck haben muß, man tastet sich mehr und mehr an Tabugrenzen heran, um die erwünschte Aufmerksamkeit zu erzielen. Informationen aus der Kultur werden eher stiefmütterlich behandelt. So haben sich die Nachrichten in öffentlich-rechtlichen wie privaten Fernsehprogrammen noch nie für die jährlich vom Deutschen Bühnenverein veröffentlichten Zuschauerzahlen der Theater interessiert. Als die Arbeitnehmer bei Arbed-Saarstahl oder bei der Lufthansa auf einen Teil ihrer Gehälter verzichteten, um ihre Arbeitsplätze zu sichern, stand dies im Mittelpunkt der Meldungen. Als die etwa 10.000 Künstler, also Schauspieler, Sänger, Tänzer und Orchestermusiker, der Theater der neuen Bundesländer zu vergleichbaren Leistungen bereit waren - dpa hatte dies ausführlich gemeldet - war das den Fernsehnachrichten keine Silbe wert. Das bedürfte bei allem Sinn für die journalistischen Freiheiten von Nachrichtenredaktionen vielleicht doch einer Erklärung.

Nähern wir uns dem Thema nun juristisch. Wir befinden uns in Nordrhein-Westfalen, dort gibt es bekanntlich den WDR. Für ihn gilt, wie sich das hierzulande gehört, ein Gesetz. "Sein Programm hat der Information, Bildung und Unterhaltung zu dienen", heißt es dort. Die Reihenfolge ist interessant. Und weiter sagt § 4 Absatz 2: "Er (der WDR also) hat Beiträge zur Kultur, Kunst und Beratung anzubieten." Schon die Gesetzeslage also spricht für die Kultur.[2]

Das Bundesverfassungsgericht, das seine unbestrittenen Verdienste bei der Ausgestaltung der Rundfunkordnung der Bundesrepublik Deutschland hat, verkündete seine erste große Entscheidung zum Rundfunk, nachdem Adenauer seinerzeit versucht hatte, eine Art Staatsfernsehen einzurichten, am 28. Februar 1961. Es formulierte in diesem Urteil neben der Informationspflicht auch den Kulturauftrag des damals allein existierenden öffentlich-rechtlichen Rundfunks. In dem zitierten Urteil heißt es: Die

> (...) Mitwirkung an der öffentlichen Meinungsbildung beschränkt sich keineswegs auf die Nachrichtensendungen, politischen Kommentare, Sendereihen über politische Probleme der Gegenwart, Vergangenheit oder Zukunft; Meinungsbildung geschieht ebenso in Hörspielen, musikalischen Darbietungen, Übertragungen kabarettistischer Programme bis hin in die szenische Gestaltung einer Darbietung.[3]

Und wenn gleichzeitig gefordert wird, daß alle für die Meinungsbildung "in Betracht kommenden Kräfte im Gesamtprogramm zu Wort kommen" müssen[4], dann ist unmißverständlich klar, daß es ein Fernsehprogramm in öffentlicher Verantwortung nicht geben kann, welches die Kultur außer Betracht ließe.

Weiterentwickelt wurde diese Rechtsprechung dann durch das Urteil des Bundesverfassungsgerichtes vom 4. November 1986 anläßlich des Niedersächsischen Landesrundfunkgesetzes. Mit ihm sollte zwischen Emden und

---

2 Gesetz über den Westdeutschen Rundfunk Köln (WDR-Gesetz). Abgedruckt in: Rundfunkrecht. Staatsverträge der Länder. Landesrundfunkgesetze. Landesmediengesetze. Bundesrundfunkgesetz. München 1990. (= Beck-Texte im dtv)
3 Fernsehurteil (1961). BVerfGE 12,205.
4 Ebda.

Hannover der private Rundfunk flächendeckend eingeführt werden. Ausgehend von einer dualen - also öffentlich-rechtliche und private Rundfunkveranstalter umfassenden - Rundfunkordnung wurde ARD und ZDF die Grundversorgung übertragen. Das Gericht versteht darunter, den, wie es sagt,

> (...) klassischen Auftrag des Rundfunks (...), der neben seiner Rolle für die Meinungs- und politische Willensbildung, neben Unterhaltung und über laufende Berichterstattung hinausgehender Information seine kulturelle Verantwortung umfaßt.[5]

Und dann heißt es im Niedersachsenurteil weiter: Unter den Bedingungen eines europäischen Rundfunkmarktes "bleiben dem gebietsbezogenen nationalen, insbesondere dem terrestrischen Rundfunk gerade diese essentiellen Funktionen."[6] Nimmt man das Bundesverfassungsgericht an dieser Stelle beim Wort, dann heißt dies aus meiner Sicht nicht nur, daß ohne Kultur im öffentlich-rechtlichen Rundfunk nichts geht, sondern auch, daß eine vollständige Verlagerung der Kulturberichterstattung in die dritten Programme der ARD sowie in die satellitenverbreiteten Programme nicht in Betracht kommen kann. Dies impliziert, daß die in die Debatte geworfene Abschaffung des terrestrisch verbreiteten Ersten Fernsehprogramms ein Vorschlag ist, den man nur machen kann, wenn man sich der Lektüre der Rundfunkurteile des Bundesverfassungsgerichts beharrlich verweigert.

Da ein Anlaß für das vom Deutschen Bühnenverein zusammen mit der Universität Siegen veranstaltete Symposion die Entscheidung des ZDF ist, die Reihe *Aktuelle Inszenierung* einzustellen, zumindest jedoch ins Satellitenprogramm 3sat zu verlagern, soll durchaus eine mutige These gewagt werden: Diese Entscheidung mag zwar nicht verfassungswidrig sein, soweit wird man wohl nicht gehen dürfen, aber sie tangiert den Bereich, der den öffentlich-rechtlichen Rundfunkanstalten existenzsichernd zugewiesen wurde, nämlich den der Grundversorgung. Wer dagegen einwendet, es sei fraglich, ob die Gesamtübertragung von Theateraufführungen denn zur Grundversorgung gehöre, muß sich entgegenhalten lassen, daß weder bei Fußballspielen noch anderen Sportübertragungen vergleichbare Fragen aufgeworfen werden und das zurecht. Da nun die Grundversorgung das Spiegelbild der Gebührenfinanzierung ist, wagt man sich mit einer weiteren Reduzierung der

---

5   Niedersachsenurteil (1986). BVerfGE 73,118.
6   Ebda.

Kulturberichterstattung auf ein Terrain vor, daß ohnehin voller Sprengsätze steckt. Eine umfassende Kulturberichterstattung ist insoweit auch ein Stück Zukunftssicherheit für ARD und ZDF.

Im Hintergrund dieses kleinen Vortrages lauert nun lächelnd Leo Kirch, sieht er doch vor seinem geistigen Auge einen öffentlich-rechtlichen Rundfunk, reduziert auf Information, Bildung und Kultur. Schon die obigen Zitate der Rechtsprechung des Bundesverfassungsgerichtes belegen jedoch, daß diese Hoffnung vergebens wäre. Die Grundversorgung umfaßt eindeutig auch den Bereich der Unterhaltung, was der Übertragung von Theaterereignissen im übrigen nicht unbedingt entgegenstehen muß. Sachdienliche Hinweise gibt die Hauptgeschäftsstelle des Bühnenvereins. Außerdem hat sich das Bundesverfassungsgericht in Sachen Inhaltsmaßstäbe für den privaten Rundfunk nicht völlig abstinent verhalten. Von einem "Grundstandard gleichgewichtiger Vielfalt" ist im Niedersachsenurteil beispielsweise die Rede.[7] Also dürfen Sat 1, RTL und all die anderen die Kultur und das Theater nicht völlig ignorieren. Vielleicht lassen sich zudem im Umfeld einer interessanten Opernübertragung auch ganz geschickt ein paar Werbezeiten verkaufen. Ein großer Teil des an Kultur interessierten Publikums ist finanziell gar nicht so schwach auf der Brust. Und Herrn Kluge mit seiner *dctp*, der leider heute nicht kommen konnte, müssen wir Theaterleute einmal fragen, ob er die ihm für die Kultur eingeräumten Sendezeiten immer im Sinne der Kultur ausreichend nutzt.

Will man das Verhältnis zwischen Theater und Fernsehen unter juristischen Gesichtspunkten vollständig betrachten, so heißt dies, hier zwei weitere Kapitel anzufügen: erstens die Frage der Urheber- und Leistungsschutzrechte und zweitens die Frage nach der Beteiligung von Kulturverbänden an den Rundfunkgremien, die zur Aufsicht und Zulassung privater Landesmedienanstalten einbezogen werden. Ich mache es kurz.

Was die Rechtefrage angeht, ist der Deutsche Bühnenverein vor allem hinsichtlich der Leistungsschutzrechte tangiert. Dazu nur soviel: Wir bemühen uns zur Zeit um neue Vereinbarungen mit den Gewerkschaften, denen entsprechend das, was im Sport Kurzberichterstattung heißt, problemlos und kostenfrei möglich ist, und zwar auch jenseits der vom Urheberrechtsgesetz geforderten Anbindung an die Aktualität. Vergleichbare Empfehlungen geben wir unseren Mitgliedern für den Abschluß von Gastverträgen. Wird alles

---

[7] Ebda.

umgesetzt, erlaubt dies Kurzaufzeichnungen im notwendigen Umfang einschließlich einer möglichst umfassenden Verwertung dieser Aufzeichnungen im Rahmen der Berichterstattung. Jenseits dieser Kurzberichterstattung versuchen wir, die Gewerkschaften von einem Modell zu überzeugen, das die Aufzeichnung erleichtert, die Verwertung jedoch von den üblichen Vereinbarungen mit den Künstlern und den Theatern abhängig macht. Ein solches Modell läßt sich gegenüber den Theatern und ihren Künstlern jedoch nur durchsetzen, wenn dort das Vertrauen begründet wird, mit den Aufzeichnungen werde ordnungsgemäß verfahren. Daß dieses Vertrauen zur Zeit gegenüber den privaten wie öffentlich-rechtlichen Rundfunkveranstaltern überall vorhanden ist, kann leider nicht behauptet werden.

Und nun zu den Aufsichtsgremien, also Rundfunk- oder Fernsehräten, Verwaltungsräten und Rundfunkkommissionen oder wie immer sie heißen mögen. Als der bayerische Ministerpräsident Hand in Hand mit seinem sächsischen Kollegen in der hier schon erwähnten Weise das Erste Fernsehprogramm in Frage stellte, erntete er zurecht viel Widerspruch. Einer, der es auf den Punkt brachte, war Gunter Hofmann in der *Zeit*: Er forderte einen Reformstreit ohne Tabus und kritisierte vor allem, daß die Organisation des Rundfunks zu lange Sache der Parteien gewesen sei. Nun kann es nicht darum gehen, die Befugnisse von Landesparlamenten und der sie tragenden, meist parteigebundenen Abgeordneten in Zweifel zu ziehen. Aber jedem, der auch nur ansatzweise einmal mit der Zusammensetzung von Rundfunkgremien zu tun hatte, muß die Frage erlaubt sein, ob dabei überhaupt nachvollziehbare Kriterien zur Anwendung gelangen und welches diese Kriterien sind. Das Bundesverfassungsgericht hat dem Gesetzgeber, wie es im Urteil vom 5. Februar 1991 zum WDR-Gesetz und zum Landesrundfunkgesetz NRW heißt, "einen weiten Gestaltungsspielraum" eingeräumt.[8] Wer im einzelnen zu den gesellschaftlichen Kräften gehöre, die bei der Zusammensetzung von Rundfunkgremien zu berücksichtigen seien, lasse sich Artikel 5 Grundgesetz, also dem Prinzip der Rundfunkfreiheit, nicht entnehmen. Das gelte um so mehr, als die Mitglieder beispielsweise eines Rundfunkrates nicht Interessenvertreter der sie entsendenden Organisationen seien, sondern "Sachwalter der Allgemeinheit". Allerdings ende die Gestaltungsbefugnis des Gesetzgebers nicht erst an der Willkürgrenze des in Artikel 3 Grundgesetz verankerten Gleichheitsgrundsatzes. Keinesfalls dürfe es zu Über- oder Un-

---

8 NRW-Urteil (1991). BVerGE 83,238.

terrepräsentationen kommen, die die Schwelle der "groben Verzerrungen" überschritten.

Das alles ist reichlich vage und von dem verständlichen Bemühen bestimmt, Klagen zu vermeiden, die dem Ziel dienen, eine Beteiligung an einem Rundfunkgremium gerichtlich durchzusetzen. Für die Kulturverbände hat dies jedoch zur Folge gehabt, daß sie entweder doch unterrepräsentiert sind oder sehr unter dem Gesichtspunkt des sicheren Kantonisten ausgesucht wurden. So ist etwa die neun Personen umfassende Kulturbank im Rundfunkrat des WDR allein mit vier Gewerkschaftsvertretern besetzt. Ob dies nicht schon eine grobe Verzerrung ist, wird der Bühnenverein noch einmal sorgfältig zu prüfen haben. Jedenfalls ist auch im Sinne der oben beschriebenen kulturellen Verantwortung des Rundfunks eine stärkere Beteiligung von Künstlern und ihren Organisationen sowie von Kultureinrichtungen an den Rundfunkgremien zu fordern. In diesem Sinne, das verschweige ich nicht, rede ich auch pro domo. Und vielleicht wäre es gerade der dem Gemeinwohl verpflichtete Theaterverband, der in den Aufsichtsgremien der Rundfunkanstalten einer weiteren Nivellierung unserer Rundfunkprogramme im allgemeinen und insbesondere dem aus reiner Sensationslust geborenen, rechtspolitisch verbrämten Plan widerspräche, Gerichtsverhandlungen im Fernsehen zu übertragen. Nicht, weil wir die dann sicher kostenlose Konkurrenz eines Medienspektakels, wie es beim Simpson-Prozeß zu beobachten ist, fürchten, nein, nur weil wir dies für die politische Kultur unseres Landes für schädlich halten.

In einer Werbung des Deutschen Bühnenvereins für das Theater heißt es:

Im Theater hat die Nacht noch eine Königin,
ist Romeo ein echter Liebhaber
und Mephisto des Pudels Kern.
Ariel ist ein Luftgeist,
Bravo ein Ruf der Zustimmung
und Der Sturm wichtiger als das Wetter.
Theater muß sein.

Ein Fernsehen ohne Kultur ist auf Dauer langweilig, nichtssagend und jedenfalls ohne Würze, ohne Poesie. Einem Fernsehen ohne Theater, ohne Literatur fehlt ein wichtiger Baustein in dem, was das Fernsehen bisher auch ausmachte, zumindest aber ausmachen sollte: ein Ort zu sein, an dem die Sprache gepflegt wird. Deshalb muß Theater sein, auch im Fernsehen.

Erste Podiumsdiskussion

Theater im Fernsehen - Quotenkiller oder Zukunftschance?

Diskussionsteilnehmer auf dem Podium

Moderation: Staatsintendant Prof. August Everding

Hans Janke

Dr. Heinz Glässgen

Dr. Sabine Rollberg

Gül Oswatitsch

Dr. Karlheinz Braun

Uwe Kammann

Rolf Bolwin

Everding: Herr Bolwin, danke schön, ich freue mich immer, wenn ein Jurist auch die Sprache der Kultur spricht. Ich begrüße mit mir auf dem Pult: Gül Oswatitsch von Sat 1, Sabine Rollberg von arte, Dr. Heinz Glässgen für die ARD, Hans Janke, ZDF, Karlheinz Braun, Verlag der Autoren, Uwe Kammann, epd / Kirche und Rundfunk und Rolf Bolwin vom Deutschen Bühnenverein.

Meine Damen und Herren, ich habe ein Symposion zu leiten mit der Überschrift: 'Quotenkiller oder Zukunftschance'. Also, Quotenkiller sind wir sicherlich, das weiß ich aus vielen meiner Sendungen. Ob wir eine Chance haben, werden wir diskutieren. Ich darf Dr. Kluge noch einmal zitieren, der hat über einen bestimmten privaten Sender gesagt, der wäre absolut quotensicher und absolut qualitätsfrei. Wir haben in München gerade eine große Diskussion geführt über 'leeres Theater - gutes Theater'. Ein Thema, das wir absolut übertragen können auf dieses Symposion: 'Leeres Fernsehen - gutes Fernsehen?' Die Frage ist gar nicht so abwegig. Nicht immer ist alles, was gesehen wird, gut. Und wenn man stolz sagt: 'Ich hab' 50 Prozent Sehbeteiligung', ist das oft ein Beweis, daß es besonders schlecht ist, weil der allgemeine Geschmack, von der Erbsünde herrührend, schlecht ist. Und den zu verbessern, dafür sind wir in der Kultur angetreten. Wir machen jetzt keinen geschichtlichen Rückblick, aber denken Sie mal darüber nach, wie das anfing. Ich war damals Regieassistent an den Münchner Kammerspielen und es wurde '53 so viel Theater gesendet, daß wir am Theater Angst bekamen, daß dort eine Konkurrenz entsteht. Das hat sich dann bald gegeben, und wir wollen ja auch übrigens heute morgen nicht so sehr viel über die Praxis reden. Ich bin gebeten worden, diese Diskussion unter medienpolitischen - oder sagen wir - programmpolitischen Aspekten zu leiten.

Übrigens, das Erste Deutsche Fernsehen wurde mit Goethes *Vorspiel auf dem Theater* eröffnet. Ich selbst habe im ZDF 120 Sendungen moderiert mit dem Titel *Theater im Gespräch und Theater in der Kritik*. In den bewegten Zeiten des Theaters haben wir dort diskutiert - mit Noelte, mit Zadek, mit Stein, mit Frau Giehse, mit Herrn Lühr. Als ich Herrn Stolte vor kurzem bat, mir doch diese Sendungen zukommen zu lassen, damit ich ein Buch daraus machen könne, stellte sich heraus, daß diese Sendungen fast alle gelöscht sind. Als das so begann mit Ihnen und mit uns, da waren die Öffentlich-Rechtlichen ja noch in der Lage, aus ihrem Überfluß an Geld Kultur zu finanzieren. Das hat sich alles geändert. 'Eine Million Werbeverlust jeden Tag', hat man mir gesagt. Also ganz neue Fragen.

Meine Damen und Herren, ich möchte zuerst eine Frage an Sie alle geben. Stimmt das, was Herr Bolwin soeben sagte? Gehört die Kulturberichterstattung im Allgemeinen, die Theaterberichterstattung im Besonderen zur Grundversorgung mit Rundfunk, die die öffentlich-rechtlichen Rundfunkanstalten sicherzustellen haben? Stimmt das, Frau Rollberg?

Rollberg: Für mich stimmt es natürlich, sonst würde ich nicht bei einem europäischen Kultursender arbeiten. Dort gibt es keine Nische für Kultur, sondern das ganze Programm ist, oder sollte, Kultur sein. Ob es das immer so ist, oder ob wir das immer leisten, das ist eine andere Frage. Wir haben eher das Problem, daß wir natürlich auch damit arbeiten müssen, daß der Kulturbegriff in den verschiedenen europäischen Ländern ein unterschiedlicher ist. Wir Deutschen propagieren eher eine avantgardistische Kultur, während in

Frankreich eher auf Bewährtes gesetzt wird. Für arte ist die Kulturberichterstattung die Existenzberechtigung. Ohne die könnten wir nicht bestehen. Insofern kann ich die Frage mit einem klaren Ja beantworten.

Everding: Ich habe auch bewußt mit Ihnen angefangen, nicht nur um eine Quotendame sicherzustellen, sondern weil ich auch wußte, daß es Ihre Essenz ist. Aber fragen wir doch Dr. Glässgen von der ARD. Stimmt diese Frage?

Glässgen: Sie werden sicher von keinem Kulturchef einer ARD-Anstalt erwarten, daß er nein sagt auf die Frage, ob sein Geschäft zur Grundversorgung gehört. Es ist allerdings sehr wichtig zu wissen, worüber man redet, welchen Kulturbegriff man dieser Arbeit zugrunde legt. Ich hab' mir mal den Spaß gemacht, verschiedene Kulturdefinitionen ausfindig zu machen und bin auf ungefähr 200 verschiedene Definitionen gestoßen. Im Sinne der meisten Definitionen ist Kultur ganz sicher eine Sache der Grundversorgung.

Wenn Sie unsere Programme angucken, dann sehen Sie, daß wir einen ganz wesentlichen Teil auf Kultur im weit verstandenen Sinn verwenden. Wenn Sie Theater und Fernsehen ansprechen, ist zu fragen: 'Wie findet dieses Theater in unserem Fernsehen statt?' Da möchte ich drei Aktivitäten nennen. Erstens: Kulturberichterstattung in den Kulturmagazinen. Zweitens Theateraufzeichnungen, auch das gibt es bei uns noch. Eine ganz eigene Art der Kulturpräsenz im Fernsehen. Und drittens begleitende Dokumentationen, beispielsweise Hintergrundberichterstattungen, Probenberichte usw. In diesen drei - aus meiner Sicht unverzichtbaren - Formen kommt Theater in der ARD vor und das in nicht geringem Maße.

Everding: Herr Janke, kommt denn das ZDF seinem Auftrag noch nach, wenn es Kultur außerhalb der Hauptsendezeiten nach 23.20 Uhr bringt? Ist das denn noch Auftragserfüllung?

Janke: Ich glaube, was diese Sendezeiten betrifft, da müssen wir uns noch eine Extradebatte gönnen, weil sich die Publikumsgebräuche bekanntlich sehr verändert haben und in einem hochkonkurrenzierten Programm eigentlich jeder Sendeplatz heute eine Besonderheit ist. Wenn Sie fragen, 'Kulturberichterstattung als essentieller Bestandteil von öffentlich-rechtlichen Programmen?' Klar, antwortet man sehr leicht. Zum öffentlich-rechtlichen Rundfunk gehört eine kontinuierliche, kompetente Kulturberichterstattung, Kulturvermittlung auf Plätzen, die sich dafür bestens eignen und mit dem dazugehörigen Geld und den entsprechenden Leuten. Aber erst danach wird die Sache doch ein bißchen prekärer, weil auf der einen Seite das, was Grundversorgung heißt - dieser schreckliche Begriff - natürlich nicht ein für allemal definiert ist und sich schon gar nicht ausschließlich von außen definieren läßt. Es kann nicht so sein, daß alle möglichen partikularen Interessen sich auf das öffentlich-rechtliche Fernsehen werfen und sagen: 'Wenn Ihr das nicht tut, dann verlaßt Ihr den öffentlich-rechtlichen Sektor.' So wird man nicht arbeiten können. Auf der anderen Seite - und jetzt fängt das selbstkritische Moment an - kann es auch nicht so sein, daß wir jeweils das für öffentlich-rechtlich erklären, was wir jeweils tun. In dieser Situation bewegen wir uns zwischen Ansprüchen von außen und Bewegung drinnen. Und daß drinnen Bewegung zu sein hat unter gründlich veränderten Wettbewerbsbedingungen, das scheint mir überhaupt keine Frage zu sein. Und konkret (ich will die Schlacht um *Die aktuelle Inszenierung* nicht noch einmal schlagen) denke ich, dieser Schritt des ZDF, den man für schmerzlich halten kann, und das tue ich, hatte immerhin Gründe. Er hatte nicht nur Motive, sondern er hatte Gründe, und die müssen das Tageslicht nicht scheuen. Ich könnte sie nennen, auch stellvertretend nennen. Ich war ja in der unangenehmen Situation, einen wesentlichen Teil meines Programms - *Das kleine Fernsehspiel* -, sozusagen im gleichen Verteidigungsfall zu erleben. Und im einen wie im anderen gab es Argumente, das finde ich schon mal eine komfortable Situation.

Everding: Richtig, aber Herr Stolte hat bei meiner letzten Diskussion ganz klar gesagt, sehr ehrenwert: 'Es waren nur noch 200.000, die zuschauten.' Das ist für einen Theatermann ein Argument, wenn ich sage, damit habe ich 200 Aufführungen gesichert, wenn die Zahl wirklich diese Rolle spielt. Es ist nicht die Diskussion heute, ich weiß es, aber der müssen wir uns stellen.

Janke: Darum wollte ich mich nicht drücken, Herr Everding. Ich glaube, daß Zahlen zwischen 100.000 und 200.000 für ein großes, nationenweit verbreitetes Programm wirklich problematische Zahlen sind. Das ist überhaupt keine Frage, und da muß auch nach der Relation von Aufwand und Ertrag gefragt werden. Und es muß natürlich vor allem gefragt werden, auf Kosten wovon man sich dieses wiederum weiter leisten kann. Wenn pro Jahr etwa 6 Millionen für *Die aktuelle Inszenierung* ausgegeben werden können, dann ist das möglicherweise exakt dasselbe Geld, mit dem ich ungefähr drei Original-Fernsehspiele herstellen kann. Ich muß mir das sehr genau überlegen, an welcher Stelle sozusagen diese Schnitte gemacht werden.

Everding: Ja, ist klar. Sie sagen ja, auf wessen Kosten das geht. Das geht auf Kosten der Minderheiten, und da muß man eine Minderheitendefinition machen. Was sind Minderheiten, wieviel sind die minder als Mehrheiten? Das ist eine philosophische Frage. Frau Oswatitsch, haben die Privaten überhaupt etwas mit Kultur und Theater im Sinn?

Oswatitsch: Wenn Sie den Begriff Kultur jetzt nur mit Theater gleichsetzen, ist es sehr viel schwieriger. Wir als privater Sender, das ist ganz einfach zu definieren, haben den Auftrag mit dem Geld, das wir über Werbung einbringen, unsere Programmversorgung zu machen. Wir verstehen unseren Kulturanspruch so, daß wir sagen: 'Wir machen Fernsehen, wir machen anspruchsvolles Fernsehspiel, wir machen Film und diesen Film wollen wir auch mit Niveau und Qualität für unser Publikum umsetzen'.

Everding: Karlheinz Braun, gehören Kulturberichterstattung und Theaterübertragung bei den Öffentlich-Rechtlichen zur Grundversorgung?

Braun: Selbstverständlich gehören sie zur Grundversorgung. Aber das Problem ist, daß die beiden öffentlich-rechtlichen Anstalten sich sozusagen mit einem Trick aus ihrer Pflicht der Grundversorgung entfernt haben. Die ARD konnte die Kultur sozusagen abschieben auf die Dritten Programme. Das ZDF, was keine Dritten Programme hat, hat sozusagen 3sat als deutschsprachiges Drittes Programm über drei Länder erfunden - jetzt inzwischen auch mit Beteiligung der ARD. Dazu gibt's dann noch arte. Das heißt, die beiden Hauptprogramme sind in einem weiten Maße entleert von dem, was früher traditionellerweise noch darin entstanden ist.

Everding: Herr Glässgen, Herr Janke, stimmt die These von Herrn Braun, daß ARD und ZDF die Kultur abschieben auf 3sat und auf arte? Stimmt das?

Glässgen: Herr Braun, zunächst mal: wir haben innerhalb der ARD eine ganze Reihe ganz gut etablierter Kulturprogramme. Möglicherweise sehen Sie die nicht. Ich nenne die vielleicht mal, damit Sie mal 'reingucken können bei uns, wenn wir Kultur ausstrahlen. Das fängt am Sonntagvormittag um halb 12 Uhr an - ein Sonntags-Kulturmagazin. Dann: jeden Sonntagabend zu einer ganz prominenten Zeit, 21.45 Uhr, ein Kulturmagazin - das erfolgreichste Kulturmagazin in den beiden Systemen ARD und ZDF: *Kulturreport, Titel-Thesen-Temperamente, Kulturweltspiegel.* Jeden Sonntag 30 Minuten. Wir haben eine regelmäßige Schiene jeden Donnerstagabend um 23

Uhr, 45 bis 60 Minuten. Wir beteiligen uns am Mittwoch um 21.45 Uhr, wir können theoretisch auf *ARD-exclusiv* und auf einige andere Plätze. Das ist ein Kulturangebot im Ersten Programm, das sich, so denke ich, sehen lassen kann. Wir haben Kultur in allen Dritten Programmen in reichlicher Ausstattung. Ich kann natürlich für N 3 am Besten sprechen, dort gibt es jede Woche eine 3/4 Stunde ein eigenes Kulturmagazin: *Arena, Bücherjournal,* Kulturfeatureprogramme. In der Hauptabteilung 'Kultur' des Norddeutschen Rundfunks arbeiten 50 Redakteurinnen und Redakteure nur für die Kultur. Allerdings Kultur im weiten Sinne. Das fängt bei Sendungen für kleine Kinder an und geht über viele weitere Bereiche der Features und der Dokumentationen.

Also, von daher sehe ich nicht, daß wir mit Tricks arbeiten und die Kultur abschieben. Es ist sehr wichtig, zu differenzieren, welche Kultur wir meinen. Wenn wir im Dritten Programm eine Theateraufzeichnung anbieten und diese möglicherweise eine halbe Million kostet - ohne Produktionskosten -, dann taucht natürlich die Frage auf, ob wir uns das in Zukunft noch leisten können oder wollen. Es ist ein riesiges Problem, große Beträge für Rechte und an Honoraren zu zahlen, bei 10.000 bis 20.000 Zuschauern. Das halten wir nicht durch, weil wir ja auch nicht im luftleeren Raum stehen. Manchmal wär's besser, wir würden Kassetten ziehen und die verschenken - um es mal ganz schnoddrig zu sagen. Wir können nicht über unser Zuschauerinteresse hinweggehen. Ich sage nicht Quote, ich sage Zuschauerinteresse, das Interesse der Menschen, die die Gebühren für uns aufbringen, haben wir zumindest so ernst zu nehmen, wie unseren Auftrag, der in den Rundfunkgesetzen und in den Staatsverträgen steht.

Everding: Ja, wir werden noch auf Kultur zu sprechen kommen. Ich mache diese Definition, diese Unterscheidung zwischen Hoch- und Sub- und Unter- und Nebenkultur an sich nie mit, entweder ist es Kultur oder nicht. Herr Janke, hätten Sie vom ZDF noch etwas hinzuzufügen - Abschiebung der Kultur?

Janke: 'Abschiebung' gefällt mir deswegen nicht, weil in einem vollständig entwickelten Fernsehmarkt diese Diskriminierung von Sendern nicht mehr in Frage kommt. Die sind allesamt gleichermaßen zugänglich - 3sat kommt hoffentlich dorthin. 3sat hat einen Verbreitungsgrad von 70 Prozent, und ich sage auch noch etwas spitzer: Unter denen, die das 3sat-Publikum bilden, ist der Verbreitungsgrad mit Sicherheit nochmal deutlich höher. Ich lasse diesen

Begriff also sozusagen definitorisch nicht gelten. Aber ich sage auch, diese Tendenz, sich in einem Hauptprogramm zu entlasten - immer bezogen auf die Wettbewerbsstrategien, die man verfolgt und verfolgen muß - ist natürlich unverkennbar. Die Frage ist nur, ob das dann eine Abschiebung wird (sozusagen in Richtung Deponie, da bewahren wir es auf), oder ob es die gleichen Zugangschancen beim Publikum behält. Das ist wichtig. Ich sage für unseren Teil, auf das Theater konzentriert: Diese Zugangschancen sind damit behalten oder sogar verbessert worden. Niemand kann dem ZDF ernsthaft empfehlen, trotzig eine vierstündige Aufführung in die Primetime zu legen. Das ist ein ruinöses Verfahren, das ist Harakiri.

Durch 3sat, wo eine komplementäre Planung gemacht wird, kommt eine neue Möglichkeit ins Spiel. Ich will die nicht schöner reden, als sie ist. Ich bestehe nur darauf, daß Veränderungen auf dem Markt, Veränderungen im Geld, Veränderungen im Publikum und in seinen Gebräuchen auch zu Veränderungen bei öffentlich-rechtlichem Fernsehen führen. Und das ist gut so. Das ist zum einen eine Not, auf die wir reagieren müssen und zum anderen entspricht es dem, was in der Gesellschaft sonst noch so los ist. Und daß sich dabei ein idyllischer Status quo nicht halten kann, ist überhaupt keine Frage. Ich kann auch nicht bei dem alten, gepflegten, literarischen, historischen Kanon vom Fernsehspiel bleiben, sondern ich muß heute dafür sorgen, daß dieses Fernsehspiel eine hoffentlich hochqualitative populäre Veranstaltung im Zentrum des Programms ist. Kostet viel Geld, braucht ein großes Publikum. Die Beeinträchtigungen liegen ganz anderswo und die Gefährdungen auch: Theater ist eine Sache, die zu den Spezifika eines Fernsehens - auch öffentlich-rechtlicher Art - nicht primär gehört.

Everding: Herr Janke, gute Übertragungen von Opern und Theateraufführungen sind sehr wohl originäre Leistungen des Fernsehens, wenn man nicht nur drei Kameras hinstellt, die das abfilmen. Es sind ganz neue Inszenierungen durch das Fernsehen entstanden. Das dürfen Sie nicht abmildern. Habe ich Sie richtig verstanden, daß Sie sagen, Ihr Sender muß dem Markte, muß dem Trend folgen, muß dem Geschmack folgen, ohne ihn zu bilden?

Janke: Das wäre ja furchtbar.

Everding: Sie haben das verbrämter gesagt: 'Die Gesellschaft verändert sich, der Markt ändert sich und darauf müssen wir ja auch reagieren'.

Janke: Na ja, Herr Everding, ich lege eigentlich nur Wert drauf, daß wir keinen Mythentausch betreiben, daß wir hier nicht herausgehen und alte Bestände beschworen haben, die im Leben selber - auch in unserem Zuschauerleben - längst an Geltung verloren haben. Man muß sich wirklich einmal anschauen, was ein Publikum mit Programmangeboten aller Art macht. Und ich bin kein Publikumsverächter, ganz im Gegenteil. Es kommt auch für einen Programm-Menschen gar nicht in Frage, mit einer Art von Hochmut gegenüber seinem Publikum aufzutreten. Ich sage nicht, daß wir dem Publikum hinterherlaufen müssen und es wäre absurd, wenn wir uns an der Geschmacksbildung nicht beteiligen dürften. Ich hoffe doch, daß Fernsehspiele bei ARD und ZDF auch ästhetisch mindestens einen halben Schritt vor der Mainstream-Veranstaltung sind.

Wenn ich Markt sage, meine ich eigentlich nur, daß man einem Programm unter Wettbewerbsbedingungen zu Veränderungen verhelfen muß. Dabei kann Fernsehkultur auch ein neues Leben annehmen - wenn zum Beispiel in einer intelligenten Talkshow diskurshaft geredet wird und nicht nur reklameweise. Und das auf einem Markt, der das ZDF in drei, vier Jahren um etwa eine Milliarde Werbeeinnahmen gebracht hat. Darauf muß man reagieren, alles andere wäre Bunkermentalität - Totstellreflexe kommen nicht in Frage. Damit werden wir als Öffentlich-Rechtliche nicht lebendig bleiben. Die Sache hat ungeheuer viel Kraft nach wie vor, da geht so viel an Kreativität, Phantasie und Interesse hinein. Es ist so viel Stoff sozusagen jetzt wieder auf dem Markt, und um diesen Stoff müssen sich ja auch die anderen bemühen, nicht nur wir. Und sie tun es. Ich denke, man muß daraus etwas machen. Mit der bloßen Kanonisierung kommt man nicht weiter. Das ist meine feste Überzeugung, aber natürlich ist das auch außerordentlich widersprüchlich, dramatisch und manchmal unbequem für die, die das zu verantworten haben.

Everding: Herr Kammann, 'Kanonisierung', ein gutes Stichwort für den epd-Pressedienst. In einer philologisch nicht genauen Definition sage ich oft: 'Kultur - das muß man nur teilen - kommt von Kult, also etwas Zweckloses, Sinnvolles, und von Ur, aber nicht von 'urig-bayerisch', sondern urbar machen, in eine terra incognita vordringen.' Das ist für mich Kultur. Wie stehen Sie von Ihrer journalistischen Haltung her zu dem, was die Grundversorgung durch ARD und ZDF betrifft?

Kammann: Mir ist das, was Herr Janke gesagt hat, sehr sympathisch. Ich meine auch: Die Landschaft hat sich so sehr verändert, daß diese alte Haltung - hier Hauptprogramm und dort die Abschiebehaft in die Dritten Programme - als Formel gar nicht mehr bestehen bleiben kann. Man muß das Fernsehangebot heute als Gesamtangebot komplementär, also ergänzend und mit vielen neuen Räumen sehen, in denen man sich heute auch sehr viel freier bewegt als früher. Die Existenz der Fernbedienung hat das Fernsehverhalten so sehr verändert, wie wahrscheinlich keine Programmreform vorher oder nachher. Insofern sind die Fragen der Plazierung und der Sortierung heute anders zu sehen.

Ich habe einen ganz anderen Verdacht: daß nämlich das Fernsehen eine Krücke sein soll, um dem Theater eine Bedeutung zu verschaffen - vielleicht auch wiederzugeben -, die es an anderen Stellen auch nicht mehr ohne weiteres bekommt. Nur sollte man sehr wohl trennen: das Theater ist ein Medium für sich und das Fernsehen ist auch ein Medium für sich. Fernsehen wird nicht deshalb zum Kulturmedium, weil es tradierte Medien wie Theater oder Literatur oder Musik aufnimmt, sondern es ist für sich, wenn es gut gemacht wird und wenn es seinen Ansprüchen genügt, selber ein Kulturmedium. Theater ist für mich eigentlich immer nur ein Gegenstand der Berichterstattung. Jeder wird doch zugeben, daß auch das Theater nicht von sich aus Kultur ist. Es gibt doch da ungeheuer Kommerzielles, Triviales, Seichtes, Dümmliches, Beliebiges - genauso wie im Fernsehprogramm. Wenn ein Stück aus dem Theater auf den Schirm gebracht wird, ist damit der Schirm nicht gleichzeitig qualitativ aufgewertet. Vor diesem Irrtum warne ich sehr. Ich möchte nicht, daß das Fernsehen dem Theater etwas verschafft, was das Theater an Bedeutung nicht gewinnen kann.

Was ich mir allerdings wünsche, ist, daß die journalistische Berichterstattung über Theater in besserer Form geschieht. Dies versteht Herr Everding wahrscheinlich als 'urbar machen'. In meinem Sinne heißt das: neugierig machen, Analyse leisten, etwas beobachten. Etwas zeigen, was nur die Kamera kann, was kein Zeitungskritiker kann, denn er verfügt ja nicht über die Möglichkeit der Veranschaulichung. Ich will Ihnen ein Beispiel nennen, wo ich in ganz besonderer Weise Lust bekommen habe auf das Theater. Das war, als Werner Schröter Ariane Mnouchkine beobachtet hat. *Auf der Suche nach der Sonne* hieß die Sendung[1]. Das war ein ca. einstündiger Film, in dem er die Klosteratmosphäre, wo die Mnouchkine arbeitet, beobachtet hat. Er hat mit den Schauspielern praktisch Psychogramme gemacht, in denen die Bezie-

---
1 *Auf der Suche nach der Sonne*, 3sat 29.7.1988.

hungen einer Truppe untereinander sichtbar wurden. Das war wirklich toll, da lernte man, was Theater ist - eine Gemeinschaft, etwas Lebendiges. Ich glaube, daß das Fernsehen von sich heraus Kultur schafft. Eine gut gemachte Nachrichtensendung, ein gut gemachtes Feature in einer Reihe wie *Unter deutschen Dächern* - das ist natürlich Kultur. Theater kann ein Gegenstand dafür sein, aber es ist nicht von vornherein die bessere Kultur. Man sollte das im Gesamten sehen und nach der Qualität fragen. Es gibt schlechtes Theater, es gibt gutes Theater, es gibt schlechtes Fernsehen und es gibt gutes Fernsehen. Die Mischungsverhältnisse sind heute nicht mehr so einfach auseinanderzuhalten.

Everding: Herr Kammann, wir freuen uns gerade über Dokumentationen, wir freuen uns über die Berichterstattung sehr, weil das unserer Arbeit auch hilft, zweifellos. Im übrigen, das ist schön, was Sie gesagt haben: 'Die Leute neugierig machen'. Aber wenn ich die meisten Programme sehe, sprechen die nur die Altgierigen an, wissen Sie. Herr Bolwin, was sagen Sie bis jetzt zum Verlauf der Debatte?

Bolwin: Zunächst einmal zu Herrn Kammann. Ich bin ja Ihrer Auffassung, daß man unter den veränderten technischen Bedingungen schon genauer hinsehen muß, was in welchen Programmen läuft. Selbstverständlich ist es legitim darüber nachzudenken, einen bestimmten - vielleicht durchaus für ein spezielles Publikum vorgesehenen - Programmteil nicht im Hauptprogramm, sondern in 3sat oder im Dritten Programm zu zeigen. Nur wissen wir ja nicht, wohin die Reise gehen soll. Wenn das Ergebnis der weiteren Programmüberlegungen bei ARD und ZDF (möglicherweise auch bei den Privaten) letztlich darauf hinauslaufen würde, daß die Frage, ob Kultur gezeigt wird, eine Spartenkanalfrage wird, dann wird die Sache aus meiner Sicht problematisch. Das wäre ein Punkt, der mir bei der bisherigen Debatte aufgefallen ist. Der zweite Punkt: Herr Janke, ich weiß nicht, ob Sie sich um das Thema 'Sendezeiten' mit dem Satz herumdrücken können, das sei eine Extradebatte. 23.50 Uhr ist für eine Sendung wie *Die aktuelle Inszenierung* einfach ein Problem. Der Gebrauch von Videorecordern setzt eine gewisse Mentalität voraus, mit einem Medium umzugehen, die nicht überall vorhanden ist. Es gibt einen großen Kreis von Leuten, der an diesen Sendungen interessiert ist und so spät nicht fernsieht. Insofern finde ich natürlich das Thema 'Sendezeit' interessant, wohl wissend, daß *Die aktuelle Inszenierung* nicht um 20.15 Uhr laufen kann. Das scheint mir keine Frage zu sein. Ein dritter Punkt, den ich mir als Frage aufgeschrieben habe aus der bisherigen Diskussion. Herr Glässgen, es ist klar, alle Kulturleute - auch im Fernsehen - sagen: 'Kultur gehört zur Grundversorgung'. Abgesehen davon ist das auch richtig. Aber, was natürlich mal interessant wäre zu erfahren: In welcher Diskussion befinden Sie sich überhaupt? In welcher Diskussion befinden sich Leute, wie Sie oder Frau Rollberg oder auch Herr Janke, wenn Sie sich für die Kultur im Programm einsetzen? Was wird Ihnen entgegengehalten? Gibt es einen Trend, der versucht, Kulturberichterstattung weiter zurückzuschrauben, und gibt es bei denen, die nicht in der Kultur arbeiten, Zweifel an dieser Position: 'Kultur gehört zur Grundversorgung'?

Kammann: Eine kurze Replik auf Herrn Bolwin, was die Sparten betrifft. Herr Bolwin, die Theater machen doch genau dasselbe. Zeigen Sie mir doch mal die Schaubühne, die auf einmal an zwei Abenden Operetten zeigt. Das macht sie natürlich nicht. Sie hat für sich auch so etwas wie ein Spartenprogramm entwickelt. Und was Zugänglichkeit oder Ausgrenzung betrifft: Wenn ich in Frankfurt in die Oper gehen will und manchmal an vier Tagen in der Woche schon gar nicht mehr hingehen kann, weil sie nämlich geschlossen ist, dann ist das doch auch ein Zurückdrängen von Publikum. Man wird auch da sagen: 'Aufgrund veränderter Bedingungen'. Das heißt: Die Sache ist teuer, sie kann in diesem Umfang nicht mehr finanziert werden. Also überlegt man sich, was man tun kann. Insofern erwarten Sie doch bitte nicht vom Fernsehen, das zu tun, was das Theater selber anscheinend auch nicht mehr so ohne weiteres leisten kann. Sparten sind doch im Grunde nichts Teuflisches. Ich weiß, wo ich hingehen kann, und jeder kann ja auch in seiner Sparte eine ganz besondere Qualität entwickeln.

Das Fernsehen hat natürlich diesen einen Knackpunkt: Es ist ein ungeheurer Gemischtwarenladen. Und was Sie eben - wie ich finde: heutzutage falsch - als Hauptprogramm bezeichnet haben, hatte natürlich diesen Charakter, daß man sagte: 'Man integriert, man vermittelt Mehrheiten mit Minderheiten'. Das ist ein Anspruch, den ich jederzeit unterschreiben würde. Nur, wenn es nicht mehr ohne weiteres funktioniert, hilft mir diese schöne Definition nicht mehr. Ich glaube auch, daß es dem Theater gar nicht so gut tut, wenn es in diesen anderen Schaukasten kommt. Es besteht die Gefahr, daß es dort seine großen und radikalen, seine provokativen Fähigkeiten verliert. Fernsehen, das von Gremien kontrolliert wird, wird möglicherweise immer etwas abschleifen wollen. Theater ist angewiesen auf die Interaktion mit einem Publikum, das Bedürfnisse hat. Und dies verpufft auf einmal in diesem Medium Fernsehen, das ja so unglaublich alltäglich ist. Es erfordert eine andere Konzentration, hat auch ganz andere Zeitdimensionen. Ich glaube, das sind so fundamentale Unterschiede, daß ich fast sagen würde: Theater, das im Fernsehen eins zu eins als Aufführung gezeigt wird, bringt sich um seinen besten Teil.

Glässgen: Herr Kammann hat ja schon verschiedentlich Differenzierungsversuche angebracht. Ich wäre dankbar, wenn wir in dieser Diskussion genau unterschieden, worüber wir denn reden und auch benennen, worüber wir reden, wenn wir sagen: 'Kultur im Fernsehen' oder 'Theater im Fernsehen'. Ich bin ein wenig hartnäckig. Meinen wir Theateraufzeichnungen, Mitschnitte oder Theaterinszenierungen, also eigene Sendungen, oder sprechen wir über die Behandlung, die Berichterstattung in unseren Magazinen, in *Tagesschau* und *Tagesthemen.* Oder sprechen wir über die doch relativ zahlreichen Featureproduktionen, Dokumentationen, über Hintergrundberichterstattung, über Portraits von Schauspielern und Theaterintendanten. Das sind drei ganz unterschiedliche Formen von Theater im Fernsehen, von Kultur im Fernsehen.

Everding: Herr Glässgen, wie gerne würde ich darüber diskutieren, nur nehme ich Herrn Kienzle und all meinen Kollegen morgen früh das ganze Thema weg. Aber, Herr Glässgen, Sie müssen doch noch Herrn Bolwin antworten. Er hat gesagt: 'Wie fühlen Sie sich denn als Kulturmensch im Fernsehen? Sind Sie in einer immer bedrängteren Situation? Werden Sie angegriffen oder müssen Sie hier nur angreifen, um zu verteidigen?'

Glässgen: Ich fühle mich im Fernsehen zunächst einmal wohl - auch in diesen Tagen der Diskussion um die ARD und das öffentlich-rechtliche Fernsehen. Ich fühle mich in diesem öffentlich-rechtlichen Fernsehen sehr zu Hause und sehe ein wichtiges Betätigungsfeld für Menschen, die für die Kultur arbeiten und im Interesse der Kultur in diesem Medium tätig sind. Selbstverständlich bin ich in einem solchen Haus nicht unangegriffen, aber das sind meine anderen Kollegen aus der Politik und der Unterhaltung auch nicht. Wo kämen wir hin, wenn wir einander nicht in Frage stellten? Selbstverständlich müssen wir Fragen der Relevanz und des Interesses beantworten. Wir sind in keinem ungeschützten Raum, aber wir haben einen Garantiebestand. Die Kultur wird nicht alleine an Quoten gemessen. Wir sind nicht in der Situation unserer privaten Kolleginnen und Kollegen, daß wir Geld verdienen müssen, oder daß wir mit der Werbung, die wir während, vor und nach der Kultur ausstrahlen, unsere Sendung finanzieren müßten. Wir haben relativ sichere Etats. Sie sind Kürzungen unterworfen - wie alle anderen Etats auch. Aber, ich sage es noch einmal: Unsere Anstrengungen haben sich nicht an der reinen Quote zu orientieren. Eine gewisse Selbstversicherung der Relevanz und des Zuschauerinteresses machen wir jede Woche bei unseren Schaltkonferenzen und bei unseren monatlichen Konferenzen der Kulturchefs. Da gehen wir hart miteinander ins Gericht. Wir tauschen uns darüber aus, welche Themen wir wählen, wie wir die Themen aufbereiten, ob wir mit diesen Formen, die wir wählen, das optimale Zuschauerinteresse erreichen können oder nicht. Aber das ist eine ganz selbstverständliche journalistische Aufgabe.

Braun: Ich denke, wir sollten nicht mehr länger über Kultur im Fernsehen reden, sondern über Theater im Fernsehen. Davon, haben Sie gesagt, gibt es zwei verschiedene Formen, einmal die Aufzeichnung einer Theateraufführung und zweitens die Berichterstattung über Theater. In den fünfziger, sechziger Jahren fand die gesellschaftliche Diskussion zum großen Teil auf dem Theater statt. Da wurde fast jedes relevante Stück, jede gute Aufführung vom Fernsehen übertragen. Es waren zumeist realistische Stücke, die sich dafür eigneten, im Fernsehen gezeigt zu werden. Das Theater hat sich dann zunehmend abgesetzt von realistischer Darstellung und hat sich auf seine eigenen, ursprünglichen Formen besonnen, hat eine ganz eigene Sprache entwickelt, die nur im Theater möglich war. Die jetzt wieder im Fernsehen abzufilmen, ist Unsinn. Das kann gar nicht funktionieren.

Rollberg: Ein großer Hinderungsgrund für uns, mehr Theater aufzuzeichnen oder auch live zu senden, ist ein Rechteproblem, wenn mir das richtig übermittelt worden ist. Und das ist was, was ich nicht verstehe. Ich komme mir da vor, wie in der Diskussion um die Fußballvereine, wo auch öffentlich subventionierte Vereine unglaublich viel Geld von anderen öffentlich subventionierten Fernsehanstalten verlangten, um etwas für das Publikum zu übertragen. Irgendwo scheint mir da auch eine Diskrepanz zu sein, über die ich gerne hier reden würde. Wenn die Theater wirklich daran interessiert sind, daß in den Medien - vor allen Dingen in den Öffentlich-Rechtlichen - über sie berichtet wird, ob man da nicht eine Vorgehensweise finden kann, dies zu erleichtern. Ich würde mich für Theater im Fernsehen in zwei Formen aussprechen. Entweder gelingt es uns, für die Menschen live dabei zu sein, die nicht die Möglichkeit haben, Premieren zu besuchen. Ich glaube, Fernsehen heißt Gleichzeitigkeit, und wenn man ein Ereignis daraus macht und dieses auch entsprechend kommuniziert, dann finden wir uns auch unser Publikum. Das Zweite ist einfach eine hervorragend gemachte Adaption. Die gibt es selten, die ist teuer, die ist aufwendig. Ich habe auf der Berlinale *Onkel Wanja* von Louis Malle gesehen. Den Film kann ich Ihnen nur wärmstens empfehlen - unglaublich intensives Theater. Aber das ist eben dann auch nicht vom Theater abgefilmt, sondern wird in einem kleinen Raum gespielt. So kann ich mir's dann wiederum vorstellen. Aber einfach nur abgefilmt, das funktioniert nicht.

Everding: Frau Rollberg, darf arte im Hauptprogramm von ARD und ZDF für Kultursendungen werben?

Rollberg: Das ist eine heikle Frage, und da bringen Sie mich in große Bredouille, wenn ich darauf ehrlich antworten soll. Nein, jahrelang durften wir das nicht. Da sind wahrscheinlich auch gewisse Konkurrenzgefühle am Werk. Die Trailer in den deutschen Fernsehanstalten laufen doch immer für irgendwelche populären Geschichten und eben leider nicht für die Kultur. Das ist schade - die Werbung funktioniert nicht.

Kammann: Das Argument, das Frau Rollberg genannt hat, daß Dinge zugänglich werden für Menschen, die sonst von Theater räumlich entfernt leben, spricht auch dafür, daß zumindest herausragende Inszenierungen dokumentiert werden sollten. Wobei ich allerdings auch große ästhetische Probleme sehe. Eine Bühne ist immer noch eine Guckkastenbühne. Ich gehe mit meinen Augen spazieren und baue mir meine eigene Wichtigkeit zusammen. Ich mache meine eigene Geschichte daraus, während jede Fernsehaufzeichnung, wenn sie nicht die Guckkastenaufzeichnung ist (die ja nun auch furchtbar umstritten war), schon immer eine filmische Auflösung anstrebt, indem die Kamera Dramaturgie betreibt, Ausschnitte wählt, Großaufnahmen macht und die Achsen wechselt. Das ist ja schon ein Stück Interpretation. Dennoch ist es notwendig, um eine gewisse Zugangschance für Benachteiligte zu bewahren. Man müßte vielleicht auch viel öfter direkt filmisch arbeiten, wie es Stein mit den *Sommergästen* gemacht hat, um etwas vom Geist der Aufführung zu bewahren.[2]

---

2 Erstsendung: ARD 6.4.1980.

Dennoch meine ich, die Stärke des Fernsehens ist die Beobachtung und die Analyse. Werkgeschichten herzustellen oder dasselbe Stück in verschiedenen Interpretationen zu zeigen, das kann natürlich das Fernsehen sehr viel besser, als jeder Kritiker es nur beschreiben könnte. Das Fernsehen kann Informationen beschaffen, ein Fundament geben, von dem aus sich dann Kenntnisse nach dem Schneeballsystem auf fünf weitere Interessierte verbreiten können. Ich glaube, wenn es das schafft, ist das schon viel. Mehr würde ich im Augenblick gar nicht erwarten - jedenfalls nicht die Rettung des Theaters, das vielleicht ja doch in einer Krise ist, durch das Fernsehen. Ich glaube, das wäre eine glatte Überforderung.

Everding: Könnten Sie sich denn vorstellen, daß ARD oder ZDF gegebenenfalls eine Inszenierung vorfinanzieren und sich dadurch die Übertragungsrechte einräumen lassen?

Janke: Ich kann nicht hier plötzlich über Rechtefragen spekulieren, die ich nicht hinreichend kenne. Das ist eine komplizierte Materie, da muß sich dann auch jemand zu äußern, der darin Erfahrung hat. Ich habe mit dem Rechteerwerb bei Theaterübertragungen überhaupt keine Erfahrung, aber inzwischen sehr viel Erfahrung mit dem Rechteerwerb in allen Angelegenheiten von fiktionaler Produktion im ZDF. Ich denke, Herr Everding, daß das nicht schnell einfach mit einem 'Gratis-Ja' beantwortet wird.

Ich will noch einen Nachtrag liefern zu Kultur im öffentlich-rechtlichen Programm und Status der Kulturmenschen, zu denen wir uns ja fleißig rechnen. Ich glaube, auch da ist die Sache sehr widersprüchlich. Bei der Kultur im ZDF sehe ich, ohne Schönfärberei, wieder eine gewisse Stärkung. Gemessen an der Hauptredaktion, ihrem Geldverbauch, ihrem Personal und ihrem Status im Programm kann ich keine Reduzierung erkennen. Was ich wiederum deutlich sehe: Die Sache selber verändert sich, also das, was heute 'Kultur' und 'Kulturberichterstattung' im Programm heißt. Das betrifft die Gegenstände und auch die Vermittlungsformen.

Meine Vorstellung von Theater im Fernsehen mag laienhaft sein, aber was Walter Konrad für das Theater in 3sat anbietet, leuchtet mir - auch als Zuschauer - sehr ein. Ich bekäme dort zwölfmal im Jahr zur besten Sendezeit eine Theateraufführung, eine interessante hoffentlich, die in irgendeiner Weise exemplarisch ist für das Theaterschaffen in Deutschland. Denn irgendeine Systematik wird man darin schwerlich haben können. Mit zwölf Aufführungen wird man nicht repräsentieren können, was in Deutschland gemacht, getan, gedacht wird. Ich bekäme eine Art von Archivierung im guten Sinne; das kombiniert mit einem täglichem Kulturmagazin, das ja vom Theater wesentlich mitleben würde - schon deswegen weil es da die schönsten Bilder gibt und die bewegtesten Figuren. Zusammengenommen eine wirklich respektable und der Sache auch angemessene Maßnahme - nicht nur Berücksichtigung von Theater im Sinne eines Alibis, sondern Wertschätzung und Respektierung von Theater im Programm.

Everding: Ich werde später, wenn ich das Publikum hinzuziehen darf, auch unsere Intendanten befragen oder auch Sie, Herr Bolwin. Ist das Theater bereit, dem Fernsehen kostenlos Produktionen zu überlassen? Ist das überhaupt denkbar mit unseren Gewerkschaften?

Glässgen: Jetzt kommen wir in ganz interessante Diskussionsfelder. Ich wollte zu der Frage der Bedingungen, die ja mehrfach schon angesprochen wurde, jetzt mal an einem konkreten Beispiel versuchen, der Sache mal etwas näher zu kommen. Anfang April inszeniert Hans Kresnik *Gustaf Gründgens* in einer Koproduktion zwischen dem Deutschen Schauspielhaus in Hamburg und der Volksbühne in Berlin. Natürlich überlegen wir seit langer Zeit, wie wir mit Kresnik und Gründgens umgehen. Es ist ganz klar, daß Theater im Fernsehen in diesem Fall in der *Tagesschau, Tagesthemen*, in unseren Kulturmagazinen usw. vorkommen wird. Wir probieren zweierlei darüber hinaus: wir versuchen über einen langen Zeitraum hinweg, den Entstehungsprozeß dieses Stückes zu dokumentieren. Wir sind mit einer Kamera bei den Proben dabei. Und wir versuchen, 'Kresnik inszeniert *Gustaf Gründgens*' aufzuzeichnen. Und nun kommen wir an die konkreten Bedingungen, die uns dann die Häuser stellen - stellen müssen. Die Frage ist also: Was kostet das? Und zwar nicht nur an Rechten, sondern auch an Honoraren ohne Produktionskosten, die ja in jedem Fall dazukommen und die sehr aufwendig sind bei einer großen Aufzeichnung über mehrere Tage mit einem großen Fernsehstab, der da notwendig ist.

Nun stelle ich einmal eine ketzerische Frage: Kann es sein, daß von diesen gebührengestützten, gebührensubventionierten öffentlich-rechtlichen Anstalten das Geld in dieser Größenordnung - nur für die Rechte und für die Honorare - herüberwandert in die staatlich-steuerlich subventionierten Theaterhäuser? Oder müßten wir nicht neue Formen der Kooperation finden? Müßten wir nicht nachdenken über Fragen von Koproduktion, Fragen von Rechteteilung, über Fragen von neuen Finanzierungsformen und möglicherweise auch in dieses Nachdenken die Unterscheidung zwischen staatlich subventionierten Bühnen und freien Gruppen einbringen? Die alten Formen führen uns nämlich in die Problemzonen und möglicherweise auch an das Ende von Theater im Fernsehen, nicht zuletzt, weil ganz offensichtlich nur ganz wenig Zuschauer solche Sendungen bei uns erwarten.

Everding: Herr Glässgen, ich bin vor Jahren mit einem Plan gescheitert, den nannten wir den Pool. Ich habe gesagt, ungefähr bei 200 Theatern werden 2000 Inszenierungen im Jahr gemacht, 1000 sind schlecht, 500 können nicht aufgezeichnet werden, 300 doch wenigstens, zeichnet 100 davon auf, die sind alle mit öffentlich-rechtlichem Geld subventioniert, dann habt Ihr auf Halde etwas für die nächsten Jahre. Das war der Beginn eines Planes, der nicht funktionierte, aber in die Richtung wies. Herr Bolwin, zu den Rechten, konkret.

Bolwin: Wir haben drei verschiedene Beteiligte. Der eine ist - wenn es kein gemeinfreies Werk ist - der Autor, bzw. wenn es ein Musikstück ist, der Komponist und andere, die noch an der Erstellung des Werkes beteiligt sind. Da sollte vielleicht Herr Braun etwas dazu sagen, wie er das für die Verlage sieht. Nicht jeder Verlag wird ohne weiteres bereit sein, Rechte in kleinerem oder größerem Umfang gleich für das Fernsehen bereitzuhalten - bei einem Stück wie *Oleanna* bekommt man sie wahrscheinlich im Augenblick gar nicht. Der zweite Teil der Beteiligten sind die Leistungsschutzberechtigten. Das sind die Schauspieler, die Sänger usw. Da haben wir praktisch keinen Einfluß, die haben ihre eigenen Rechte. Wir können versuchen, dies durch tarifvertragliche Regelungen in den Griff zu bekommen, aber das ist schwierig. Das Urheberrechtsgesetz ist da sehr eindeutig. Wenn Sie die momentane politische Diskussion über das Urheberrecht und die ihm verwandten Rechte verfolgen - europaweit, aber auch in der Bundesrepublik -, dann nimmt der Schutz dieser Rechte eher zu als ab. Die Autoren, aber auch die Leistungsschutzberechtigten sind sehr wohl in der Lage, innerhalb der politischen Parteien ihre Interessen sehr deutlich zu formulieren, und sie finden dort auch sehr viel Gehör. Das ist ein Problem. Wir als Theaterveranstalter sind zwar an der politischen Diskussion beteiligt, aber wir werden nie in die Situation kommen, daß die Rechte uneingeschränkt in dem Augenblick, wo der Schauspieler auf der Bühne steht, dem Theater zustehen und das Theater wiederum darüber befinden kann. Das ist im Augenblick politisch schlicht nicht durchsetzbar. So, dann gibt es einen dritten Beteiligten, das ist das

Theater. Das Theater hat ein eigenes Veranstaltungsrecht - jedenfalls bei der Verwertung -, und es hat natürlich auch ein paar eigene Interessen, nämlich: Welche Kostenfolgen hat es, wenn in einem Theater aufgezeichnet wird? Wenn das sehr aufwendig gemacht wird, dauert das seine Zeit. Das Theater ist möglicherweise eine zeitlang nicht nutzbar, was Geld kostet und zu Einnahmeverlusten führt. Und insofern hat es da sehr eigene Interessen. Ich laß' mal völlig offen, ob es dabei was verdienen will.

Die Diskussion geht immer zu Lasten des Theaters. Wenn die Theater zu ihren Rechtsträgern gehen und sagen: 'Ja, wie ist das denn mit der öffentlichen Finanzierung?', dann ist einer der beliebtesten Sätze von sehr sachkundigen Politikern: 'Ja, dann seht doch mal zu, daß Ihr Eure Aufführungen ein bißchen mehr im Fernsehen verkauft, dann kriegt Ihr da nämlich Geld und dann müssen wir das dann nicht mehr in der Weise öffentlich finanzieren, wie wir das bisher getan haben.' Da steht das Theater nun wirklich zwischen allen Stühlen. Wir weisen das immer zurück und auf die Situation in den Anstalten hin, daß da soviel Geld nicht zu holen ist, daß wir froh sind, wenn wir genug bekommen, um den Verlust auszugleichen. Das Einzige, wo das Theater eigentlich selbst etwas tun kann, ist, im Rahmen des finanziell Möglichen die eigenen finanziellen Interessen hinten anstellen.

Everding: Herr Bolwin, aber sehen Sie jetzt auch einmal die Entwicklung. Ich weiß noch ganz genau, ich wurde vom Rechtsträger gezwungen, 100% für das Theater zu bekommen, wenn ich eine Aufzeichnung machte. So fing es an. Wie weit sind wir heute? Wenn wir 20% bekommen, ist es viel. Viele Theater sind überhaupt glücklich, ins Fernsehen zu kommen. Sie würden zwar nicht unbedingt zuzahlen, aber auf Gelder verzichten. Herr Braun, Sie waren gefragt wegen der Autoren, darf ich Sie darum bitten?

Braun: Herr Bolwin hat die Rechteprobleme in diesen drei Gruppen sehr klar aufgedröselt. Er hat nur bei der Urheberrechtsfrage die Autoren und Komponisten mit den Leistungsschutzberechtigten in einen Topf geworfen. Das sind doch zwei ganz verschiedene Sachen, denke ich, sowohl rechtlich, als auch von der Gegebenheit her. Die Leistungsschutzberechtigten sind ja schon irgendwann einmal bezahlt worden, indem sie die Aufführung gemacht haben, und sie werden dann nochmal abgefilmt. Für die Urheber gilt ein ganz anderes Recht, das Urheberrecht. D. h., für jegliche Nutzung dieser Urheber muß irgendetwas bezahlt werden. Die Höhe der Summe ist dann eine zweite Frage. Man kann aber sagen, daß die Urheberrechte im Vergleich mit den

Gesamtkosten 'Peanuts' sind - um das beliebte neudeutsche Wort zu benutzen. Wenn eine Aufzeichnung bis zu einer Millionen ausmacht, geht es bei einer einmaligen Sendung um 40.000 Mark. Außerdem kommt es dann sehr stark darauf an, in welchem Programm gesendet wird. Die 40.000 Mark gelten nur für die beiden Hauptprogramme, d. h., wenn die Aufzeichnung in 3sat oder arte gesendet wird, ist es nur noch halb so viel, und in einem der Dritten Programme handelt es sich nur noch um ein Drittel.

Wir haben es aber nicht nur mit Rechten zu tun, über die wir verfügen können, sondern gerade bei ausländischen Autoren ist es zum Teil sehr schwierig überhaupt Film- oder Fernsehrechte zu bekommen. Die angelsächsischen Autoren behalten die sich alle vor, es ist da also sehr schwierig. Aber noch zu einem anderen Punkt. Wir haben jetzt die fetten Jahre hinter uns, und vielleicht hat das auch sein Gutes, denn alle Vereinbarungen, die bisher zwischen den Theatern und dem Fernsehen getroffen worden sind, waren doch ziemlich üppig. Die Höhe der Kosten ist inzwischen so prohibitiv, daß auch aus diesem Grund Theater im Fernsehen nicht mehr stattfindet. Und deshalb müßten sich der Bühnenverein und die Rundfunkanstalten zusammensetzen und Modalitäten überlegen, wie denn in Zukunft Fernsehaufzeichnungen zu entgelten sind. Es gibt da viele Möglichkeiten. Ein ganz gutes Beispiel stammt aus München. Dort gibt es einen sogenannten Theaterkanal - ein ganz privates Unternehmen. Ein kleiner lokaler Fernsehsender, der regelmäßig Aufführungen von Stadttheatern, Privattheatern, Off-Theatern und subventionierten Theatern aufzeichnet. Ich weiß nicht, was der Theaterkanal dafür bezahlt, aber sicher nicht so viel wie nach den Tarifen des Bühnenvereins. Gesendet wird dieses Stück aber nicht einmal am Abend, sondern 10 Tage lang hintereinander. Jeden Abend *Der Menschenfeind* von Enzensberger.

Janke: Und in welcher Übertragungsqualität?

Braun: Ich hab's nie gesehen, tut mir leid.

Everding: Sehr mäßig!

Braun: Sehr mäßig, ja? Aber ich meine, wenn die zehnmal senden, kann man natürlich auch über bestimmte Rabatte reden.

Everding: Frau Oswatitsch, es war soviel von den Öffentlich-Rechtlichen die Rede, aber ich möchte doch noch eins fragen, Sie haben eingangs gesagt, Sie müssen eine ganz andere Konzeption verfolgen. Heißt das, wenn Sie ein Programm zusammenstellen, ist Ihre oberste Maxime, 'was kommt an' und nicht 'worauf kommt es an'?

Oswatitsch: Nein. Zum einen ist es sicher so, daß man sagt: 'Wir haben ein Programm, das 10 Millionen Zuschauer hat - was unsere Werbekunden ungeheuer freut -, die wir wiederum brauchen, damit wir das Programm finanzieren können. Und gleichzeitig leisten wir uns und den Zuschauern einen anspruchsvollen Zweiteiler, einen Einteiler, einen Sechsteiler, ein großes Fernsehspiel, auch wenn wir damit eventuell nicht den großen Publikumszuspruch gewinnen können.' Aber, ich wollte gerne nochmal auf die Diskussion hier eingehen. Es kann doch nicht nur die finanzielle und nicht nur die rechtliche Situation sein, weshalb es so schwierig ist, Publikum für Theateraufzeichnungen zu gewinnen. Und das ist ja letztendlich das Problem, über das wir reden. Ich denke, man sollte sich wirklich eine neue Form überlegen, Theater im Fernsehen zu übermitteln. Die Sehgewohnheiten haben sich doch in den letzten Jahren ganz enorm geändert. Das läßt sich doch nicht ignorieren. Wir sollten anfangen, der Phantasie ein bißchen Raum zu lassen und sagen: 'Laßt uns doch mal einfach neue Wege suchen und nicht auf dem Alten beharren.'

Everding: Ich möchte jetzt die Diskussion öffnen, und ich habe auch schon Wortmeldungen aus dem Publikum vorliegen. Am Schluß darf ich Sie alle noch einmal hier auf dem Podium fragen: 'Was sind wir denn, wir Theaterleute - Quotenkiller, oder haben wir eine Zukunftschance?'

Pavel Fieber (Intendant des Pfalztheaters in Kaiserslautern): Ich möchte von Theaterseite ein paar Worte dazu sagen. Ganz grundsätzlich von dieser anfangs wieder angeführten These: 'Leeres Theater ist ein gutes Theater.' Ein leeres Theater ist überhaupt kein Theater, Herr Everding. Ich glaube, dadurch unterscheidet sich das Theater ganz entscheidend vom Fernsehen. Damit Theater entsteht, sind zwei Dinge grundsätzlich notwendig. Mindestens ein Schauspieler und ein Zuschauer. Ein Fernsehgerät läuft im leeren Zimmer mit genau derselben Qualität oder Miserabilität weiter. Das ist ein Riesenunterschied. Das zum einen. Zum anderen bin ich an Theateraufzeichnungen, außer zu Werbezwecken, überhaupt nicht interessiert. Eine Theateraufzeichnung kann keine Aufführung ersetzen. Was aber natürlich wichtig wäre, ist, daß die Berichterstattung über das, was wir tun, möglichst groß ist. Und da darf man doch nicht verkennen, daß die Berichterstattungen bei allen Sendern heftigst reduziert werden. Herr Kammann, noch ein Wort dazu, ich glaube nicht, daß wir das Fernsehen zur Rettung des Theaters brauchen. Wir retten uns oder vernichten uns selber. Für mich sind mittlerweile nicht die privaten oder die öffentlich-rechtlichen Fernsehanstalten interessant, für mich ist viel interessanter der sogenannte 'Offene Kanal'. Diese Berichterstattung, die da über unser Theater passiert, ist mir wesentlich wichtiger im Moment, da sie passiert. Bei anderen passiert sie nicht.

Walter Konrad (Koordinator bei 3sat): Herr Janke war schon so freundlich, auf unsere Initiative 'Theater im Fernsehen' hinzuweisen. Ich bin für 3sat verantwortlich. Lassen Sie mich eine Vorbemerkung machen. Herr Bolwin, die Juristerei ist natürlich manchmal eine nützliche Magd, aber ich glaube, Sie haben zu Recht auf die Grundversorgung hingewiesen. Das sind sehr wohlklingende Generalklauseln, die Sie zitiert haben. Ihnen wird Rechnung getragen, wie die Kollegen Glässgen und Janke für das Gesamtspektrum des Programms dargelegt haben. Daraus können Sie aber keine einklagbaren Ansprüche auf eine bestimmte Zahl Theaterinszenierungen und ähnliches ableiten. Sie wissen natürlich auch, daß glanzvolle Figuren des deutschen Bühnenlebens, wie z. B. Herr Flimm beim ZDF im Fernsehrat und Herr Everding im Rundfunkrat des Bayerischen Rundfunks, vertreten sind. Das Theater ist daher durchaus repräsentiert, wenn auch durch einzelne Persönlichkeiten, die natürlich die Gesetzmäßigkeiten der gesamtgesellschaftlichen Entwicklung und des Marktes, die sich auch in diesen Gremien widerspiegeln, nicht verändern können.

Ich will mit einer Mär aufräumen, die bei diesen Diskussionen klagemauerähnlich fröhliche Urständ' feiert: Es hat niemand das Theater zu 3sat abgeschoben. Wir haben das Theater gewollt, weil wir das für unentbehrlich für ein Kulturprogramm gehalten haben. Wir haben 1984 damit begonnen. Das waren noch die Hochzeiten des Monopols. Die Privaten waren gerade gestartet und waren noch unter 1% bei den Marktanteilen. Sie waren überhaupt keine Konkurrenz. *Die aktuelle Inszenierung* war noch um 22.30 Uhr, es gab noch 5 Opern im Jahr. Es hat uns niemand etwas befohlen. Wir halten das Theater um unser selbst willen für wichtig und haben daher diese 50 oder 52 Inszenierungen pro Jahr im Programm. Aber wir sind nicht nur ein Kulturkanal, wir geben auch anderen Genres eine Bühne: Dem Fernsehspiel und dem Dokumentarfilm ebenso wie dem Kabarett und der Satire und den großen Naturdokumentationen.

Ich habe manchmal den Eindruck bei dieser Diskussion, daß sich ein echter Bühnenschaffender erst richtig etabliert fühlt, wenn er im Ersten oder Zweiten Programm stattfindet - als ob dort die höheren Weihen vergeben werden, als ob der Sänger besser singt oder die Inszenierung gelungener ausfällt. Ich kann nur sagen, Herr Everding ist auf vielen Bühnen der Welt zu Gast, aber nirgendwo besser, als wenn er in 3sat *Da Capo* stattfinden läßt. Da erleben Sie ihn in Bestform - zum Beweis, daß man in diesem Programm nicht schlechter wird.

Mit unserer Initiative wollen wir die große Zahl der bereits ausgestrahlten Bühnenaufzeichnungen durch aktuelle Inszenierungen im Jahr qualitativ und quantitativ verbessern. Wir werden darüber hinaus durch ein werktägliches Kulturmagazin ab dem 1. Oktober die aktuellste Information über das Bühnenschaffen im deutschen Sprachraum ermöglichen, mit Hilfe aller Kollegen aus drei Ländern und den vier beteiligten Systemen, aber auch durch Eigenproduktionen der 3sat-Mannschaft, die ihre Handschrift bereits bei *Kultra* probiert hat. Wir werden auch jeden Samstag um 19.25 Uhr eine monothematische Kultursendung ausstrahlen. Dort wird wie bisher *Foyer*, unser Theatermagazin, eine wichtige Rolle spielen. D. h., dem Theater wird in diesem Gesamtzusammenhang weit mehr Platz als bisher eingeräumt. Wir sollten die Klagemauer hier also gar nicht mehr neu errichten. Wir sollen vielmehr überlegen, was wir gemeinsam tun können: Einer kann dem anderen helfen. Jeder kann dem anderen nützlich sein. Keiner ist der Mäzen des anderen, aber gemeinsam können wir mehr für das Theater tun.

Klaus Armbruster (Professor für Kommunikationsdesign an der Uni Essen): Ich bin Leiter des im Aufbau befindlichen Folkwang-Institutes für Mediengestaltung. Wir sind dabei, ein Institut aufzubauen, das sich in Hauptaufgabenstellung mit dem Verhältnis von Bühnenwerken zum Bildschirm beschäftigt. Und wir befassen uns ausdrücklich mit der hier mehrfach angesprochen Problematik der Übertragung von Bühnenwerken auf den Bildschirm. Ich möchte das sozusagen in doppelter Form hier in die Diskussion einbringen. Einmal sehr provokativ, indem wir sagen, es ist wirklich nötig, Formen zu entwickeln, die es überhaupt zulassen, Bühnenwerke auf den Bildschirm zu übertragen. Die Problematik liegt nämlich darin, daß sich ein Theaterstück nicht einfach übertragen läßt in das Fernsehen: es ist unmöglich. Das Wesentliche - darüber sind sich die Theatermenschen hier auch einig - eines Theaterstückes muß zwangsläufig verloren gehen, wenn es auf den Bildschirm übertragen wird wie ein Fußballspiel. Das Land Nordrhein-Westfalen gibt uns (die wir uns zwar privatrechtlich gegründet haben) eine Startfinanzierung von 11,3 Millionen Mark, so daß wir im Augenblick technisch sogar besser als die Fernsehanstalten ausgestattet sind. Wir können also sowohl von der technischen als auch von der gestalterischen Seite her radikal an diese Frage heran gehen.

Prof. Dr. Dr. Hannes Rettich (Bühnenverein Baden-Württemberg): Mich haben Sie, Herr Bolwin, zu meiner Wortmeldung provoziert, indem Sie in Ihrem Eingangsstatement verallgemeinernd die Gremien für den allgemeinen Kulturverfall oder das Kulturdesinteresse mitverantwortlich gemacht haben. Da ich eine solche Gremie seit 20 Jahren bin, übrigens als Vertreter des Bühnenvereins im Süddeutschen Rundfunk, fühle ich mich doch verpflichtet, ein paar Sätze dazu zu sagen. Der Rundfunkrat des Süddeutschen Rundfunks besteht aus 33 Figuren, und davon sind vier reine Kulturfiguren, nämlich zwei Vertreter des Theaters, Bühnenverein und Genossenschaft, ein Vertreter der Schriftsteller und ein Vertreter der Musiker und der Komponisten. Dies sind mehr als 10%, und ich finde, mehr kann man eigentlich kaum verlangen. Ich meine, es wäre des Schweißes der Edlen vom Bühnenverein wert - gerade jetzt, wo soviel über Umstrukturierungen geredet wird - auf allerhöchster Ebene und aufgrund Ihrer hervorragenden Beziehungen zu den Spitzen der Gesellschaft und der Politik dafür zu sorgen, daß die entsprechenden Gremien auch in den anderen Rundfunkanstalten kulturlastiger ausgerichtet werden. Dieses sollte sich der Bühnenverein in seinen Aufgabenkatalog hineinschreiben. Sie würden aber meiner Auffassung nach fehlgehen, wenn Sie dann an diese Figuren in den Gremien die Erwartung knüpfen würden, daß die bei jeder Ausschußsitzung markig auf die Barrikaden gehen und sagen: 'Da muß jetzt eine Theateraufführung übertragen werden'. So kann es nicht sein. Aber ich meine, es wäre deshalb ein Gewinn, weil solche Kulturvertreter in den Gremien dafür sorgen, daß das liberale Element, das ästhetische Element, das geschmackliche Element und viele andere solcher Elemente mehr als bisher und mehr als von manchen anderen gesellschaftlich relevanten Gruppen vertreten werden. Jetzt noch ein Wort zu Ihnen, Herr Glässgen, wobei ich nicht ganz Ihrer Meinung bin. Sie haben, meiner Auffassung nach, die sogenannte Abschiebung der Kulturprogramme aus dem

Ersten und Zweiten Programm etwas verniedlicht. Ich meine nicht die Abschiebung zu 3sat, ich meine auch nicht die Abschiebung zu arte, ich meine die Abschiebung in die Dritten Programme. Ein Beispiel: Es geschieht nicht selten, daß auch in den Gremien darüber diskutiert wird, wann denn welche Kultursendung (ich spreche jetzt nicht nur von Theateraufführungen) wo stattfinden soll. Und zunehmend reden sich in der Tat die Redakteure und die Geschäftsleitungen - jedenfalls im Süddeutschen Rundfunk, nur von dem kann ich sprechen - darauf hinaus und sagen: 'Das machen wir im Dritten'. 'Ok', sagt man, machen wir's im Dritten, warum auch nicht, das Dritte Programm soll ja langsam ein Vollprogramm werden.' Und jetzt kommt das Problem der Redakteure und der Redaktionen. In dem Augenblick, wo eine Kultursendung im Dritten produziert wird, entsteht - aus welchen Gründen auch immer - bei den Redakteuren der Ehrgeiz der Landesfarbe. Es muß sozusagen das landsmannschaftliche Kolorit zum Tragen kommen, wenn es denn im Dritten Programm ist. Das ist weitgehend das Selbstverständnis der Dritten Programme, und das führt dann (und jetzt sag' ich Ihnen ein Beispiel, weil die Wahrheit konkret ist) zu so schlimmen Dingen, wie dem *König von Bärenbach*[3], der mit dieser Argumentation zunächst im Dritten Programm des Süddeutschen Rundfunks produziert wurde und jetzt in das Erste Programm übernommen wurde, wofür man sich nur schämen kann.

Dr. Manfred Beilharz (Intendant Schauspiel Bonn): Ich kann über die Frage 'Quotenkiller oder Zukunftschancen des Theaters im Fernsehen und des Fernsehens für das Theater' sicher nichts sagen und auch nicht auf die Diskussion einsteigen, die jetzt hier im Augenblick angesprochen worden ist. Ich wollte eine kleine Anmerkung machen zu den Bemerkungen von Karlheinz Braun und vom Kollegen Fieber. Es klang so, als wenn wir, die Theaterleute, der Meinung wären, die Aufzeichnung eines Theaterstückes sei eigentlich auch von den Theaterleuten nicht so sehr gewünscht, weil es von vornherein ein ganz deutliches Minus gegenüber der Normalaufführung ist. Ich möchte, damit es nicht so stehen bleibt, das Gegenteil behaupten. Wir haben hier im Saal Leute, die anhand unserer Biennale einen Film für arte gedreht und die es geschafft haben, von einem sicher spannenden Theaterfestival einen dreistündigen Film zu machen - mit einer Originalaufzeichnung eines ganzen Stückes, wo ich der Meinung war, es hat stellenweise eine noch größere

---

3 13 Folgen, Südwest 3 1992; ARD Oktober 1994 bis Januar 1995.

Qualität gehabt, als das, was live auf der Bühne zu sehen war. Ich habe ähnliche Erfahrungen gemacht mit der Produktion *Alice im Bett*[4], die bei uns produziert worden ist. Und ich habe auch bei der Schaubühne Produktionen gesehen, wo ich dachte, das ist adäquat geworden. Natürlich handelt es sich um ein anderes Medium. Aber es gibt Möglichkeiten, dort eine ganz eigene Qualität zu entwickeln, die voll auf der Leistung des Theaters basiert und zu ganz hervorragenden ästhetischen Ergebnissen führt. Ich möchte das nicht einfach unter den Tisch fallen lassen, auch wenn es jetzt nicht in das Zentrum unserer Diskussion gehört.

Everding: Doch, das gehört schon dazu, Herr Beilharz, denn es wurde ja auch gesagt, daß das Fernsehen Theater auf eine sinnliche Weise nahe bringen kann. Denn das Fernsehen ist ja ein sinnliches Instrument, wenn es richtig begriffen wird. Die Verbreitung von Kultur ist oft nicht nur eine Verbreiterung, sondern auch ein Kennenlernen, ein pädagogischer Effekt. Meine Damen und Herren, ein Initium für unser Gespräch war, daß zur Grundversorgung auch die Unterhaltung gehört. Herr Bolwin hat eingangs gesagt: 'Auch Theater ist Unterhaltung, und wir dürfen nicht meinen, daß wir nur diese ernsten Kandidaten wären'. Aber uns erscheint es so, daß Millionen für Unterhaltung ausgegeben werden, denn das Volk braucht das ja, das ist keine Frage. Aber, wenn es an die Kultur geht, da werden Fragen gestellt. Warum denn da gerade die Frage, wenn sie bei der Unterhaltung nicht gestellt wird? Ich möchte jetzt an das Podium zurückgeben. Herr Bolwin, Quotenkiller oder Zukunftschance? Was hat die Diskussion jetzt für Sie als Direktor des Deutschen Bühnenvereins ergeben?

Bolwin: Herr Everding, lassen Sie mich noch ein paar Sätze sagen zu dem, was vorher aus dem Publikum gesagt worden ist. Herr Konrad, ich glaube wir sind uns ziemlich einig. Ich habe das auch an einigen Stellen gesagt, es kann auf gar keinen Fall um - wie Sie es genannt haben - einklagbare Ansprüche gehen, auch juristisch gibt es da überhaupt gar keine Zweifel. Was aber meiner Ansicht nach möglich sein muß, ist, daß sich Kulturvertreter, die wir ja sind, mit dem Thema einmal befassen: 'Was hat das Bundesverfassungsgericht gesagt? Was hat es damit gemeint und was bedeutet es für den Teil Programmgestaltung, an dem wir ein besonderes Interesse haben?' Ich finde das völlig legitim. Wie gesagt, einklagbare Ansprüche können damit

---

4 West 3 16.5.1992.

nicht verbunden sein. Die Finanzierung ist ein kompliziertes Thema, sie ist vor allen Dingen von Haus zu Haus sehr unterschiedlich - manches kleine Theater bietet durchaus etwas Interessantes, und da ließen sich vielleicht auch finanziell die Dinge etwas anders gestalten als bei den größeren Häusern. Herr Rettich, leider ist die Gremienzusammensetzung nicht in der ganzen Bundesrepublik so wie beim Süddeutschen Rundfunk. In manchen Fällen ist es sehr schwierig, Kulturbelange geltend zu machen. Wir haben das vor Jahren schon einmal versucht. Ergebnis war, daß ein Vertreter des Theaters, Herr Flimm, nun Mitglied im Fernsehrat des ZDF ist.

Was hat die Diskussion, Herr Everding, gebracht? Aus meiner Sicht sind wir an einige Punkte etwas näher herangekommen und haben das einmal öffentlich debattiert. Ich glaube, daß Kultur und auch Theater im Fernsehen eine Chance haben. Der wichtige Punkt scheint mir die Frage nach dem Hauptprogramm zu sein, daß auch insoweit das Theater aus einem so wesentlichen Medium, wie es das Fernsehen für diese Gesellschaft ist, nicht herausfällt. Die Darstellung im Hauptprogramm hat immer noch - ich sag' mal - den Vorzug, daß man in dem Augenblick, wo man das Hauptprogramm sieht, nebenbei mitbekommt, daß es z. B. Theater oder auch Anderes gibt, während ich mir in anderen Programmen das gezielt aussuchen muß. Also, da müssen wir weiter in der Diskussion bleiben. Als Quintessenz: Kultur und Theater im Fernsehen ist eine Zukunftschance für alle und muß nicht unbedingt ein Quotenkiller sein.

Kammann: Ich würde das einfach umdrehen, ich sage: 'Jede Sendung ist ein Quotenerzeuger'. Welche Quote sie dann erzeugt und mit welcher Bewertung, ist eine ganz andere Frage. Außerdem bin ich froh, daß mein Verdacht, Fernsehen könnte als Krücke benutzt werden für Erfolge, die man woanders nicht mehr erzielt, widerlegt ist.

Everding: Herr Kammann, 80 Prozent Auslastung der Theater durchschnittlich ist ja nicht das Schlechteste. So sehr an Krücken brauchen wir noch nicht zu gehen, aber wir nehmen Ihre Krücke zur Hilfe auch gerne an.

Oswatitsch: Ich kann es ganz knapp formulieren. Theateraufzeichnungen in der klassisch konventionellen Form sind für die Privaten ganz sicher ein Quotenkiller. Ich denke, es gibt nur eine Chance für die Zukunft, wenn man eine neue Form der Aufbereitung von Theater im Fernsehen findet und sich auch zum Dialog mit den Fernsehanstalten bereit erklärt.

Braun: Ich bin ganz der Meinung von Herrn Konrad, daß man sich nicht mit dem Rücken an der Wand fühlen, sondern mit den ganzen Problemen produktiv umgehen soll. Dazu müßten sich Fernseh- und Theaterleute an einen Tisch setzen, denn wir können hier auf dem Podium nicht alles ansprechen. Ganz wichtig wäre so eine Art Rechtepool, wo dann auch die Möglichkeiten für eine kommerzielle Weiterverwertung auf Video festgeschrieben werden. Dazu gehört auch eine gemeinsame Werbung, sozusagen interfraktionell unter den Sendern. Und weiter, Frau Rollberg hat es schon angesprochen, müßte der Ereignischarakter von Theater im Fernsehen betont werden.

Es gibt natürlich, Manfred Beilharz, wirklich wunderbar gelungene Aufzeichnungen. Eine der schönsten z. B. ist *Der Ring des Nibelungen* von Chéreau in Bayreuth[5], das ist eine wunderbare Aufführung. Also, man muß da Phantasie entwickeln.

Everding: Die Aufzeichnung des *Ring des Nibelungen* stammt von dem verfemten Leo Kirch. Er hat auch sehr viele Karajan-Opern aufgezeichnet und hat nie ein Geschäft damit gemacht.

Janke: Offenbar ist ja diese Beziehung zwischen Theater und Fernsehen noch sehr lebendig. Das hat mich jedenfalls diese Debatte gelehrt. Sie ist ja auch insofern ergiebig, als wir - ich will es nur gesagt haben - beim Fernsehen von den Schauspielerinnen und Schauspielern leben, die im Theater das Ihre gelernt haben und vorgezeigt haben. Was mir überdies gut gefallen hat: ich habe hier wenig Pfründenmentalität wahrgenommen. Als Entsprechung sehe ich das bei dem, was Walter Konrad gesagt hat. Er will das Theater für 3sat haben. Es ist nicht eine saure Pflicht für ihn, sondern es ist offenbar etwas, was für dieses Programm, 3sat, essentiell ist. Danach, sobald man das festgestellt hat, geht es los mit einigen offenbar außerordentlich schwierigen und sehr unangenehm konkreten Fragen. Auf die habe ich hier schon gar keine Antwort. Ich bin relativ dankbar für die Gelegenheit, sagen wir mal, einen öffentlich-rechtlichen Qualitäts- und Programmprospekt hier vermitteln zu können, der, ich wiederhole es noch einmal, Argumente hat.

Glässgen: Die öffentlich-rechtlichen Anstalten gehören ja nicht irgendeinem Menschen, sondern der Gesellschaft und sind dieser Gesellschaft verpflichtet.

---

5 *Die Walküre*, ARD 29.08.80; *Siegfried*, ARD 08.06.81; *Das Rheingold*, ARD 04.07.1982; *Götterdämmerung*, ARD 13.02.1983. Die Fernsehregie bei allen Aufzeichnungen hatte Brian Large.

Das Theater hat in diesem Medium Fernsehen dann eine gute Zukunft, wenn das Theater in dieser Gesellschaft lebendig ist. Wenn Sie Themen aufgreifen, die den Menschen unter den Nägeln brennen, wenn Sie Themen aufgreifen, die die Menschen zum Denken bringen, sie weiterbringen in ästhetischer, in inhaltlicher oder in sonstiger Hinsicht - dann werden Sie auch eine Zukunft im Fernsehen haben. Dann sind wir gezwungen, diese Themen, die das Theater in diese Gesellschaft hineintreibt, noch stärker als bisher in unseren Programmen zu berücksichtigen. Das Theater hat dann auch eine Zukunft, wenn es Menschen in diesen Anstalten gibt, für die Kultur zum Zentrum der Existenz gehört, Menschen in den Gremien, die die Programme begleiten, stützen, provozieren und auch fordern, aber auch Menschen in den Redaktionen und in den leitenden Instanzen unserer Anstalten. Ohne Menschen, die etwas für wichtig halten, geht es in diesem öffentlich-rechtlichen, pluralistisch besetzten Rundfunk nicht. Und das Theater wird im Fernsehen eine Zukunft haben, wenn die Menschen in Theater und Fernsehen nicht nur das Herkömmliche verwalten, sondern wirklich gemeinsam konstruktiv neue Formen der Zusammenarbeit entwickeln, nicht nur der Rechtevermittlung, nicht nur der Honorierung und nicht nur der Präsentation, sondern neue Formen der Zusammenarbeit auf allen möglichen Ebenen.

Rollberg: Selbst auf arte ist das Theater ein Quotenkiller. Soll man nicht meinen, aber das ist so. Man merkt das sehr deutlich - die Einschaltquoten gehen herunter. Trotzdem ist das für uns kein Grund, auf Theater zu verzichten. Wir haben jeden letzten Dienstag des Monats einen Theaterabend, und den gedenken wir auch natürlich zu behalten. Die Diskussion um die Quote ist eine, die zwar uns auch betrifft - vor allen Dingen unseren französischen Partner. Dort stehen wir unter einem ganz anderen Druck, weil das Budget im Parlament jedes Jahr neu bewilligt wird. Außerdem werden wird dort terrestrisch ausgestrahlt. Und insofern ist ein ganz anderer Konkurrenzdruck da. Aber man kann da immer auch sagen, in Frankreich werden auch die Opernhäuser subventioniert. Man kann sich die Zahlen von der Bastille oder anderer großer europäischer Häuser ja mal vor Augen führen, mal addieren, wieviel Menschen dort hingehen, und das mit unserem Budget vergleichen. Dann, muß man sagen, sehen wir ganz schön gut aus, und das muß man - vor allen den französischen - Politikern und Parlamentariern, die immer wieder gegen arte wettern, vorhalten. Insofern sehe ich für arte im Theater eher auch eine Zukunftschance als einen Quotenkiller. Man müßte auch diese Quotendebatte endlich mal wieder auf ein Normalmaß reduzieren und vielleicht eine qualitative Analyse der Zuschauer machen.

Wenn sich auf dem Theater die Debatte unserer Gesellschaft spiegelt, dann werden die Leute neugierig. Und dann wollen alle die Leute, die nicht den Zugang zu den Bühnen haben, weil sie irgendwo in der Provinz leben, auch sehen, was auf dem Theater geboten ist. Dann ergibt sich eine ganz automatische Neugierde und Nachfrage. Dieses Grundbedürfnis der Menschen müssen wir dann befriedigen. Und wir haben auch eine zweite Chance dadurch, daß gerade in Frankreich das Regietheater eben nicht so ausgeprägt ist und daß dort eine Neugierde auf gute deutsche Regisseure vorhanden ist. Es gibt eine große Nachfrage und ein Interesse, und deswegen ist gerade auch für arte das Theater die Zukunftschance.

Everding: Danke schön. Natürlich ist abgefilmtes Theater oder wiedergegebenes Theater nicht mehr die Aufführung und trotzdem sind wir dankbar, daß es sie gibt. Beim Fernsehen muß ich das sehen, was der Bildregisseur mir vorgeschnitten hat. Im Theater können Sie sich Ihr Bild aussuchen, von links nach rechts. Da brauchen Sie sich nicht den einen Kopf nur ansehen, da können Sie die ganze Bühne total sehen. Sie sind der Bildmischer selbst. Meine Damen und Herren, ich bin sehr froh, daß wir nicht nur über die Zukunft der ARD gesprochen haben, sondern über das Theater. Ich bin froh, daß es nicht wieder einmal zur Klagemauer der Intendanten wurde, und ich bin froh, daß das Theater nicht als 'quantité négligeable' angesehen wurde, sondern daß Theater gewollt wird - vom Fernsehen und von uns. Sonst sind alle Fragen offen geblieben, aber das gehört sich bei einem solchen Symposion.

Helmut Schanze

Theater und Fernsehen im Kontext "Neuer Medien"

Beschäftigt man sich mit den komplexen Relationen zwischen Theater und Audiovision, so wird man beide Seiten dieser mediengeschichtlich so fruchtbaren Wechselbeziehung in den Blick nehmen müssen. Die Frage nach dem Nutzen des Fernsehens für das Theater ist genauso zu stellen wie die Frage des Nutzens des Theaters für das Fernsehen.

Nicht nur kommt es an auf die Relationen zwischen den jeweiligen Formen und Werken, auf den Medienwechsel, sondern auch auf die Koevolution der darstellenden Medien im Kontext der Mediengeschichte. Beide fungieren als Agenturen der Öffentlichkeit. Zu fragen ist nach den Wechselbeziehungen der Institutionen, die den Medienwandel in historischer Sicht konstituieren. Die Relation Literatur-Fernsehen läßt sich in einer Fernsehgeschichte der Literatur, die des Theaters zum Fernsehen in einer Fernsehgeschichte des Theaters, die der Künste zum Fernsehen in einer Fernsehgeschichte der Kunst, die des Kinos zum Fernsehen in einer Fernsehgeschichte des Kinos beschreiben. Schrift, Theater und Druck auf der einen, die Medien der Audiovision auf der anderen Seite sind, historisch wie aktuell, in der Mediengeschichte in vielfältiger Weise aufeinander bezogen, ja, sie sind aufeinander angewiesen, in der Produktion, in der Distribution, der Verarbeitung wie auch in der Rezeption. Daß in den Relationen Literatur - bzw. Theater - Fernsehen die Zwischenmedien der Schall- und Bildaufzeichnung, damit auch die Geschichte des Films, herausgehobene Rollen spielen, kompliziert, historisch wie systematisch, die einfache Relation zwischen Theater und Fernsehen. So steht die gesamte, nunmehr hundertjährige Geschichte der Audiovision in eine Betrachtung des gegenwärtigen Standes der Beziehungen zwischen Theater und Fernsehen in Rede, wenn man den Versuch macht, eine mediale Relation zu bestimmen.

Nun sind, nicht erst seit gestern, Irritationen in dieser stets als notwendig und sinnvoll angesehenen Symbiose von Literatur, Theater, Film und Fernsehen eingetreten. Dies gilt vor allem für Theatersendungen. Sendeplätze sind gestrichen worden, die als unabdingbar angesehene Informationspflicht des Fernsehens über die Theaterlandschaft werde, so die Seite des Theaters, kaum noch erfüllt.

Die Antworten des Fernsehens sind bisher wenig konkret. Sieht man auf die privat-kommerziellen Sender des 'Dualen Systems', so betrachten sie sich offensichtlich als nicht angesprochen. Sie sehen sich als 'Filmsender'. Theater, Kunst und Literatur kommen hier allenfalls als Vorproduzenten in Frage. Auch die öffentlich-rechtlichen Anstalten verweisen auf den Markt, in dem man stehe. Theater im Fernsehen, in der bisherigen, direkten Relation, sei nun einmal Minderheitenprogramm. Sendeplätze hätten keinen Ewigkeitswert, sie müßten zur Disposition stehen, wenn dies die Programmplanung und der Markt erforderlich machten. Mangel an Sendeplätzen aber ist ein offenkundig vordergründiges Argument. Die Vielzahl von Anbietern, die um Reichweiten konkurrieren, hat die Anzahl der möglichen Sendeplätze nicht verringert, sondern beachtlich vermehrt. Bei der Vielzahl der möglichen Kanäle kommt es eher zu einem Mangel an sendefähigem und sendegeeignetem Material. Es ließe sich durchaus an einen 'Spartenkanal' denken, der sich die Pflege dieser Relation zum Ziel setzen könnte.

Aus der Tatsache der Etablierung eines 'Dualen Systems' lassen sich die Irritationen im Verhältnis 'Theater' - 'Fernsehen' allein nicht erklären. Was als Marktproblem erscheint, ist, so meine These, nur ein Epiphänomen eines grundsätzlicheren Wandels in der Medienlandschaft. Entscheidend für die gegenwärtige Entwicklung der Relation 'Fernsehen' - 'Theater' dürfte sein, daß wir uns, weltweit, in einem technologischen und kulturhistorischen Wandel zu einem neuen Mediensystem befinden. Das 'neue' Digitalmediensystem verändert die nunmehr 'alten' Systeme der Audiovision insgesamt: die Schallplatte - von der man bereits nur noch als CD-Digital Audio spricht, den Film, den Hörfunk, das Fernsehen, aber auch die ursprünglich alten Medien, die Literatur, die Künste, das Theater. Das Zeitalter der dominanten Audiovision ist an ein Ende gekommen. Dies heißt aber keineswegs, daß die Medien der Audiovision verschwinden. Sie werden, in unterschiedlicher Geschwindigkeit, in das 'Neue Medium' integriert.

Das Theater, die Printmedien, erhalten dadurch, systematisch wie historisch, neue Spielräume. Ihre primäre Bedeutung wird erkannt. Theater ist Ereignis; das Buch garantiert stabile Tradition. Die Konstellation von Text und Spiel, das Drama, entstanden im Spannungsfeld von Schrift und Kult, wird in ihrer besonderen Funktion erkennbar. Die Audiovision, die sich diese Funktion dienstbar gemacht hatte, wird indirekt entzaubert. Ein Bild sagt nicht mehr als tausend Worte. Die Digitalmedien als Medien der Simulation nehmen das alte dramatische Prinzip der 'Mimesis' auf. Die Buch- und die Guckkastenmetapher werden zu Leitvorstellungen der Digitaltechnik. Bildschirme werden zu Büchern und Bühnen. Die Metaphern der Leinwand und des Pantoffelkinos, der unidirektionalen Medien, werden durch interaktive Paradigmen abgelöst. Von dieser metaphorischen Depotenzierung ist gegenwärtig die Audiovision nachhaltig betroffen, sie hat ganz konkrete Auswirkungen auf den 'Betrieb' des Fernsehens.

Nimmt man beide Seiten in den Blick, so ist zunächst zu fragen: Wie stellt sich die Situation im Bereich des Fernsehens gegenwärtig dar? Die folgende Beschreibung der Situation kann nur knapp, holzschnittartig, die wesentlichen Tendenzen herausstellen. Fünf Tendenzen sind beobachtbar. Die erste besteht darin, daß sich der Programmbegriff verändert hat. Die überschaubare Anzahl der alten Programme verwandelt sich in eine fast unüberschaubare Vielzahl von 'programs' in anglo-amerikanischer Definition. "Program" ist "a piece of software", wie es in den Anstalten bereits heute im vorauseilendem Gehorsam dem neuen Dominanzmedium gegenüber heißt.

Die zweite Tendenz besteht in einer zunehmenden Selbstreferentialität der Audiovision. Sie hat ihre generelle Verweisfunktion auf andere Medien eingebüßt, die ihre 'Inhalte' als Universalmedium waren. Die Software-Stücke müssen durch Superstrukturen, die selber Software-Stücke sind, Trailer, Ankündigungen usf. zusammengehalten werden. In diesem Bereich ist die Digitalisierung schon am weitesten fortgeschritten. Andere Bereiche der Produktion werden folgen. Der Trend geht vom Kulissenstudio zur "Virtual Reality".

Die dritte Tendenz besteht darin, daß das Medium Film als handhabbares 'Video' zum Kanon des fiktionalen Fernsehprogramms geworden ist. Mehr als je zuvor ist Fernsehprogramm auf Kaufproduktionen angewiesen, auf den 'Filmstock' und das internationale Angebot an sendefähigen Filmen. Die vierte Tendenz ist komplementär zur dritten. Im Bereich der journalistischen Formen (der 'Nachrichten') herrscht das Kaufereignis, die möglichst planbare, zu bezahlende Aktualität, die fernsehtechnisch aufgenommen und übertragen werden kann. Hier gewinnen Nachrichtenproduzenten und Nachrichtenlieferanten eine bisher kaum so beobachtete Bedeutung. Erinnert nur sei an die Diskussion um den Nachrichtenkanal CNN.

Die fünfte Tendenz besteht in der zunehmenden Ökonomisierung des Mediums. Soweit es einen kulturellen Auftrag wahrnehmen soll, erwartet es kostendeckende Alimentation über Gebühren. Es reiht sich damit, als Konkurrent, ein in den Kreis der bereits in gleicher Lage befindlichen 'alten' Medien, die allesamt in irgendeiner Weise eines Mäzens bedürfen. Beim Fernsehen ist dies vor allem, neben dem Gebührenzahler, die Werbeindustrie. Für jedes Stück Software, das zur Sendung kommen soll, muß, offen oder indirekt, für eine Finanzierung gesorgt werden. Fernsehen ist vom Kultursponsor zur gesponsorten Kultur geworden.

Worin, so die weitere Frage, bestehen die neuen Spielräume, die das alte Universalmedium Theater dem Fernsehen gegenüber gewinnt. Auch und gerade das Theater hat sich im Jahrhundert der Audiovision entscheidend gewandelt. Es hat sich als Ereignis von Realismus, Illusion und Trick einerseits abgesetzt, andererseits diese Elemente zu Sujets des Spiels werden lassen. Nur so konnte es seine primäre Bedeutung bewahren. Dies gilt auch für die von ihm entwickelten institutionellen Rahmenbedingungen. Zu prüfen ist, wie sich das Theater gegenüber den für das Fernsehen neuen Tendenzen einstellt.

Das Theater kennt den Begriff des "Stücks" als eingeführte Einheit von Anbeginn, auch wenn es nicht vom "piece of software" spricht. Dies wäre auch kaum sinnvoll. Den Stückbegriff nämlich hat die Digitalmedienindustrie von den 'alten' Medien im Sinne eines metaphorischen Gebrauchs entlehnt. Die kunstmäßige Herstellung des Ereignisses, die Vorstellung, ist das Metier des Theaters. In der Neuigkeit konkurriert das Theater mit der Zeitung, ist aber auch des Berichts wert für diese, wie umgekehrt die Nachricht, der Bericht zum integralen Bestandteil theatralischer Fiktion geworden ist. Mit Selbstreferentialität geht das Theater mit reflektierter Selbstverständlichkeit um. Die Bühne ist, als Institution, ihr eigenes Modell, und zugleich Modell für die Welt. Indem sie auf die Welt verweist, verweist sie auf sich selbst. Dies galt schon für das Theater der Antike, erst recht für das Renaissance- und Barocktheater, und nicht zuletzt auch für das vielgescholtene Theater des 19. Jahrhunderts, dessen Erbe die Audiovision angetreten hatte. Nicht umsonst konnte das beliebteste Stück des Unterhaltungstheaters des 19. Jahrhunderts ein Stück über das Theater, mit Seitenhieben auf die Literatur, werden: *Der Raub der Sabinerinnen* von Schönthan und Schönthan - Schmiere und Professorendrama in schöner Eintracht.

Das Theater kennt, ebenfalls seit der Antike, seinen Auftraggeber: ist es das Volk, sind es die Fürsten, sind es die Städte, ist es "das Publikum". Es kennt das 'Duale System' mit Geschäftstheater und Kunsttempel schon lange. Die Frage nach der 'Kommerzialisierung' gehört ebenfalls zu den klassischen Fragen der Existenz des Theaterbetriebs. Jeder Intendant, und nicht nur er, kann hierüber besser berichten als ich. Der Rundfunkintendant kommt erst seit einigen Jahren in diese nicht gerade komfortable Position zwischen 'Geldgeber' und 'Kunst'.

Theater und Fernsehen sind sich also, trotz der Irritationen, von den institutionellen Bedingungen her nähergekommen. Welche Konsequenzen, so die dritte Frage, sind aus der neuen Situation für das Verhältnis von Fernsehen und Theater zu ziehen? Zum ersten: Bisherige, eingeschliffene Regeln, die auf der Funktion des Fernsehens als Dominanzmedium beruhen - nennen wir nur die als Selbstverständlichkeit vorausgesetzten Sendeplätze - sind heute nachhaltig in Frage gestellt.

Zum zweiten: auch die erprobten Transformationsregeln von Theaterereignissen in Fernsehereignisse werden neu positioniert. Um diesen Befund zu erläutern, sei ein kurzer Blick auf diese Regeln, die selbst eine Geschichte haben, gestattet.

Im Anfang der Fernsehgeschichte des Theaters (wie auch der Literatur) stand die Transposition - die Übernahme eines Theaterabends in Form einer Fernsehübertragung. "Übertragung" ist der Produktionskanon des Rundfunks. Möglichst zeitgleiche Aufnahme und Sendung machen seine Aktualität aus, die Produktion findet am Ereignisort statt. Zeitliche Trennung von Aufnahme und Wiedergabe gelten tendenziell als Verstoß gegen die Aktualitätsregel. Insofern ist der 'Film', bzw. das 'Video', bei dem Aufnahme und Wiedergabe getrennt ist, im 'Rundfunkfernsehen' nur ein Hilfsmedium. Im Zuge des Wandels vom 'Rundfunkfernsehen' zum 'Filmfernsehen' bis zum kommerziellen 'Film-Film-Fernsehen' aber wandelte sich die Fernsehprogrammatik zum 'Filmischen' hin. In den siebziger Jahren wurden Verfahren der Adaption - der theater- und literaturnahen Verfilmung - verfolgt. Seit Beginn der achtziger Jahre herrschten Verfahren der filmischen Transformation - der Umsetzung des theatralen Sujets mit Mitteln des Films, das aber als Ausgangspunkt erkennbar blieb. Im 'reinen Film' verschwindet das konkrete Sujet 'Theater' ganz; es wird nur noch der Mythos des Theaters zum Vorwurf genommen. Man kann hier von Verfahren der Transfiguration sprechen. Der Theatermythos wird zu einem Stoff unter vielen Stoffen, die der Film, wie

Brecht böse bemerkt hat, zu seiner "Abbauproduktion" nutzt. Ist Fernsehen nur noch Abspielstation für Filme, so begibt es sich, ebenfalls mit Brecht, auf die "Marktlinie". Ein kritischer Unterton allerdings ist dabei heute nicht mehr zu hören.

Alle vier Verfahren müssen heute als problematisch gelten. Die Transposition eines ganzen Theaterabend gilt als Langeweiler. Sie läßt sich in maximal 90 Minuten als "piece of software" auch kaum mehr plazieren. Die Adaption gilt als zu anspruchsvoll. Dies liegt übrigens auch daran, daß sich das Theater um seiner Identität willen programmatisch von seinen alten, in der Audiovision weiter genutzten Formen abgesetzt hat. Die Transformation läßt das Theater nur noch als Stofflieferant erscheinen. Die Transfiguration des Theatermythos, des Mythos der "Kinder des Olymps", macht das Theater zum Stichwortgeber. Die Welt des Theaters konkurriert mit der Vielzahl der anderen Mythen, die der Film verbraucht.

These aber ist, daß sich der kompakte Block der Audiovisionen, die zur Sendung kommen, gegenwärtig auflöst. Gilt 'filmische Qualität' nicht mehr als der einzige Wertmaßstab, sondern auch die Qualität des Ereignisses, so sind 'theatralische' Qualitäten nachzufragen. Damit wird die Hierarchie der Verfahren, wie das Theater zur 'Sendung' kommt, zu einem Nebeneinander von Möglichkeiten. Auch hier ergeben sich neue Spielräume für die Theaterproduktion.

Die Transposition ist immer nutzbar, wenn es sich um 'Dokumentation' handelt. Im Magazinkontext sind Transpositionen von höchstem Interesse. Regelmäßig kann dort aber nur ein Stück des Stücks eingesetzt werden. Bei Adaptionen handelt sich in einem definierten Sinn um Kulturgüter, die unter Bildungsauftrag hergestellt worden sind. Auch wenn sie nur ein kleines Publikumssegment finden, so ist doch dieses 'anspruchsvolle' Publikum eine Größe, mit der nicht alle, aber doch mindestens ein Kanal, ein 'Kulturkanal' wird rechnen können.

Die filmische Transformationen von Theaterstücken, aber auch die Transfiguration des Theatermythos bleiben wesentliche Bestandteile des fiktionalen Programms, das im wesentlichen 'Filmprogramm' ist. Wegen der Rechtelage bilden sie heute mit die teuerste 'Software'. Der so beschriebene 'Stock' aber ist endlich, wird auf die Dauer "versendet". Für das Fernsehen überlebenswichtig wird es damit, daß es in neue, produktive Relationen mit den beiden Primärmedien, dem Buch und dem Theater, tritt. Angesichts der neuen Situation, in der auch das Fernsehen seine Geldgeber suchen muß, wird es allerdings in dieser Relation nicht mehr als Sponsor, sondern ebenfalls als ein zu unterstützendes Medium auftreten.

So paradox dies klingen mag: so, wie ein Nachrichtenmagazin heute eine Kultursendung unterstützt, so könnte auch das Theater in die Notwendigkeit kommen, das Fernsehen zu unterstützen. Diese Unterstützung kann kaum in der Hingabe von ohnehin nicht vorhandenen Geldern bestehen. Sie erfordert neue Modelle der produktiven Zusammenarbeit. In neuen Formen der produktiven Interaktion wird das Theater nicht mehr nur auf das 'große Auge' warten, sondern seine Produktionskapazitäten selber einsetzen.

Ich sehe deshalb prinzipiell zwei Möglichkeiten, wie die Relation von Theater und Fernsehen in Zukunft sich produktiv gestalten kann. Die eine besteht darin, daß das Theater mehr als je zuvor als 'Ereignis' wahrgenommen wird, über das sich 'berichten' läßt. Da Ereignisse auf anderen Bereichen schon längst zu Kaufereignissen geworden sind, müßte auch hier eine Finanzierung im beiderseitigen Interesse gesichert werden können. Die andere der beiden Möglichkeiten besteht in der produktiven künstlerischen Interaktion. Hier spielen insbesondere jene Formen der 'multimedialen' Theaterproduktion eine Rolle, in denen der kreative Einsatz des 'Neuen Mediums' bereits Praxis ist. Aufführungen dieser Art sind erkennbar an ihrer Genauigkeit, die das Theater vom Film gelernt hat und in der dieser vom Theater bereits längst übertroffen wird. Theater hat den paradoxen Vorteil, sich an ein 'Programm' bis ins Detail binden zu können, trotzdem aber 'Ereignis' zu bleiben. Im Theater kann man sich nicht darauf verlassen, daß es im nächsten Take schon besser geht. Im Umgang mit technischen Mitteln - so auch mit den Videokünsten - ist das Theater der letzten Dekaden zum Ort der Innovation schlechthin geworden. Ausnahmefilme bestätigen die Regel.

Zu den Grundelementen der Television, Fiktionalität und Aktualität, kann das gegenwärtige Theater, kraft seiner uralten Erfahrung im Geschäft mit der Herstellung von Ereignissen, einen erheblichen, qualitativ herausragenden Anteil beisteuern. Seine Stellung in der Konstellation Theater-Fernsehen ist nicht schwächer, sondern eher stärker geworden. Das neue Selbstbewußtsein, mit dem heute - man denke an den "Fall Kroetz" - das Buchmedium heute gegenüber einem Medienautor auftreten kann, dürfte analog auch für das andere der 'alten Medien', das Theater, gelten. Das Fernsehen kann im produktiven Umgang mit den 'alten Medien' eine Chance der Regeneration sehen. Dies entspricht medienhistorischer Einsicht. Der Schock der Audiovision um 1900 ist von der Literatur, vom Theater zu einer faszinierenden Moderne verarbeitet worden. Der Schock der Digitalisierung sollte die audiovisuelle Produktion erneuern. Vorbild könnte das proteische Theater sein.

Ich erinnere mich, daß vor vielen Jahren, hier in Köln, in einer Aufführung von Heyme, der Doktor und Professor Wagner im zweiten Teil des *Faust* mit dem tragbaren Fernseher auftrat, aus dem das künstliche Männlein sprach. Inzwischen sind wir in den "Bergschluchten" mit ihren virtuellen Realitäten angelangt. Hat nicht das Theater auch hier schon einiges an szenischer Einsicht vorweggenommen, auf das die Medientheorie erst nach vielen Jahren gekommen ist?

Peter Seibert

Theater reihenweise.
Anmerkungen zur Geschichte
von Theater im Fernsehen

Schreckliches scheint ins Haus zu stehen: ein Fernsehen, das sich selbst zum Kulturmüll-Lieferanten degradiert, ein Fernsehen, das eine seiner letzten bedeutenderen Kunstbastionen, *Die aktuelle Inszenierung*, eigenhändig schleift. Und das, ohne von irgendeiner Staatskanzlei dazu aufgefordert zu sein. Die Reaktionen auf das Ende eines von Sendeanstalt und Publikum bereits seit einiger Zeit marginalisierten Programmelements waren dennoch verhalten, selbst bei denen, die es unmittelbar anging. Peter von Becker bat in *Theater heute*, "Dieter Stolte und seine Programm-Macher in Mainz sollten den Fall der *Aktuellen Inszenierung* zum Anlaß nehmen, noch einmal nachzudenken"[1]. An die Pflicht zur umfassenden Kulturberichterstattung im Rahmen der Grundversorgung erinnerte der Deutsche Bühnenverein in einer Presseerklärung und erklärte Theaterübertragungen zum unverzichtbaren Bestandteil dieser Grundversorgung.[2] Die Tragweite der ZDF-Entscheidung für das Verhältnis von Theater und Fernsehen stand, folgt man einer Nachrichtenagentur, außer Frage: "Kritiker", so dpa, "sehen darin den Anfang vom Ende des Theaters auf dem Bildschirm"[3]. Auch wenn Ursachen für die Beziehungskrise in den Einschaltquoten rasch ausgemacht waren[4], erklärt waren damit die Irritationen im Medienensemble, zumal sie keineswegs nur aus der jüngeren Quotenzeit datierten, noch lange nicht.

---

1 von Becker, Peter: Theater Fernsehen: Nicht mehr? Zum bevorstehenden Ende der "Aktuellen Inszenierung" im ZDF. In: Theater heute. H. 7. 1994, S. 1-2. Hier: S. 2.
2 Vgl. epd/Kirche und Rundfunk. Nr. 40/41. 1994, S. 17.
3 Bojic, Tatjana: Tod des Theaters auf dem Bildschirm. In: Westfälische Rundschau. 7.7.1994.
4 Beispiele aus der Schlußphase der Aktuellen Inszenierung sind bezüglich ihrer Einschaltquoten noch einmal bei Peter von Becker aufgelistet. Danach bewegten sich die absoluten Zuschauerzahlen zwischen 100 000 und 200 000 (nur Thomas Langhoffs Biberpelz-Inszenierung sahen immerhin 490 000), was eine Einschaltquote von 0 Prozent und einen Marktanteil von ca. 2 Prozent bedeutet. von Becker: Theater Fernsehen: Nicht mehr? (Anm. 1). S. 2.

Eine kurze Chronik des angekündigten Reihentodes, ein Rückblick auf die Entwicklung des intermedialen Verhältnisses, wie es in den Theatersendungen entsprechender Sendereihen seinen Ausdruck gefunden hatte, scheint von daher angebracht - selbst wenn man Gefahr läuft, dabei in erster Linie Bekanntes ins Gedächtnis zurückzurufen.

Dabei hatte alles doch so gut mit dem Theater und dem Fernsehen angefangen. Der reguläre Fernsehbetrieb in der Bundesrepublik war mit Goethes *Vorspiel auf dem Theater* aufgenommen worden. Zur Eröffnung des Gemeinschaftsprogramms der ARD 1954 kam dann Heinz Hilpert und sein Göttinger Ensemble mit einer Inszenierung von Shakespeares *Was ihr wollt* ins Studio. Noch das ZDF begann (wenn auch bereits unter wesentlich anderen programmgeschichtlichen Voraussetzungen) seine Ausstrahlung mit Goethes *Vorspiel*. Mit einem solchen Programmauftakt zeigte das neue Medium ein Selbstverständnis, das ästhetische, dramaturgische, auch strukturelle Differenzen zu dem reputationsreichen Kultur- und Kunstmedium 'Theater' nicht wahrhaben, zumindest nicht hervorheben wollte. Einmaligkeit des Ereignisses, Transitorik, Durchspielen statt takeweise Aufzeichnung usw., all das sollte bekanntlich als Beleg von der Nähe der beiden Medien und damit der Kultur- und Kunstfähigkeit auch des Fernsehens gelten.

Kritisiert wurde im ersten Fernsehjahrzehnt dementsprechend, wenn die medialen Differenzen bei Theatersendungen ästhetisch hervorgehoben wurden, gewürdigt wurde in der Regel eine unaufdringliche, ignorierbare Kameraführung, durch die das Fernsehen sich selbst zurückzunehmen schien. Daß die tradierten normativen Vorstellungen von dramatischer Kunst damit auch für das Fernsehen Geltung erlangen konnten, ist sowohl für die Einzelsendung als auch für das Gesamtprogramm festzustellen, wobei schon der abendliche Programmumfang von zwei Stunden das Übertragen des Begriffs vom Kunstwerk auf das Gesamtfernsehprogramm erleichterte.[5]

Dem Fernsehzuschauer durfte folglich eine Rezeptionshaltung abverlangt werden, die als eine dem tradierten Kunstwerk adäquate verstanden wurde. Ihn, den Fernsehzuschauer, und den Theaterbesucher trennten nach dieser Ansicht keine Welten. Wenn das Programm selbst in Analogie zur theatralen Kunst gesehen wurde, war eine besondere Stellung von Theatersendungen im

---

5   Vgl. hierzu: Hickethier, Knut: Fernsehästhetik. Kunst im Programm oder Programmkunst? In: Joachim Paech (Hrsg.): Film, Fernsehen, Video und die Künste. Strategien der Intermedialität. Stuttgart/Weimar 1994, S. 190-213.

Fernsehprogramm (oder gar deren Problematisierung) nicht zu erwarten. Die versuchte Unterwerfung unter den Kunstdiskurs der fünfziger Jahre schloß die Anerkennung der These von der Ahistorizität der Kunstwerke ebenso ein wie das daraus resultierende Postulat von Werktreue - unabhängig von der praktischen Vereinbarkeit dieser Normen mit den Bedingungen des neuen Mediums. Und ohne daß reflektiert wurde, wie sehr der Kunstdiskurs selbst durch das neue Medium auf die Dauer verändert werden könnte.

Bekanntlich griffen dann zwei Faktoren massiv in das Verhältnis von Theater und Fernsehen ein, wie es sich zunächst abgezeichnet hatte: Dies war zum einen der Siegeszug der MAZ-Technik, der die Produktion des Fernsehens von der des Theaters weit entfernte und die These von der Verwandtschaft beider Medien als das Hochrechnen technischer Unterentwicklung dekuvrierte. Dies waren zum anderen die Ausweitung der täglichen Sendezeiten und die gleichzeitige Vermehrung der Programme, was sowohl das Fernsehen insgesamt aus der Kunstdoktrin immer stärker befreite, als auch Nutzer- und Rezeptionsgewohnheiten inthronisierte, die beim besten Willen nicht mehr mit denen des Theaterbesuchs in eins gesetzt werden konnten. Mit dieser Ausdifferenzierung der beiden Medien erst wurde Theater im Fernsehen zum Problem, zum Problem der Auswahl, der Präsentationsform, auch der Wahrnehmung als Theatersendung.

Einen frühen Reflex auf die Verschiebungen im intermedialen Verhältnis stellt ein Beitrag vom Helmut Oeller, dem späteren Fernsehdirektor vom Bayerischen Rundfunk 3, für die *Deutsche Bühne* von 1962 dar: Oeller diskutiert zwar noch vom TV Gesamtprogramm her, dieses wird aber neu definiert. So spricht er vom "Programm der Wirklichkeit", vom "Programm der Welt"[6], das "in der Form des Fernsehprogramms zum zweiten Mal sichtbar"[7] zu machen sei. D. h. Fernsehen wird damit zunehmend als "Kommunikationsmittel"[8], als bloße Vermittlungsinstanz von fernsehexogener Wirklichkeit begriffen, wobei auch und gerade Theater und Kunst für Oeller zentraler Bestandteil des "Programms der Welt" bleiben. Insofern als Fernsehen Wirklichkeit "umfassend und repräsentativ"[9] zu vermitteln hat, muß dem Theater ein nicht weiter zu hinterfragender Platz im Programm gesichert werden.

---

6 Oeller, Helmut: Theater und Fernsehen. Probleme und Entwicklungen, In: Die Deutsche Bühne. H. 5. 1962, S. 84-86. Hier: S. 84.
7 Ebda.
8 Ebda.
9 Ebda.

Aus solchen Begründungszusammenhängen ergeben sich für Oeller auch fernsehästhetische Konsequenzen: Dramatische Kunst ist nur das, was vor der Kamera d. h. auf der Bühne, stattfindet, die Kamera selbst bleibt marginalisiert. Fernsehen hat demnach weniger eine ästhetische als eine soziokulturelle Funktion: Es hat die Theaterhäuser zu entgrenzen und damit eine ubiquitäre Teilnahme am Theaterereignis der Bühne zu ermöglichen. Dabei bleibt Theater im Fernsehen authentisches Theater, wie ein Telefongespräch Gespräch bleibt.

> Warum sollen z. B. bei einer hervorragenden Inszenierung (...) neben den Besuchern nicht zehn Millionen Fernsehzuschauer zu Gast sein? Wird nicht vielleicht dadurch eine neue wichtige Funktion der repräsentativen Theater erfüllt, daß sie an bestimmten Abenden eine Vorstellung für das gesamte Land geben?[10]

So basiert Oellers Beitrag für die *Deutsche Bühne* auf der Illusion, die mediale Ausdifferenzierung wieder unterlaufen zu können, indem die ästhetischen Qualitäten eines der beteiligten Medien, des Fernsehens, unterschlagen werden. Die Konsequenz dieser Position ist bei Oeller die Legitimierung der Fernsehübertragung als der dem Theater adäquaten Fernsehpräsentations- und Produktionsform.

Der neue Programmanbieter ZDF reagiert von Anfang an auf die durch ihn mitverursachten veränderten Bedingungen für eine Kooperation zwischen Theater und Fernsehen. Eine implizite Anerkennung der ausgeweiteten Mediendifferenz fand beim ZDF ihren institutionellen Niederschlag in der Herauslösung der Theatersendungen aus der Fernsehspielredaktion und der Bildung einer Hauptabteilung *Theater und Musik*. Diese organisatorische Entscheidung war auf der ästhetischen Ebene verknüpft mit einer (vorsichtig formuliert) Zurückhaltung gegenüber Fernsehspielästhetik im Programmbereich 'Theater' und der (auch von Oeller geforderten) Nobilitierung der Theaterübertragung. Als der Intendant Holzamer 1964 in der *Deutschen Bühne* das Theaterkonzept des ZDF erläuterte, wandte er sich - wie zwei Jahre zuvor Oeller, dessen Thesen er kannte und zustimmend zitierte - ausdrücklich gegen jede Disqualifizierung von Theaterübertragungen als "fotografiertes Theater"[11], ebenfalls in der Hoffnung auf Ubiquität des

---

10 Ebda.
11 Holzamer, Karl: Und heute ins Theater. In: Die Deutsche Bühne. H. 7/8. 1964, S. 144-146. Hier: S. 145.

Theatererlebnisses via Fernsehen. In solch kunstemphatischer Hinwendung zur Theaterübertragung blieb auch die Vorstellung von Werktreue virulent: Es herrschte das Postulat 'Theater unverfälscht', ohne 'entstellende' Interventionen des Fernsehens zu präsentieren. Von daher lag es auf der Hand, daß die Personalunion von Theater- und Fernsehregie als 'Idealfall' gehandelt wurden und entsprechende Produktionen (so Noeltes *Ödipus*, Schuhs *Egmont*, Schmidts *Turandot*) immer wieder als vorbildlich zitiert wurden.

Die mit ZDF und Dritten Programmen gegebene Programmfülle und -vielfalt, die einen Neuansatz im intermedialen Verhältnis opportun hatten erscheinen lassen, stand - dies erwies sich mehr und mehr als das entscheidende Problem - zugleich aber auch quer zu den kunstemphatischen Zuschreibungen an das Fernsehen. Zur Heterogenität des Programms kam zunehmend dessen Fragmentarisierung, die in der Magazinierung und Serialisierung der sechziger Jahre ihren deutlichsten Ausdruck fand. Das Programm erzwang in dieser Form und dieser Fülle damit ein Rezeptionsverhalten, das mit dem tradierten Werkbegriff unvereinbar sein mußte.

Zusätzlich in Frage gestellt wurde die kunstemphatische Identifizierung von Theaterübertragung und Theaterereignis dadurch, daß mehrheitlich theaterungewohnte Zuschauer das Fernsehpublikum bildeten. Zuschauer, die erst über das Fernsehen in die Theaterrezeption eingeübt werden sollten. D. h. das ursprüngliche Theaterkonzept des ZDF stand von Anfang an in dem Maße zur Disposition, in dem Theater im Fernsehen nicht als solches, sondern nur als Fernsehen wahrgenommen wurde. So kam Holzamer im zitierten Artikel für die *Deutsche Bühne* zu der Feststellung, daß in der Regel den Zuschauern "der Unterschied zwischen einem Fernsehspiel und einer Theateraufzeichnung nicht bewußt"[12] sei.

Um Theater im Fernsehen überhaupt erst einmal als solches bewußt und wahrnehmbar zu machen, das heißt auch, von Adaptionen dramatischer Werke als Fernsehspiel abzuheben, mußte die Erwartungshaltung der Zuschauer verändert, mußten die Abweichungen von der bereits gewohnten Fernsehästhetik erkennbar gemacht und als explizite Bezugnahme auf das ästhetische Repertoire eines anderen Mediums evident werden. Das galt sowohl z. B. für die Kameraästhetik, die den Blick des Theaterzuschauers imaginierte und die vierte Wand beachtete, als auch für das Schauspielen selbst.

---

12 Ebda.

Der Markierung des medialen Bezugsrahmens diente nicht zuletzt, und damit kommen wir zur entscheidenden programmgeschichtlichen Neuerung in bezug auf das intermediale Verhältnis, die Gründung einer Theaterreihe im ZDF unter dem Titel ...*und heute ins Theater*. Mit ihr war die erste Sendereihe ins Leben gerufen worden, die nicht thematisch oder gattungsspezifisch angelegt war, sondern die Fernsehpräsentierung von Bühnentheater und damit das Verhältnis der beiden Medien selbst zum Reihenkonzept erhob.

Als Theaterereignis im angeschwollenen Programmfluß gerettet werden sollten die Sendungen vor allem auch durch regelmäßige Plazierung auf die Primetime des Sonntag abends, was deutlich an Rezeptionsgewohnheiten des Theaterbesuchers anknüpfen und zugleich die Sendungen gegen eine allzu schnelle und gründliche Profanierung durch das Gesamtprogramm zu verwahren hatte. Zudem griff die Reihengründung Vorstellungen des Theaterspielplans auf und sollte damit Strukturen und Bedingungen des Theaters über die Einzelsendung hinaus auf's Fernsehen übertragen, gerade weil dieses insgesamt offensichtlich immer weniger in Analogie zum Theater gesehen wurde. Das Aktualitätskonzept, das der Reihentitel ...*und heute ins Theater* versprach, zielte eindeutig nicht auf die Präsentationen aktueller Theaterentwicklungen, sondern auf die Vorstellung vom "unmittelbaren Erlebnis", wie es bereits Oeller propagiert hatte und nun von Hanspeter Rieschel, dem ersten Leiter der Hauptabteilung *Theater und Musik*, aufgegriffen worden war. Bei einem so verstandenen Aktualitätsbezug konnte die theatergeschichtliche Relevanz einer Inszenierung für eine Aufnahme in die Reihe nicht zum ausschlaggebenden Kriterium werden.

Vielmehr leitete das ZDF seine Auswahl direkt ab aus seiner Institutionalisierung als Länderanstalt: Regionalistische Gesichtspunkte bestimmten zunächst, welche Theater und welche Inszenierungen in die Reihe aufgenommen wurden: "Der Gedanke war, dem Fernsehpublikum einen möglichst repräsentativen Querschnitt der mehr als 100 deutschsprachigen Theater zu bieten"[13]. Zahlen aus den ersten beiden Jahren verdeutlichen die Umsetzung dieser Reihenkonzeption: 1963 und 1964 wurden innerhalb der Reihe 39 Aufführungen von 27 deutschen Städten sowie Wien und Zürich gezeigt; "bis Ende des Jahres 1965" waren es "Aufführungen aus 81 Theatern Deutschlands, Österreichs und der Schweiz"[14], so daß die Mainzer Anstalt

---

13 ZDF-Jahrbuch 1962/64. Mainz 1965, S. 88.
14 ZDF-Jahrbuch 1966. Mainz 1967, S. 69.

1966 zufrieden feststellen konnte: "Geographisch reichte das Fernsehtheater vom nördlichsten bis zum südlichsten Zipfel der Bundesrepublik."[15]

Ein Reihenkonzept, das die Präsentation der mittleren und kleineren Bühnen einschloß, setzte allerdings die Redaktion schnell "dem Vorwurf der Provinzialität"[16] aus. Dieser Kritik eingeschrieben war ein gänzlich anderes Aktualitätsverständnis, ein Verständnis, das angesichts der sich beschleunigenden inszenierungs- und dramengeschichtlichen Entwicklung der sechziger Jahre zunehmend an Gewicht gewinnen mußte. Gefordert, so in der *Funk-Korrespondenz* bereits 1964, wurde jetzt die Konzentration des ZDF auf "Spitzenleistungen"[17]. Noch 1971 beklagte sich Henning Rischbieter, daß weiterhin bei der ZDF Reihe "der Regie-Prominenz der fünfziger Jahre (...) Blankokredit eingeräumt"[18] werde. Die Auswahlkompetenz des ZDF schien hoffnungslos überfordert, eine stärkere Anbindung an Wertungsprozesse des Theaters, u. a. die Mitwirkung von Theaterkritik, wurde als zwingend empfunden.

Argumentieren konnte Rischbieter von einem Gegenmodell her, das in der Nordkette ungefähr zeitgleich mit der ZDF-Theaterreihe (und vergleichbar mit anderen Reihen in Dritten Programmen, z. B. *Fernseh-Theater* im WDR) etabliert worden war. Auch diese Theaterreihe war regionalistisch ausgerichtet, regionalistisch aber in dem Sinne, daß sie sich auf die Theater einer Region (einschließlich der hier stattfindenden Gastspiele) beschränkte. In den Mittelpunkt der Nordkettenreihe gerückt waren allerdings die neuen Tendenzen auf dem Theater und die herausragenden Inszenierungen, wie sie sich auf den Bühnen des Sendegebiets zeigten. Nicht mehr der Sonntag sakralisierte die Theatersendungen dieser Reihe und hob sie aus dem Programmumfeld hervor, die Sendetage wechselten zwischen Mittwoch und Samstag und ordneten die Einzelsendung stärker in das Gesamtprogramm ein. An eine Imitation von Konventionen des Theaterbesuchs war nicht mehr gedacht. Als Präsentationsform angestrebt war die Übertragung als Dokumentation, nicht als Vermittlung von 'Theatererlebnissen'. Nicht in das Theater, sondern in die

---

15 Ebda.
16 Geistige und räumliche Polarität? Die deutschen Theater im Zweiten Programm. Ein Rückblick unter anderem auf das erste Mainzer Programmjahr. In: Funk-Korrespondenz. Nr. 12. 1964, S. 1-3. Hier: S. 2.
17 Ebda. S. 3.
18 Rischbieter, Henning: Die Kamera im Parkett. In: Fernsehen und Film. H. 9. 1971, S. 18-20. Hier: S. 19.

Inszenierung wurde eingeführt. Bereits der Titel der Sendereihe, *Theater heute*, markiert die entscheidende Akzentverschiebung verglichen mit *...und heute ins Theater*. Und nicht zufällig ist der Reihentitel identisch mit der Theaterzeitschrift, die Anfang der sechziger Jahre gegründet worden war. Wie sehr die Namensgleichheit auch programmatisch zu verstehen ist, zeigt eine Personalunion: Der Theaterwissenschaftler und -kritiker Henning Rischbieter, Gründer und Herausgeber der Theaterzeitschrift, arbeitete bei der gleichnamigen Theaterreihe der Nordkette nicht nur an der Auswahl, sondern auch an der Produktion, für die er später die Regeln der "Dokumentaristen-Bescheidenheit" formulierte[19], verantwortlich mit.

Von daher ist es zu verstehen, daß Rischbieter zu einem der entscheidenden Kritiker der ZDF-Reihe wurde und schließlich die ARD aufforderte, auf die "Mainzer Halbherzigkeiten und Gestrigkeiten" mit einem eigenen Konzept zu antworten: "Was die ARD (dem) entgegenstellen könnte: eine dokumentarische Präsentation des Wichtigsten, was das deutsche Schauspieltheater zu bieten hat."[20] Dennoch war es dann nicht die ARD, sondern das ZDF selbst, das gegen den Vorwurf der 'Gestrigkeit' und der mangelnden Orientierung am zeitgenössischen Theater eine Reihenneugründung, die der *Aktuellen Inszenierung*, setzte. Die ebenfalls bereits im Reihentitel in Aussicht gestellte Modifikation des Aktualitätsbezugs signalisierte zugleich das Verständnis dieser neuen Reihe als einer primär informativen. Es ist mehr als eine terminologische Verschiebung, wenn in den ZDF-Publikationen jetzt regelmäßig von der 'Aufzeichnung' und nicht mehr der 'Übertragung' als der bevorzugten Präsentations- und Produktionsform gesprochen wird. In dem Maße, in dem der Informationscharakter den Kunstanspruch überlagerte, schien auch ein Verdrängen von dem angestammten Sendeplatz am Sonntag und eine Verlegung auf den Mittwoch abend verträglich. Damit waren die Sendungen dieser Reihe im Programmfluß ebenfalls normalisiert.

Gleichzeitig wurde die Abfolgedichte und Senderegelmäßigkeit der alten Reihe bei der *Aktuellen Inszenierung* aufgegeben. Bis 1978 pendelte sich die Produktion auf drei bis sechs Sendungen ein, danach schwankte sie zwischen einer und zehn Sendungen pro Jahr. Ebenfalls bis 1978 blieb der Sendetypus weitgehend festgelegt, gab es in der *Aktuellen Inszenierung* keine Live-Über-

---

19 Rischbieter, Henning: Theater im Fernsehen contra Theater. In: Theater heute. H. 9. 1973, S. 20-23.
20 Rischbieter: Die Kamera im Parkett. S. 19 (Anm. 18).

tragung, keine Verfilmung, keine Sendung, die als TV-Fassung einer Bühneninszenierung ausgewiesen war, oder überhaupt keine Inszenierungsvorlage besaß. Mit der *Aktuellen Inszenierung* schien die eingeforderte Dokumentations- und Informationspflicht des Fernsehens gegenüber dem älteren, traditionsreichen Kunstmedium erfüllt zu sein und in der dokumentarischen Aufzeichnung ihren adäquaten produktionsästhetischen Ausdruck gefunden zu haben.

Doch bereits das erste Jahr der *Aktuellen Inszenierung* demonstrierte, daß eine solche Indienstnahme des Fernsehens mit erheblichen Problemen zu rechnen hatte, die aus einer weit fortgeschrittenen und keineswegs mehr voluntaristisch aufzuhebenden Medienausdifferenzierung resultierten. Während etwa für das Fernsehen der tradierte Kunstbegriff immer weiter marginalisiert worden war, der Kunstvorbehalt an Gültigkeit verloren hatte, konnte das Theater diesen für sich weiterhin bzw. nach den Turbulenzen der sechziger Jahre erneut in Anspruch nehmen. Die politische und ästhetische Radikalität des Theaters (darauf hat bereits Kienzle hingewiesen[21]) mit seinen avancierten Inszenierungen war, wie die Zensurmaßnahmen bei der als zweiter Aufzeichnung der neuen Reihe geplanten Übernahme der Heidelberger Uraufführung von Kroetz' *Oberösterreich*[22] deutlich machten, nicht mehr ohne weiteres vereinbar mit der Verfaßtheit des Fernsehens.

Als problematisch erwies sich ebenfalls bereits im ersten Jahr, sich den Wertungs- und Auswahlkriterien des Theaters zu unterwerfen, ohne dessen mediale Kontexte mit zu berücksichtigen. Dies betraf sowohl die Ruhrfestspielinszenierung von Dürrenmatts *Wiedertäufern* als auch die der Uraufführung von Gaston Salvatores *Büchners Tod* zur Wiedereröffnung des Darmstädter Schauspielhauses.

Daß die beiden Medien so einfach, wie es die Reihenkonzeption glauben machen wollte, nicht mehr in Beziehung gesetzt werden konnten, reflektiert auch die breitere theoretische Auseinandersetzung um Theater und Fernsehen in den siebziger Jahren. Als 1978 eine Programmstrukturreform anstand, reagierte die Theaterredaktion des ZDF nicht sogleich mit einem überarbeiteten

---

21 Vgl. Kienzle, Siegfried: Auch im Fernsehen muß Theater seinen Qualitätsanspruch bewahren. In: Die Deutsche Bühne. H. 8. 1984, S. 18-23.
22 Vgl. hierzu: Hymmen, Friedrich Wilhelm: Das kommt davon. "Oberösterreich": Der ängstliche Hang des ZDF zur Harmonisierung und Entschärfung, In: epd / Kirche und Fernsehen. Nr. 15. 1978, S. 1f. Ebenso: Vier Erklärungen zur ZDF-Affäre "Oberösterreich". In: Ebda. S. 7f.

Konzept, sondern mit einer Art Auszeit für die Reihe, einer Auszeit, die allerdings mit einem Revirement verbunden war. Daß *Die aktuelle Inszenierung* im ersten halben Jahrzehnt ihres Bestehens eine deutliche Tendenz zeigte, zu einem Minderheitenprogramm zu werden, lastete der neue Leiter der Theaterabteilung, Siegfried Kienzle, jetzt der Fixierung der Reihe auf den Typus der Aufzeichnung an. Dabei griff Kienzle direkt und explizit kritische Positionen der Medienwissenschaft gegenüber dem reinen Dokumentationstypus auf und versprach 1980 einen entsprechenden Paradigmawechsel:

> Theater im Fernsehen, das ist auch die Chance, Fernsehtheater zu machen und Pop und Slapstick, Clownerie, Pantomime und Showelemente einzubeziehen. In diesem Sinn möchte ich die produktive Respektlosigkeit mit der heute das Theater-Theater mit seinen Stoffen, seinen Stilmitteln, seinen Traditionen und zuweilen auch mit seinen Zuschauern umspringt, auch für das Fernsehtheater in Anspruch nehmen.[23]

Insofern als das Regietheater dieser Jahre Werktreue neu definierte, hat es sicherlich, da ist Kienzle zuzustimmen, dazu beigetragen, das Fernsehen von seiner Dokumentationstreue zu entpflichten. Was von Kienzle aber noch einmal als Mediennähe ausgegeben, was als vom Theater gestiftete Legitimation eines ausgesprochenen Fernsehtheaters behauptet wurde, zielte in der Praxis jedoch auf eine weitere Anpassung an das Programm insgesamt und veränderte auch innerhalb der *Aktuellen Inszenierung* die Rollenzuschreibung an das Fernsehen gegenüber dem Theater. Gestärkt wurde damit die ästhetische Eigenmächtigkeit des Fernsehens. Konkret hieß dies, daß an die Stelle der Aufzeichnung als dem bisher dominanten Produktionstypus eine Vielfalt der Formen treten mußte, so daß die Reihe selbst, in produktionsästhetischer Hinsicht (um es überspitzt zu formulieren) das Gesamtprogramm zu reproduzieren sich anschickte.

Ab 1982 haben wir in der *Aktuellen Inszenierung* außer dem Typus der Aufzeichnung auch die Live-Übertragung, die Studioadaption, die Fernsehfassung von Bühneninszenierungen, Studioproduktionen ohne Inszenierungsvorgabe, den Fernsehfilm und schließlich den Kinotheaterfilm, der im Fernsehen nur noch seine Abspielbasis fand. In der ZDF-Redaktion galten fortan diejenigen Fernsehumsetzungen als "besonders überzeugend", die "auf die

---

23 Kienzle, Siegfried: Theater im Fernsehen oder Fernsehtheater. In: Schauspiel im ZDF 1980, S. 1-3. Hier: S. 1.

übliche Aufzeichnung durch elektronische Kameras verzichten und eine filmische Umsetzung anstreben".[24] Kienzle brachte auf den Punkt, was damit als Maßstab gesetzt war: "die bildgerechte Weiterinszenierung der Theaterinszenierung"[25]. Daß die 'bildgerechte Weiterinszenierung' massive Eingriffe in die Bühnenfassung erzwang, wurde nun nicht mehr nur wohl oder übel hingenommen, sondern wie bei Bondys Verfilmung der Berliner Marivaux-Inszenierung *Triumph der Liebe* durchaus positiv gewürdigt.[26]

Welche ästhetischen Varianten des intermedialen Verhältnisses *Die aktuelle Inszenierung* nun zuließ, wird augenfällig in der erwähnten Aufnahme der beiden Kinotheaterfilme, Loseys Verfilmung von Brechts *Galilei* und Richardsons Kinofassung von Albees *Empfindliches Gleichgewicht*. Weder war es eine Inszenierungsvorlage (schon gar nicht eines deutschsprachigen Schauspielhauses), noch die Aktualität, die dabei in einem erkennbaren Zusammenhang mit einem Reihenkonzept standen. Um so aufschlußreicher ist die Begründung der Redaktion für die Aufnahme z. B. von Loseys Brecht-Film: Mit diesem habe man, so Kienzle in *Schauspiel im ZDF*, einen "ungewöhnlichen Versuch an Brecht vorgeführt, der auch für das deutsche Theater ein neuer Zugang werden könnte"[27].

Die aktuelle Inszenierung dokumentierte damit nun nicht mehr, sah sich nicht allein in der Rolle eines bis zur Selbstverleugnung gewissenhaften Chronisten, ja sie inszenierte nicht mehr nur weiter was sie vorfand, sie wollte auch durch konkrete Vorschläge in die Theaterentwicklung selbst eingreifen. Daß eine Neubestimmung des Verhältnisses von Theater und Fernsehen stattgefunden hatte, wird offensichtlich nicht allein dort, wo das Fernsehen sich die Prinzipien des Regietheaters zu eigen machen wollte, es wird ebenso erkennbar z. B. an einer veränderten Auffassung vom Spielplankonzept[28]

---

24 Kienzle, Siegfried: Theater im ZDF. Eine Partnerschaft mit Widersprüchen. In: ZDF-Jahrbuch 1987. Mainz 1988, S. 85-91. Hier: S. 87.
25 Ebda.
26 Ebda.
27 Kienzle, Siegfried : Unser Spielplan. In: Schauspiel im ZDF 1982/83, S. 4f.
28 Vgl. Kienzle: Theater im ZDF. Eine Partnerschaft mit Widersprüchen (Anm. 24), S. 87: "Theater im Fernsehen bedeutet zugleich die Chance, in der Reihe 'Die aktuelle Inszenierung' Schwerpunkte zu setzen und einen Spielplan zu entwickeln, der über die Möglichkeiten eines einzelnen Theaters hinausgeht." Erstmals hatte die ZDF für 1978 die Broschüre Schauspiel im ZDF herausgegeben, deren Einleitungsartikel von Kienzle die bezeichnende Überschrift trägt: "Theater im Fernsehen: Wie läßt sich aus der bloßen Sendefolge ein Spielplan machen?"

(*Unser Spielplan*[29]), ein Konzept, das nun als fernsehgenuin ausgegeben wird. Vom "bloßen Beobachter der Theaterszene, der einzelne Aufführungen aufzeichnen und dokumentieren will", so resümierte Kienzle Mitte der achtziger Jahre den Verlauf dieser Fernsehgeschichte, war das ZDF "zu einem Partner in einem Medienverbund mit neuen Sendeformen mit eigens entwickeltem Spielschwerpunkt, in einer zeitgerecht auf den Zuschauer zugehenden Interpretationsarbeit" mutiert.[30]

In dem Maße allerdings, in dem *Die aktuelle Inszenierung* an dieser Entwicklung beteiligt war, mußte das Reihenkonzept diffus werden. Am Ende schien es aufzugehen in den Produktionen eines Regisseurs, Rainer Ecke. Aber auch dessen Arbeiten, gerade da sie die Reihe ästhetisch retten wollten, mußten diese weiter an die Bildästhetik des Gesamtprogramms ausliefern. Während Eckes Arbeiten an *Bernarda Albas Haus* wurde schließlich die Einstellung der Reihe bekanntgegeben. Nicht zufällig inszeniert in der allerletzten Einstellung dieser Produktion die Kamera nur noch sich selbst.

---

29 Die regelmäßige Vorausschau in der Schauspielbroschüre des ZDF auf sein Theaterprogramm wurde übertitelt *Unser Spielplan*.
30 Kienzle, Siegfried: Das Theaterfestival als Prüfstand der Kritiker. In: ZDF-Jahrbuch 1984. Mainz 1985, S. 80-86. Hier: S. 86.

Sandra Nuy / Bettina Petry

Auf der Suche nach den schönen Bildern. C. Rainer Eckes Regiearbeiten für *Die aktuelle Inszenierung*

Wenn der Abspann zu *Bernarda Albas Haus*[1] über den Bildschirm läuft, ist nicht nur das ZDF-Fernsehteam im Bild zu sehen, sondern man hört auch die Stimme des Fernseh-Regisseurs aus dem Off: "Ich bedanke mich herzlich. Produktionsschluß". Rainer Ecke, der hier mit feiner Ironie auch das Ende der *Aktuellen Inszenierung* ausrief, führte bei insgesamt 22 Produktionen der Theaterreihe des ZDF die Fernsehregie. Besonders in den neunziger Jahren prägte Ecke so das ästhetische Erscheinungsbild dieser Sendungen.

Obwohl es sich dabei immer um 'Theateraufzeichnungen' handelt, läßt sich in seinen Regiearbeiten eine typologische Vielfalt feststellen: Die Spannbreite reicht von Dokumentationen einer Bühneninszenierung im Sinne Rischbieters,[2] über Aufzeichnungen mit Publikum, welche ein Live-Ereignis suggerieren, bis hin zu fernsehspielartigen Aufzeichnungen ohne visuelle Referenzen zur Theatersituation und sogenannten Fernsehfassungen mit technischen Effekten.

Als ein die Subtypen übergreifendes Merkmal kann jedoch Eckes Versuch gelten, die Sprache des Theaters in eine Sprache des Fernsehens zu übersetzen. Ebenso wie bei einer literarischen Übersetzung verlangt auch hier die "Aufgabe des Übersetzers" ganz im Sinne Walter Benjamins - nicht nur eine genaue Kenntnis beider Sprachen, sondern gleichfalls den Mut, sich vom Original zu entfernen, um so sein Fortleben zu sichern.[3] Günther Rühle nennt dies die Suche nach der "zweiten Qualität". Rühle schreibt:

> Die zweite Qualität einer Inszenierung ist nicht seine Überregie [d. h. die des 2. Regisseurs], sondern ergibt sich aus dem Erkennen

---

1 Schauspiel Leipzig. Premiere: 29.05.1993. Sendedatum: ZDF 13.12.1994.
2 Vgl. Rieschbieter, Henning: Theater im Fernsehen contra Theater? In: Theater heute. H. 9. 1973, S. 20-23.
3 Vgl. Benjamin, Walter: Die Aufgabe des Übersetzers. In: Sprache und Geschichte. Philosophische Essays ausgewählt von Rolf Tiedemann. Stuttgart 1992.

der Möglichkeiten einer Theaterinszenierung für das Wahrnehmungsinstrumentarium der Fernsehkamera.[4]

Der Einsatz fernsehspezifischer Mittel soll einerseits auch bei Nicht-Theatergängern Interesse für das jeweilige Stück wecken, andererseits aber den Intentionen der Bühneninszenierung gerecht werden. Rainer Ecke begeht damit eine Gradwanderung zwischen Theaterdokumentation und Fernsehunterhaltung, was auf der Produktionsebene das von Siegfried Kienzle formulierte Selbstverständnis der ZDF-Schauspielredaktion widerspiegelt.

Bemüht um die mediengerechte Vermittlung einer Theaterinszenierung im Fernsehen, unterwirft Ecke seine Bildkomposition den ästhetischen Konventionen des Fernsehens. So sind viele seiner Aufzeichnungen nicht nur geprägt von Nah- und Großaufnahmen sowie einer Akzentuierung von Requisiten und Details, sondern weisen zudem eine schnelle Bildfolge und eine Anzahl technischer Effekte auf. Im Vordergrund stehen Faszination und Attraktivität der Bilder und nicht deren (quasi-authentische) Abbildfunktion.

Schreibt man - wie S. J. Schmidt - in diesem "allgemeinen Ästhetisierungsprozeß der Medien" der Werbung eine Vorreiterrolle zu, so scheinen Eckes Theateraufzeichnungen das "offene Geheimnis" zu bestätigen, daß nämlich Programmgestaltung und ästhetische Stilisierung der Fernsehangebote - ebenso wie einige innovative Kinofilme der neunziger Jahre - wesentlich von der Werbung beeinflußt sind.[5] Doch trotz aller Bemühungen des ZDF, 'Theater im Fernsehen' attraktiv und damit 'zapp-fest' und einschaltquotenträchtig zu machen, bleibt oder besser blieb die Sehbeteiligung auf einem konstant niedrigen Niveau - ein Minderheitenprogramm selbst dann, wenn die Bühneninszenierung mittels technischer Effekte eine 'zweite Qualität' erhält.[6]

Ecke nutzt die technischen Möglichkeiten des Fernsehens jedoch nicht nur, sondern setzt sie auch reflektiert und selbstreferentiell in Szene. Als Beispiel kann hier die Fernsehfassung von Leander Haußmanns *Romeo und Julia* gelten, in der Schauspieler bewußt auf die Kamera reagieren,

---

4 Rühle, Günther: Das größte Theater der Welt. Die Vorteile und die Folgen der Verbindung von Fernsehen und Theater. Das Millionenpublikum und das Verlangen nach Realismus. In: Frankfurter Allgemeine Zeitung. Nr. 117. 21.05.74, S. 21.
5 Vgl. Schmidt, Siegfried J.: Werbung und als statt Kultur? In: agenda. H. 10. 1993, S. 18-21.
6 Ein paar Beispiele: *Die Verschwörung des Fiesco zu Genua* (18.11.1991) erreichte 0,14 Millionen Zuschauer, was 0 Prozent entspricht; *Lessings Nathan* (27.10.1992) sahen 0,12 Millionen (0 Prozent); *Die Ritter der Tafelrunde* (24.04.90) erzielte 2 Prozent (0,51 Millionen). Quelle: ZDF-Jahrbücher.

das Objektiv anfassen oder vor diesem erschrecken.[7] Wenn Ecke auf derartige Umsetzungsstrategien zurückgreift, läßt er sich in eine Tradition der intermedialen Auseinandersetzung mit 'Theater im Fernsehen' einordnen, wie sie von Peter Zadek maßgeblich geprägt wurde.

"Theater im Fernsehen ist immer zuallererst Fernsehen", schrieb Knut Hickethier 1985.[8] Rainer Eckes Arbeiten unterstreichen diesen Satz. Wie aber kann eine Theatersendung, die 'immer zuallerst Fernsehen' ist, noch den Intentionen der Bühneninszenierung gerecht werden? Anhand einer Analyse von Einzelbeispielen soll dieser Frage - unter besonderer Berücksichtigung der Problematik von Raum und schauspielerischer Darstellung - nachgegangen werden.

Die Negierung des Theaterraumes

Ein wesentliches Element der Arbeit Rainer Eckes besteht darin, das im Fernsehen nicht zu ersetzende Raumerlebnis des Theaterpublikums in ein neues, dem Medium eigenes Fernseherlebnis zu verwandeln. Wie aber sehen diese Fernseherlebnisse aus? Und was haben sie noch mit dem ursprünglichen Theaterraum gemein? Im folgenden sollen drei Aufzeichnungen von Inszenierungen mit - im Theater - sehr unterschiedlicher Raumwirkung vorgestellt werden. *Sommergäste*,[9] in der Regie von David Mouchtar-Samorai, spielte auf einer von drei Seiten mit Publikum umgebenen Aktionsfläche. *Minna von Barnhelm*,[10] in der Regie von Harald Clemen, und *Peer Gynt*,[11] in der Regie von Jossi Wieler, wurden dagegen auf einer illusionsbildenden Guckkastenbühne inszeniert, wobei diese in *Minna von Barnhelm* eine Breitenbühne mit kleinem Zuschauersaal und in *Peer Gynt* eine Tiefenbühne mit großem Zuschauersaal war. Im Fernsehen ist von diesen verschiedenen Bühnenformen nichts mehr zu sehen. Der das Spiel umgebende Rahmen hat immer das mit dem Verhältnis 4:3 umschriebene Fernsehformat. Zwar werden in allen drei Aufzeichnungen Totalen gezeigt, jedoch nie so total, daß der Bühnenrand und damit der Theaterraum zu sehen wäre. Alle drei Inszenie-

---

7   Bayerisches Staatstheater, Inszenierung: Leander Haußmann, ZDF 12.04.1994
8   Hickethier, Knut: Klassiker im Fernsehen. Fernsehtheater oder Theaterfernsehen? In: TheaterZeitSchrift. H. 11. 1985, S. 102-118. Hier: S. 114.
9   Düsseldorfer Schauspielhaus. Premiere: 3.04.1993. Sendedatum: ZDF 29.03.1994.
10 Komödie Theater Basel. Premiere: 9.10.92. Sendedatum: ZDF 30.11.1993.
11 Theater Basel. Premiere: 12.12.1992. Sendedatum ZDF 12.12.1993.

rungen wurden ohne Publikum aufgezeichnet und vermitteln in erster Linie den fiktiven Raum des jeweiligen Dramas, nicht aber den realen Theaterraum. Rainer Ecke vermeidet deshalb, so weit es geht, eine bühnenfrontale Perspektive. In allen drei Aufzeichnungen dominieren ungewöhnliche Blickwinkel von den Bühnenseiten her.

Zunächst zu *Sommergäste*: Von der Natur, in die Gorkis Stadtmenschen im Sommer flüchten, blieb in der Düsseldorfer Inszenierung nichts als ein mit blau-grünen Pinselstrichen ausgemalter und durch zwei riesige, seitliche Spiegelflächen eingegrenzter Raum. Natur wurde einzig und allein in ihrer Zeichenhaftigkeit begriffen, in ihrem Ausstellungscharakter. Der abstrakte, von Heinz Hauser gestaltete Raum unterstützte die 'innere Leere' und Orientierungslosigkeit der Figuren Gorkis. In der Fernsehfassung wird die Künstlichkeit des Theaterraumes noch verstärkt. Ein Beispiel soll dies verdeutlichen (vgl. Abb. 1 bis 3): Marja Lwowna[12] steht vor der an der rechten Bühnenseite befestigten Spiegelwand und ruft ihre Tochter. Sonjas Auftritt[13] erfolgt in der gleichen Einstellung, obwohl sie von der linken Bühnenseite her auftritt. Anstatt den Auftritt zu schneiden, läßt die Regie Sonja als Spiegelbild rechts hinter ihrer Mutter auftreten. Das folgende kurze Gespräch - darüber, ob man zu Fuß geht, oder mit den anderen mitfährt - erfolgt in derselben Einstellung. Die Gesprächsrichtung stimmt - durch den Spiegel - nicht mehr mit der realen Blickrichtung überein.

Der darauffolgende Umschnitt zeigt Sonja kurz als Nicht-Spiegelbild in einer amerikanischen Einstellung, so daß erst im Nachhinein die Sprechrichtung der Situation geklärt wird und mit der Blickachse übereinstimmt. Die nächste Einstellung zeigt wieder Marja Lwowna vorne nah im Bild und dahinter Sonja im Spiegel. Marja will abgehen und tritt nach links aus dem Bild, kommt aber sofort als Spiegelbild rechts wieder herein, ohne daß die Kamera sich bewegt hat. Die Tochter bittet die Mutter zu bleiben, läuft hinter ihr her und führt sie nach rechts aus dem Bild. Während dieser letzte Gang nur als Spiegelung zu sehen war, kommen beide, sobald sie rechts aus dem (Spiegel-)Bild herausgetreten sind, von links wieder herein: diesmal als reale Figuren. Die Kamera hat sich die ganze Zeit nicht bewegt.

---

12 Gespielt von Gabriela Badura.
13 Gespielt von Michaela Steiger.

Auf der Suche nach den schönen Bildern 69

Abb. 1-3: *Sommergäste*, ZDF 29.3.1994

Der hier beschriebene, verwirrende Umgang mit den Spiegelungen ließe sich als ästhetische Spielerei werten. Für die Raumkonzeption der Aufzeichnung ist er jedoch von Bedeutung. Ecke zeigt in dieser Szene den Raum als einen, in dem der Betrachter - wenn auch nur für einen kurzen Moment - die Orientierung verlieren kann. Nicht nur die Figuren verlieren hier also ihren Halt. Im Blick des Zuschauers werden die Figuren durch die bewußt eingesetzten Spiegelungen zum Kunst-Produkt des sie umgebenden Raumes.

Als Zweites nun zu *Minna von Barnhelm*: Im Gegensatz zu *Sommergäste* spielte *Minna von Barnhelm* in einem, wie auch im Fernsehspiel üblichen, realistisch-gestalteten Ambiente: einem, von Siegfried E. Mayer entworfenen, verfallenen Wirtshaus. Die Theaterregie konzentrierte sich ganz auf die Psychologie der Figuren und entwickelte die Handlung - entsprechend dem Lessingschen Text - anhand eines präzisen Gebrauchs von Requisiten.

Die beiden Räume der Inszenierung, die Eingangshalle und das Zimmer der beiden Damen, werden im Fernsehen durch Nahaufnahmen eingeführt. Die Kamera schwenkt zu Beginn des Ersten Aktes über leere Flaschen hinweg zum schlafenden Just[14] auf einer Bank und zu Beginn des Zweiten Aktes über ein altes Waschbecken, die Koffer von Minna und Franziska, weiter über die abblätternde Wand bis zu den beiden Frauen[15] auf dem Bett. Die beiden Räume in ihrer Gesamtkonzeption werden erst später für den Fernsehzuschauer sichtbar. Auch die nachfolgenden Akte der Fernsehaufzeichnung beginnen nach diesem Prinzip. Zunächst werden Nahaufnahmen und erst später der ganze Raum gezeigt. Während die découpage classique die Regel entwickelte, immer mit einer Einführungseinstellung zu beginnen und sich dann vom Allgemeinen auf das Detail zu konzentrieren, wird der Raum der Fernsehaufzeichnung zunächst durch das Detail charakterisiert. Im Gegensatz zum Theaterzuschauer, der immer den ganzen Raum vor Augen hat, kann der Fernsehzuschauer hier erst nach und nach die ihm gebotenen Bilder im Kopf zu einem Raumgefüge zusammensetzen.[16] Der Bühnenraum, der im Gegensatz zu den Requisiten übrigens schon in den Lessingschen Regieanweisungen sehr wenig Beachtung gefunden hat, wird dem Fernsehzuschauer vorenthalten, um die Spannung zu erhöhen.

---

14 Gespielt von Siggi Schwientek.
15 Gespielt von Inka Friedrich und Desireé Meiser.
16 Vgl. Berg, Helmut O.: Die Erzählfunktion des Bildes im Fernsehspiel", in: Rundfunk und Fernsehen. H. 3. 1969, S. 248-257.

Als Drittes und Letztes nun zu *Peer Gynt*: Anna Viebrocks Baseler Bühnenbild vollzog nach, was Peer Gynt in seinen Lügengeschichten macht: Die alltäglichen Dinge ins Unermeßliche wachsen zu lassen. So ließ sie einen Schrank in den Himmel wachsen und eine kleine Felslandschaft zu einem gigantischen Gebirgspanorama wuchern. An den Bühnenseiten blieben jedoch die Hauswände weiter bestehen und suggerierten, daß die phantastischen Erscheinungen auf der Bühne nur Hirngespinste Peer Gynts seien.

Im folgenden soll eine Szene der Fernsehaufzeichnung näher betrachtet werden (vgl. Abb. 4 bis 6): Peer[17] und die Grüne[18] liegen im Vordergrund, sich liebend, auf dem Boden. Hinter ihnen ist die leere Bühne zu sehen. Wenn die Grüne sich zu Peer herunterbeugt, zoomt die Kamera auf sie zu und zeigt sie groß im Bild. Mit dem nächsten Schnitt ist wieder die ganze Bühne zu sehen: Das Liebespaar ist umgeben von einer Horde Trollen, die Peer 'abschlachten' wollen. Die erst durch den Schnitt ermöglichte plötzliche Anwesenheit der Trolle in der Fernsehfassung verstärkt das phantastische Moment der Szene. Im Theater dagegen sah der Zuschauer den Auftritt der Trolle. Dort lebte die Szene weniger durch die Phantastik als durch die Spannung, die sich aus dem Wissen darüber ergab, daß das Liebespaar beobachtet wird. Der Schnitt hebt also die im Theater gegebene Einheit von Raum und Zeit, und damit die Theaterrealität, auf. Da Rainer Ecke auch in den Totalen die seitlichen Hauswände ausspart, um eine Verkleinerung des Bühnenraumes auf ein Miniaturpuppentheaterformat zu vermeiden, empfindet der Fernsehzuschauer das Gezeigte nicht unbedingt als visualisierte Ideenwelt Peers, sondern als eine allgemein phantastische Traumwelt.

Im Vierten Akt, in dem Peer Gynt auf Reisen geht, änderte sich das Baseler Bühnenbild vollständig. Schwarze Blenden zeigten nur noch einen Ausschnitt der Bühne im Format einer Leinwand oder eines überdimensionalen Fernsehbildschirmes. Darin vollzogen fahrende Kulissenteile Kameraschwenks nach und verengten sich die seitlichen, schwarzen Blenden zeitweilig, um einen Zoom anzudeuten. Hinzu kamen weitere zahlreiche musikalische und visuelle Anspielungen auf Film und Fernsehen. Peer, der am Ende des Stückes erkennen muß, daß er niemals er selbst gewesen ist, wurde somit in der Regie Jossi Wielers zum Sinnbild für die Menschheit, die vor sich selbst davon läuft und sich in Kino-Träume flüchtet.

---

17 Gespielt von Josef Ostendorf.
18 Gespielt von Michaela Steiger.

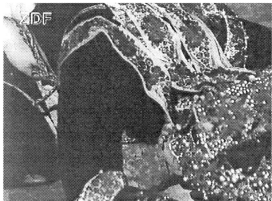

Abb. 4-6: *Peer Gynt*, ZDF 12.12.1993

Wie läßt sich solch ein Bühnenbild nun im Fernsehen umsetzen? Die den Bezug zum Film schaffenden Theaterblenden können - ebenso wie zuvor die seitlichen Hauswände - schließlich nur in einer Totalen gezeigt werden. Der als Film inszenierte Vierte Akt des Stückes beginnt in der Fernsehfassung mit dem Geräusch eines laufenden Filmprojektors. Das Bild - Peer verläßt das Totenbett seiner Mutter - bricht ab, es erscheint ein mit Buchstaben versehener Celluloidstreifen. Diese Sequenz, die den Beginn eines Filmes ankündigt, gab es im Theater nicht. Sie wurde extra für die Fernsehfassung aufgezeichnet. Ihr folgt eine Nahaufnahme des im Bühnenhintergrund befestigten Schiffmodells. Von dort zieht die Kamera auf und zeigt Peer mit drei Herren an einem Palmenstrand sitzend. Im unteren Bildrand erscheint die Schrift: "20 Jahre später". Die Fernsehfassung verzichtet auf die das Bühnengeschehen im Filmformat einrahmenden schwarzen Theaterblenden und legt statt dessen zwei schwarze Balken auf den oberen und unteren Rand des Fernsehbildes. Dadurch wirkt der ganze Vierte Akt wie ein im Cinemascope-Format gedrehter Film.

Abb. 7: *Peer Gynt*, ZDF 12.12.1993

Die Cinemascope-Balken wurden ebenso wie die Schrift erst beim Schnitt elektronisch über das Bild gelegt. Sie sind also eine künstlerische Verfremdung und nicht zu verwechseln mit den unvermeidlichen schwarzen Balken des 16:9-Formates. Mit den Cinemascope-Balken schafft Ecke sich die Möglichkeit, den Kommentar des im Theater ständig anwesenden Bühnenbildes ausdrücken zu können, ohne daß dieses in seiner Totalität gezeigt werden muß: Der Bezug zum Film bleibt selbst in den Großaufnahmen erhalten (vgl.

Abb. 7[19]). Mit den Cinemascope-Balken gelingt also im zweiten Teil der Aufzeichnung genau das, was im ersten Teil nicht vermittelbar war: Die Aussage des Bühnenbildes wird hier in die Fernsehaufzeichnung einbezogen.

Alle genannten Beispiele bedeuten eine Erweiterung der Theaterarbeit durch fernsehspezifische Mittel. Die Wahl dieser Mittel macht Ecke jedoch abhängig von der Aussage der jeweiligen Inszenierung und insbesondere von den unterschiedlichen Bühnenräumen: In *Sommergäste* herrschen lange Einstellungen und Fahrten vor, um so dem Zuschauer eine Orientierung in dem abstrakten Bühnenraum zu ermöglichen. Auftritte werden selten geschnitten, sondern erfolgen innerhalb einer stehenden Einstellung, über die Kameraachse oder auch über ein Spiegelbild im Hintergrund. Dieses Verfahren gibt den Fluß der Inszenierung, das Kommen und Gehen der Figuren wieder. Im Vergleich zu *Sommergäste* weist *Minna von Barnhelm* bei fast gleicher Sendelänge 313 Schnitte mehr auf, die einzelnen Einstellungen sind also wesentlich kürzer. Dieser häufige Perspektivenwechsel erklärt sich durch das realistisch-gestaltete Bühnenbild: Bereits kurz gezeigte Ausschnitte ermöglichen eine klare Orientierung im Raum.

Die *Peer Gynt*-Aufzeichnung dagegen ist geprägt von einer Vielzahl von Blenden. Diese verstärken das phantastische Moment der Inszenierung. Da aber das Bühnenbild nicht bloß die Funktion hat, eine bestimmte Atmosphäre zu schaffen, sondern als Kommentar zum Geschehen zu verstehen ist, führt der Verlust der ständigen Theatertotale hier teilweise auch zu einem inhaltlichen Verlust. Immer dann, wenn wie im ersten Teil von *Peer Gynt* der *ganze* Bühnenraum als ein aussagekräftiges Bild konzipiert ist, verlieren die im Fernsehen gezeigten Teilansichten an Aussagekraft. Das Fernsehbild hat keine "sauberen Ränder" mehr, ist im Sinne Roland Barthes kein Bild mehr.[20]

Wenn aber der Bühnenraum kein in sich fertiges Bild, sondern - wie z. B. in *Sommergäste* - einen von mehreren Seiten zu betrachtenden Aktionsraum, oder wie in *Minna von Barnhelm* einen bloßen Handlungsraum darstellt, können Teilansichten im Fernsehen zu eigenständigen Bildern werden. Rainer Eckes Arbeitsweise ist geprägt von der Suche nach solchen, eigenständigen Bildern, die nicht erst durch den inhaltlichen Zusammenhang einer

---

19 Im Bild:Wolf Aniol.
20 Vgl. Barthes, Roland: Der entgegenkommende und der stumpfe Sinn. Frankfurt/Main 1990, S. 95f.

Szene ihre Aussage erhalten. Jede Einstellung für sich soll bereits ein durchkomponiertes Bild darstellen. Der Titel des Vortrags "Auf der Suche nach den schönen Bildern" läßt sich also zweifach verstehen: Schön bedeutet in vielen Fällen 'ästhetisch angenehm' und 'anziehend', heißt aber auch zugleich: 'in sich geschlossen'.

Das Fernsehbild kann den Theaterraum - wie bereits erwähnt - nicht ersetzen, sondern immer nur übersetzen. Die Qualität der neu entstandenen, eigenständigen Bilder muß deshalb bei der Beurteilung einer Theateraufzeichnung im Vordergrund stehen, nicht aber die zwangsläufigen Grenzen der Transformation. Denn auch hier gilt, was Walter Benjamin für die literarische Übersetzung konstatierte: Daß diese nämlich nicht möglich wäre, wenn sie Ähnlichkeit mit dem Original ihrem letzten Wesen nach anstrebe.[21]

**Übersetzungsprobleme bei einer körperintensiven Theatersprache -
Gotscheffs *Woyzeck* im Fernsehen**

Aus der "Tendenz auf Nähe", die als Postulat die Fernsehgeschichte von Beginn an begleitet hat[22] und die Rainer Ecke in seinen Aufzeichnungen unbedingt verfolgt, ergibt sich die Problematik der schauspielerischen Darstellung bei der Übersetzung von einer Bühnenpräsenz in eine 'Telepräsenz'.

'Telepräsenz' bedeutet in unserem Zusammenhang zweierlei: Zum einen soll damit ein begriffliches Äquivalent zu der sinnlichen Ausstrahlung eines Darstellers während eines Bühnenschauspiels geschaffen werden. Zum anderen gehört 'Telepräsenz' natürlich in den Schlagwort-Katalog der Diskussion um das hochauflösende Fernsehen und meint eine Vergrößerung der visuellen Wahrnehmungsintensität. In der Definition von Leo Danilenko: "Der Zuschauer soll dabei das Gefühl gewinnen, die übertragene Bildszene real vor sich zu sehen."[23]

Ein näheres Eingehen auf die komplexe HDTV-Thematik und die internationalen Rahmenbedingungen - sprich die Normendebatte - würde den

---

21 Vgl. Benjamin: Die Aufgabe des Übersetzers (Anm. 3).
22 Vgl. Gottschalk, Hans: Grundsätzliche Überlegungen zum Fernsehspiel. In: Rundfunk und Fernsehen. H. 2. 1956, S. 122-130.
23 Danilenko, Leo: Die audiovisuelle Wahrnehmung: Auf dem Weg von der Television zur Telepräsenz. In: HDTV - Ein neues Medium. ZDF Schriftenreihe. H. 41. 1991, S. 31-42. Hier: S. 31.

hier gegebenen Rahmen überschreiten.[24] Nur so viel: Im medientechnologischen Wettbewerb verfolgt die Europäische Union seit 1993 eine Subventionspolitik zur "Einführung fortgeschrittener Fernsehdienste in Europa"[25]. In dieser Phase wird die Theateraufzeichnung - eigentlich ja das Kellerkind in Sachen Einschaltquote - zum Experimentierfeld. Auch die Aufzeichnung der *Woyzeck*-Inszenierung von Dimiter Gotscheff am Düsseldorfer Schauspielhaus gehört in die Riege der EU-geförderten 16:9-Produktionen. Diese Aufzeichnung beschließt nicht nur eine Gotscheff-Trilogie des ZDF, sondern ist auch das Schlußlicht der *Aktuellen Inszenierung*.[26]

Kennzeichnend für Dimiter Gotscheffs jüngere Inszenierungen ist eine Konzentration auf die Schauspieler bei gleichzeitiger Minimalisierung der Ausstattung. Für den beim NRW-Theatertreffen prämierten *Woyzeck* schuf Bühnenbildner Achim Römer einen radikal einfachen Raum: Vor einer schwarzen Wand an der Rückseite der Bühne stehen zehn Stühle. Dort sitzen die Darsteller und kommentieren stumm das Geschehen, wenn sie nicht auftreten. Nur Werner Wölbern in der Rolle des Idioten umwandert als wortloser Beobachter langsam die Bühne. Woyzeck erregt in dieser Inszenierung kein Mitleid; er ist nicht nur die geschundene Kreatur, er schindet sich auch selbst. "Woyzeck hat, ohne dies zu merken, die Arbeitsmaschinerie bereits verinnerlicht", so Bernd Grawerts Auffassung von seiner Rolle.[27] Woyzecks 'Arbeitsmaschinerie' schlägt sich sinnfällig in einem körperlichen Aktionismus nieder, der aus dem Satz des Hauptmanns "Er läuft ja wie ein offenes Rasiermesser durch die Welt" abgeleitet ist. Auch der Mord an Marie, die von Almuth Zilcher dargestellt wurde, ist als ein 'Doppel-Klappmesser' inszeniert - ein vollkommenes Sichauflösen in der Maschine. Kaum ist der Mord vollbracht, setzt ein aberwitziger Jahrmarkts-Rummel ein und der Kreis schließt sich - Gotscheffs "verzerrt verfremdetes Woyzeck-Welt-Panoptikum"[28] hat sich einmal um sich selbst gedreht. Das Ende ist der Anfang, der Anfang das Ende. Es ist auch das Büchnersche "Immer zu", was sich hier

---

24 Der kleinste gemeinsame Nenner in dieser Debatte ist das mit dem Format 16:9 beschriebene Seitenverhältnis der hochauflösenden Bilder.
25 Beschluß des Rates vom 22.07.1993; Vgl. Kleinsteuber, Hans J.: HDTV-Politik. Die Entstehung der hochauflösenden Fernsehtechnik im High-Tech-Dreieck Japan, Europa, USA. In: Rundfunk und Fernsehen. H. 1. 1994, S. 5-23.
26 Düsseldorfer Schauspielhaus, Premiere: 21.11.1993; arte 29.11.1994; ZDF 31.01.1995.
27 Zit. nach: Programmheft der Düsseldorfer Inszenierung.
28 Pees, Matthias: Zwei Premieren in Düsseldorf. Die Menschen werden wieder Tiere. In: Süddeutsche Zeitung. 24.11.1993.

nicht in bombastischen Bühnenbildern, wie man sie von anderen *Woyzeck*-Inszenierungen kennt, sondern im ausdrucksstarken Spiel der Darsteller zeigt. Andreas Roßmann bezeichnete dies in *Theater heute* als "körperintensive Theatersprache"[29]. Ausgehend von einem solchen Theaterkonzept - auch wenn Gotscheff selbst dem Begriff 'Konzept' eher mißtrauisch gegenübersteht - ist die Frage besonders interessant, ob und wie sich diese 'körperintensive Theatersprache' in das Medium Fernsehen übersetzen läßt. Interessant deswegen, weil sich im Fernsehen eine Anpassung des Darstellens an Alltagskonventionen durchgesetzt hat, d. h. der schauspielerische Ausdruck korrespondiert mit unseren Vorstellungen über Alltäglichkeit und Natürlichkeit.[30] Vorstellungen, die sich mit theatralen Ausdrucksweisen, wie Gotscheff sie in Szene setzt, eigentlich nicht vereinbaren lassen.

Anhand eines Sequenz-Ausschnittes soll dies beispielhaft verdeutlicht werden (vgl. Abb. 8 bis 10). Marie und Woyzeck haben die Stadt verlassen, sie sitzen im Bühnenvordergrund - im Hintergrund ist das Ensemble zu erkennen. Marie liegt auf Woyzecks Schoß. Die Kamera zeigt Marie in Großaufnahme, schwenkt dann auf Woyzeck, der ein Messer in der Hand hält. Mit dem nächsten Umschnitt auf eine Totale ändert sich die Ausleuchtung - das Licht wird grell. Der Mord wird als Doppelblende aus der Großaufnahme von Marie und der Totalen präsentiert.

Danach ist Woyzecks Gesicht sechs Sekunden im Bild zu sehen. Während Woyzecks Monolog wandert der Idiot aus dem Bühnenhintergrund nach vorne. Die Mord-Sequenz endet mit einem Kameraschwenk über Hände, Körper und Kopf der toten Marie über Woyzeck hin zum Idioten. Sein Kopf ist en face zu sehen und die Kamera zoomt sich heran, bis das Gesicht formatfüllend ist (vgl. Abb. 11). Die extreme Nahaufnahme von Werner Wölbern in der Rolle des Idioten ist die engste Einstellung der gesamten Aufzeichnung. In Kombination mit der vorherigen Doppelblende als Umsetzungsstrategie für den Mord an Marie wird hier ein optischer Höhepunkt geschaffen, den man in solcher Deutlichkeit in Gotscheffs Bühneninszenierung vergebens sucht.

---

29 Roßmann, Andreas: "Heimat - das ist für mich die Probe". Ein Portrait des bulgarischen Erfolgs-Regisseurs Dimiter Gotscheff. In: Theater heute. H. 3. 1994, S. 34-39. Hier: S. 36.
30 Vgl. Hickethier, Knut: Film- und Fernsehanalyse. Stuttgart 1993, S. 175.

Abb. 8-10: *Woyzeck*, arte 29.11.1994, ZDF 30.1.1995

Auf der Suche nach den schönen Bildern 79

Es ergeben sich also Verschiebungen in der Dramaturgie und in der Figurenkonstellation: Der Idiot als stummer oder stammelnder Beobachter wird in einer Form betont, die im Theater nicht möglich war - vom Theaterzuschauer schon mal aus dem Blick verloren, rückt er durch das close-up in den Mittelpunkt der Aufmerksamkeit. Ist dies eine neue Gewichtung, die sich sehr wohl rechtfertigen läßt, so führt der visuelle und dramaturgische Höhepunkt die Kreisstruktur der Bühneninszenierung ad absurdum. Auch in der Aufzeichnung dreht sich das 'Woyzeck-Welt-Panoptikum' einmal um sich selbst. Doch was sich auf der Bühne als eine überzeugende Selbstreflexion des Theaters präsentierte, erscheint durch den technisch und bildästhetisch inszenierten Höhepunkt unglaubwürdig und brüchig.

Abb. 11: *Woyzeck*, arte 29.11.1994, ZDF 30.1.1995

Das Realismuspostulat des Fernsehen wird zwar durch die körperintensive Theatersprache an einigen Stellen der Aufzeichnung unterwandert, doch nirgends so deutlich wie in der Umsetzung des Mordes an Marie. Durch die Doppelblende und die grelle Ausleuchtung bei gleichzeitiger Übersteuerung läßt Ecke den Eindruck einer surrealen Szenerie entstehen. Damit wird zwar einerseits das Maschinenhafte und die Künstlichkeit der Bühneninszenierung durch fernseheigene Mittel unterstützt, doch andererseits tut sich ein dramaturgischer Bruch auf, in dem sich die Fernsehspezifika verselbständigen und keine Entsprechung mehr auf der Bühne haben. Und während im Theater einen Moment lang unklar war, ob Woyzeck nur Marie oder sie beide umgebracht hat, geht dieser nicht unwichtige Augenblick im Fernsehen verloren. Bei den Vergleichen zwischen der Bühneninszenierung und ihrer Fernsehaufzeichnung darf jedoch nicht vergessen werden, daß der Dokumentationsgedanke sowohl für Ecke als auch für Gotscheff eher nebensächlich war; beide Regisseure erarbeiteten gemeinsam ein Konzept für die Fernsehfassung des *Woyzeck*. Und im Laufe der Aufzeichnungsphase wurde deutlich, daß sich Ecke von einem 'fotografierten Theater' abgrenzen möchte.[31] Anders ausgedrückt: Der aus der 'Theater und Fernsehen-Diskussion' altbekannte Negativ-Topos vom 'abfotographierten Theater' wird von Ecke zugunsten einer 'zweiten Qualität' verworfen. Produziert wurde, wie bereits erwähnt, im Format 16:9. Aufgrund der Detailgenauigkeit der hochauflösenden Bilder war es möglich, 23 Prozent der Einstellungen als Totalen zu fotographieren. Dennoch dominieren die Nah- und Großaufnahmen mit einem gemeinsamen Anteil von etwa 54 Prozent. Eckes Bilddramaturgie widerspricht damit den Gestaltungsregeln, die nach ersten HDTV-Erfahrungen eine Abkehr von der Großaufnahme formulierten. Doch gleichzeitig trägt er so den kleineren Empfangsgeräten in den Wohnzimmern Rechnung. Der Schnittrhythmus der *Woyzeck*-Aufzeichnung ist relativ langsam (und damit wieder auf einer Linie mit den eben erwähnten Gestaltungsregeln). Im Durchschnitt sind die 349 Einstellungen der *Woyzeck*-Aufzeichnung 18 Sekunden lang zu sehen.

Dennoch erweist sich die 'Telepräsenz' für Theateraufzeichnungen letztlich als ein Dabeisein-Surrogat,[32] das sich der Bühnenpräsenz eines Schauspielers nur annähern, sie aber nie erreichen kann, da die Produktions- und Rezeptionsbedingungen von Theater und Fernsehen gänzlich unterschiedlich sind. Eine Binsenweisheit, mag sein. Und doch liegen im scheinbar so Banalen die Ursachen für die Transportverluste und Grenzen einer Theateraufzeichnung. Die Kamera schiebt sich als technische Vermittlungsinstanz zwischen Darsteller und Zuschauer.[33] D. h. der ganzheitliche schauspielerische Ausdruck wird im Fernsehen zerlegt in einzelne Bildausschnitte, das Spiel wird durch die Wahl der Ausschnittsgröße akzentuiert und der Blick des Zuschauers gelenkt. Wenn Ecke also für die *Woyzeck*-Aufzeichnung überwiegend Nah- und Großaufnahmen inszenierte, ist das als Versuch zu

---

31 Regieassistenz: Bettina Petry; Teilnehmende Beobachterin: Sandra Nuy.
32 Vgl. Weber, Petra: Schöne neue Theaterwelt im HDTV? In: Dies./Gompper, Renate: Schöne neue Theaterwelt im HDTV? "Timon aus Athen" - eine Theateraufzeichnung; Arbeitsheft Bildschirmmedien 31. Siegen 1993, S. 7-10. Hier: S. 8.
33 Vgl. Hickethier: Das Zucken im Mundwinkel. Schauspielen in den Medien. In: TheaterZeitSchrift. H. 2. 1982, S. 15-31.

sehen, die Intensität in Ausdruck und Wirkung bildschirmgerecht zu präsentieren. Doch gleichzeitig reduziert sich dadurch Körperlichkeit auf die Mimik und die Gestik der Hände. Paradoxerweise wird der Zuschauer gleichzeitig weit unmittelbarer als im Kleinen Haus in Düsseldorf Zeuge der körperlichen Anstrengung, wenn sich die Schweißperlen auf den Gesichtern in Großaufnahme einzeln zählen lassen.

Die Dialektik von Spiel und Kamera kann also die "Dialektik von Spielen und Zuschauen", in der sich Theater nach Manfred Brauneck entfaltet, nur bedingt ersetzen.[34] So zeigt die *Woyzeck*-Aufzeichnung trotz der neuen hochauflösenden Bildqualität die altbekannte Problematik von 'Theater im Fernsehen': der Verlust der aktuellen körperlichen Präsenz eines Schauspielers läßt sich nicht kompensieren - auch nicht durch "schöne Bilder" im 16:9-Format.

---

34 Vgl. Brauneck, Manfred: Theater, Spiel, Ernst. Ein Diskurs zur theoretischen Grundlegung der Theaterästhetik. In: Ders. (Hrsg.): Theater im 20. Jahrhundert. Programmschriften, Stilperioden, Reformmodelle. Reinbeck bei Hamburg 1991, S. 15-38.

Inga Lemke

Theater (wie) für das Fernsehen geschaffen.
Thomas Langhoff als Theater- und Fernsehregisseur

Wenn man davon spricht, daß Fernsehregisseure wie Heribert Wenk, Hans W. Reichel, Peter Behle und Rainer Ecke das ästhetische Erscheinungsbild der *Aktuellen Inszenierung* maßgeblich prägten, so ist das, bezogen auf den Zeitraum von mehr als zwanzig Jahren, in denen das ZDF diese Reihe produzierte, nur die halbe Wahrheit. Bei mehr als 35% der Produktionen waren es die Theaterregisseure selbst, die bei Fernsehaufzeichnungen ihrer Inszenierungen auch die Bildregie übernahmen. So traten u. a. Hansgünther Heyme, Dieter Dorn, Claus Peymann, Jürgen Flimm, Luc Bondy, Peter Stein, Rudolf Noelte, Hans Lietzau und Thomas Langhoff gleich mehrfach als Theater- und Fernseh-Regisseure auf.

Im Rahmen der Diskussion um die adäquate Wiedergabe einer Theaterinszenierung in einer Aufzeichnung durch das Fernsehen war die immer wieder gestellte Forderung nach einer "mediengerechten" Umsetzung - vor allem auf der Theaterseite - häufig gepaart mit der Forderung, daß der für die Theateraufführung verantwortliche Regisseur maßgeblichen Einfluß auf die Gestaltung der Produktion nehmen kann.[1] Eine Forderung, die bislang durchaus mit der Konzeption der ZDF-Schauspielredaktion vereinbar war, die bereits relativ früh, im Rahmen ihrer Bemühungen um die Entwicklung einer "fernsehgerechten" Form der Theateraufzeichnung[2], die "Schaffung ei-

---

1   Vgl. Flimm, Jürgen: Wider die Schauspieler-Ausbeutung auf Bildschirm und Kassette. In: Theater heute. H. 9. 1976, S. 29-32. Hier: S. 32.
2   Im Rahmen der sich 1963/64 (mit der Gründung des ZDF) verstärkenden Kontroverse um die geeignete Form der Umsetzung von Theater im und für das Fernsehen - Live-Übertragung, Fernsehspiel oder Theateraufzeichnung - wurde die Forderung nach einer "fernsehgerechten Bühnenaufzeichnung" als Anspruch und Gegenargument gegen den Vorwurf des 'fotografierten Theaters' aufgestellt. Insbesondere die Schauspielredaktion des ZDF propagierte von Anfang an die 'fernsehgerechte' Aufzeichnung, die "fernsehgemäße Wiedergabe einer Bühnenaufzeichnung unter Ausnutzung aller kameratechnischen Möglichkeiten" als Alternative zur 'Live'-Aufzeichnung, wie sie bislang von den ARD-Anstalten praktiziert wurde. Vgl. Holzamer, Karl: Und heute ins Theater. Die Theateraufzeichnungen des Zweiten Deutschen Fernsehens. In: Die Deutsche Bühne. H. 7/8. 1964, S. 144-146. Hier: S. 145f.

ner dem Original adäquaten Bildfolge"³ zum Ziel fernsehmedialer Präsentation von Theater erhob. Die Kooperation der Regisseure von Bildschirm und Bühne, insbesondere aber die Personalunion von Bild- und Bühnenregie mochte dabei als Garant dafür gelten, daß die Aufzeichnung der Inszenierungsabsicht des Theaterregisseurs nicht zuwiderlaufen, daß diese vielmehr in der fernsehmedialen Umsetzung eine adäquate Entsprechung finden kann. So konnte der Dokumentationscharakter der Bühnenaufzeichnung in jedem Fall gewahrt - und vielleicht auch der Kunstanspruch der Bühneninszenierung in die Fernsehaufzeichnung hinübergerettet - werden. Hanspeter Rieschel schrieb 1967 im ZDF-Jahrbuch: "Die Wiedergabe des großen klassischen Schauspiel-Repertoires erfordert eine eigene Konzeption, soll es nicht 'abfotografiertes Theater' bleiben. Im Idealfall einer künstlerischen Umsetzung übernimmt der Bühnenregisseur auch die Fernsehregie."⁴ Und auch die von Günther Rühle 1974 aufgestellte Forderung nach einer "Zweiten Qualität" einer Theateraufzeichnung im Fernsehen war eng mit der Option verbunden, daß im "Idealfall (...) der Bühnenregisseur auch die Fernsehaufzeichnung leitet".⁵

Inwieweit aber waren und sind die Theaterregisseure tatsächlich dazu in der Lage, den "Transportverlust" bei der Aufzeichnung einer Bühneninszenierung "fernsehgerecht" auszugleichen und somit zu einer "Zweiten Qualität" zu gelangen, wie Rühle es gefordert hat?⁶ Um die "Möglichkeiten einer Theaterinszenierung für das Wahrnehmungsinstrumentarium der Fernsehkamera"⁷ zu erkennen, bedarf es der Erfahrung auch mit dem anderen Medium: dem Fernsehen. Diese wichtige Voraussetzung intermedialer Produktion reflektierend, hat August Everding bereits 1984 in der Diskussion um den 'Medienpool' unter anderem die Ausbildung von Theaterregisseuren auch als Bildregisseure gefordert.⁸

---

3   Rieschel, Hanspeter: Fünf Jahre Theater im Programm des ZDF. In: ZDF-Jahrbuch 1967. Mainz 1968, S. 50-52; Vgl. ders. In: Funk-Korrespondenz. Nr. 23. 1968. S. 8-10. Hier: S. 9.
4   Ebda.
5   Rühle, Günther: Das größte Theater der Welt. Die Vorteile und die Folgen der Verbindung von Fernsehen und Theater - Das Millionenpublikum und das Verlangen nach Realismus. In: Frankfurter Allgemeine Zeitung. 21.5.1974, S. 21.
6   Ebda.
7   Ebda.
8   Fröse, Dirk H.: Jeder Tag, der nicht aufgezeichnet wird, ist ein Verlust für uns. In: Die Deutsche Bühne. H. 9. 1984, S. 23-26. Hier: S. 25.

Mit dem in der Medienkonkurrenz zu den privaten Anbietern veränderten Anspruch der öffentlich-rechtlichen Fernsehanstalten an die Bildgestaltung ihrer Produktionen hat sich seit Anfang/Mitte der achtziger Jahre auch der Anspruch an das verändert, was man die 'zweite Qualität' einer Theateraufzeichnung nennt. Die Inszenierungsvorlage ist zwar nach wie vor Ausgangs- und Zielpunkt der Produktionen, die ästhetische Qualität ihrer medialen Umsetzung bemißt sich jedoch vorwiegend an der Bildästhetik des Gesamtprogramms. Der professionelle Umgang mit dem Instrumentarium des Fernsehens ist somit zur unabdingbaren Voraussetzung, auch für die Regietätigkeit bei einer Theateraufzeichnung, geworden.

Aus diesen Gründen ging die Schauspielabteilung des ZDF in den neunziger Jahren, zumal in einer Phase, in der sie die erneute "Annäherung" der Bühnenaufzeichnung an die "bildschirmgemäßere Form des Fernsehspiels" vorantrieb[9], dazu über, (beinahe) ausschließlich erfahrene Fernseh(spiel)regisseure, wie Rainer Ecke, an Stelle von Theaterregisseuren als Bildregisseure einzusetzen. Thomas Langhoff war einer der wenigen Theaterregisseure[10], der seine Inszenierungen noch selbst für die Kamera einrichten durfte.

Die aktuelle Inszenierung zeigte seit 1984 insgesamt zehn Inszenierungs-Aufzeichnungen von Thomas Langhoff.[11] Damit zählt Langhoff zugleich -

---

9 Kienzle, Siegfried: Komödie. Eine alte Form wird neu belebt. Wandlung und unzeitgemäße Erneuerung des Programmangebots. In: ZDF-Jahrbuch 1991. Mainz 1992, S. 108-113.
10 Bis auf Luc Bondys Inszenierung von Shakespeares *Wintermärchen* in der Berliner Schaubühne (*Die aktuelle Inszenierung* vom 2.2.1992).
11 Fernsehaufzeichnungen Thomas Langhoffs in der Sendereihe *Die aktuelle Inszenierung*:
1. Gotthold Ephraim Lessing *Emilia Galotti* (Münchner Kammerspiele 1984; Berliner Theatertreffen 1984). ZDF 29.7.1984.
2. Frank Wedekind *Der Marquis von Keith* (Thalia Theater Hamburg 1986). ZDF 21.10.1986.
3. Alfred de Musset *Lorenzaccio* (Münchner Kammerspiele 1987). ZDF 19.7.1987.
4. Arthur Schnitzler *Der einsame Weg* (Landestheater Salzburg 1987; Salzburger Festspiele 1987). ZDF 15.4.1988.
5. Henrik Ibsen *Die Frau vom Meer* (Münchner Kammerspiele 1989; Berliner Theatertreffen 1990). ZDF 21.10.1990.
6. Franz Grillparzer *Die Jüdin von Toledo* (Salzburger Festspiele 1990). ZDF 15.1.1991.
7. Gerhart Hauptmann *Der zerbrochene Krug* (Deutsches Theater Berlin 1990). ZDF 17.9.1991.
8. George Tabori *Mein Kampf* (Maxim Gorki Theater Berlin 1990; Berliner Theatertreffen 1990). ZDF 15.10.1991.
9. George Bernhard Shaw *Haus Herzenstod* (Deutsches Theater Berlin, Kammerspiele). ZDF 27.12.1992.
10. Gerhart Hauptmann *Der Biberpelz* (Deutsches Theater Berlin). ZDF 25.1.1994.

neben Claus Peymann[12] - zu den im Rahmen dieser Sendereihe am häufigsten vertretenen Theaterregisseuren. Die starke Präsenz Thomas Langhoffs in der Reihe *Die aktuelle Inszenierung* läßt sich zunächst mit der Rolle begründen die er - als einer der wichtigsten Theaterregisseure - in der Theaterlandschaft der Bundesrepublik und der ehemaligen DDR einnimmt und einnahm. Als sich Mitte der achtziger Jahre das Augenmerk der Kritik auf die zunehmenden Gastinszenierungen von Regisseuren aus der ehemaligen DDR in großen Schauspielhäusern der Bundesrepublik richtete und Langhoff erstmals - mit der Inszenierung von Lessings *Emilia Galotti* an den Münchner Kammerspielen 1984[13] - auf dem Berliner Theatertreffen vertreten war, war dies Anlaß für eine erste Aufzeichnung für *Die aktuelle Inszenierung*. Auch bei den nachfolgend aufgezeichneten Inszenierungen von Schnitzlers *Der einsame Weg* (Salzburger Festspiele 1987) und Grillparzers *Die Jüdin von Toledo* (Salzburger Festspiele 1990) sowie von Ibsens *Die Frau vom Meer* (Münchner Kammerspiele 1989) und Taboris *Mein Kampf* (Maxim Gorki Theater Berlin 1990), beide auf dem Berliner Theatertreffen 1990 vorgestellt, handelt es sich um von der Kritik bereits hervorgehobene und gewürdigte Theaterproduktionen. Im 'Langhoff-Jahr' 1991, dem Jahr, in dem Langhoff die Leitung des Deutschen Theaters in Ost-Berlin übernahm, waren gleich drei Aufzeichnungen seiner Inszenierungen im Fernsehen der neuen Bundesrepublik zu sehen.[14]

"Theater (wie) für das Fernsehen geschaffen" - der für diesen Beitrag gewählte Titel impliziert zweierlei: Der Titel zielt zum einen auf die konkrete Form der Umsetzung einer Theatervorlage in ein Produkt für das Fernsehen, auf die von Langhoff entwickelte Aufzeichnungspraxis, deren Bedingungen und Spezifika ich zunächst skizzieren werde. Thomas Langhoff als Theater- und Fernseh-Regisseur bietet m. E. die 'idealtypische' Besetzung für eine

---

12 Peymann war ebenfalls mit zehn Inszenierungen vertreten, übernahm aber nur bei sechs Fernsehaufzeichnungen die Bildregie.
13 Mit der Inszenierung des Ost-Berliner Publikumserfolgs, Tschechows *Drei Schwestern* (Maxim-Gorki-Theater 1979), 1980 in Frankfurt/M. (Schauspiel) hatte Langhoff sein erstes Gastspiel in der Bundesrepublik. Seit Anfang der achtziger Jahre inszenierte Langhoff im Austausch mit Dieter Dorn an den Münchner Kammerspielen. *Emilia Galotti* war - nach Tschechows *Platonow* 1981 und Sean O'Caseys *Ein Freudenfeuer für den Bischof* - die 3. Gastinszenierung Langhoffs in München.
14 Neben Taboris *Mein Kampf* (Maxim Gorki Theater Berlin 1990) und Hauptmann *Der zerbrochene Krug* (Deutsches Theater Berlin 1990) in der *Aktuellen Inszenierung* des ZDF sendete der DFF am 20.03.1991 eine Aufzeichnung von Sudermanns *Sturmgeselle Sokrates* (Wiederaufnahme einer Inszenierung des Deutschen Theaters Berlin 1986).

Theateraufzeichnung im 1:1-Format. Thomas Langhoff als Regisseur "zwischen" Theater und Fernsehen ist darüber hinaus ein Beispiel für die sich aus dem personellen Medienwechsel ergebende produktive Wechselbeziehung zwischen den beiden Medien, die sich ganz konkret auch in seinen Produktionen zeigt. So gibt es - trotz der medialen Differenzen - durchaus Konvergenzen in Langhoffs Fernseh- und Theaterarbeit. Langhoff selbst konstatiert vor allem eine veränderte Beziehung zum Theater und zu den Schauspielern als Folge seiner langjährigen Tätigkeit für das Fernsehen.[15]

So möchte ich in einem zweiten Schritt das Augenmerk auf die Inszenierungen selbst richten. Die Theaterinszenierungen Thomas Langhoffs, so meine These, sind für die Fernsehaufzeichnung in besonderem Maße geeignet, sie sind "telegen". Diese Aussage bezieht sich weniger auf die 'äußeren' Selektionskriterien der Schauspiel-Redaktion des ZDF - neben der besonderen Würdigung durch die Kritik und Konstanten der personellen Zusammenarbeit, wären hier vor allem die Aktualität und die gesellschaftliche Relevanz der Inszenierung und die Bevorzugung bestimmter Dramenvorlagen (Kanonbildung) zu nennen. Sie richtet sich vielmehr auf die konkreten Umsetzungsmöglichkeiten, die die Inszenierungvorlage der Arbeit mit der technischen Apparatur des Mediums bietet. Dies möchte ich durch eine genauere Sicht auf Langhoffs Regiekonzeption, auf die Schauspielerführung und Raumgestaltung seiner Theaterarbeit, erläutern.

Als Schauspieler und Regisseur vom Theater kommend, hat Thomas Langhoff seit Mitte der siebziger Jahre für den DFF zunächst ausschließlich, später[16], solange es die kulturpolitische Situation in der ehemaligen DDR zuließ[17], im Wechsel zwischen Bildschirm und Bühne als Fernseh(spiel)-

---

15 Vgl. Thomas Langhoff in: Pietzsch, Ingeborg: Thomas Langhoff (Interview). In: Theater der Zeit. H. 6. 1989, S. 16-21. Hier: S. 19.

16 Seit der Wiederaufnahme seiner Regietätigkeit für das Theater mit der Inszenierung von Hauptmanns *Einsame Menschen* 1978 am Maxim Gorki Theater in Ost-Berlin.

17 Nach eigener Aussage empfand Langhoff gerade die "Möglichkeiten, (...), Fernsehfilme und Theaterinszenierungen im Wechsel zu machen" als "sehr anregend und befruchtend" für seine Tätigkeit in beiden Medien (vgl. Thomas Langhoff in: Gleiß, Jochen: Regisseur im Gespräch/Thomas Langhoff. In: Theater der Zeit H. 12. 1980, S. 10-12. Hier: S. 11) - solange das Fernsehen der DDR ihm noch die erwünschten Freiheiten bot. Erst nachdem "sieben" von ihm "vorgeschlagene Gegenwartsstoffe verhindert wurden", habe er dem Fernsehen "Auf Wiedersehen gesagt" und widmete sich wieder verstärkt dem Theater. "Später wurde verhindert, am Deutschen Theater Volker Brauns *Übergangsgesellschaft* zu inszenieren" (die dann am Maxim-Gorki-Theater realisiert wurde). Vgl. Thomas Langhoff in: Petzold, Claudia: Immer noch ein Grenzgänger (Interview). In: Die Deutsche Bühne. H. 6. 1994, S. 10-13. Hier: S. 11.

regisseur gearbeitet. Erst seit der Spielzeit 1989/90 war Langhoff, der zuvor in Berlin, München, Frankfurt/M., Salzburg und Wien Regie führte, fest beim Theater (beim Deutschen Theater in Ost-Berlin) engagiert.

Neben der Verfilmung von Originalstoffen für das Fernsehen und der Adaption epischer Vorlagen hat Langhoff immer wieder Theatervorlagen für das Fernsehen - zunächst in klein besetzten Studioinszenierungen[18], später in Fernsehfilmen und schließlich in Aufzeichnungen und Verfilmungen eigener Inszenierungsvorlagen - adaptiert. Einmal ging Langhoff sogar den "umgekehrten Weg", indem er Ibsens *Gespenster* zunächst als Fernsehspiel für das DDR-Fernsehen und danach mit derselben Besetzung für das Deutsche Theater" inszenierte.[19] Im Rahmen seiner langjährigen Tätigkeit in den beiden Medien hat Langhoff - seine Theatererfahrung für die Arbeit mit der Kamera (und vice versa) nutzend - die Film- und Fernseheignung theatraler Vorlagen, die Einrichtung des (Bühnen-) Arrangements und des schauspielerischen Handelns für die Kamera in den unterschiedlichen medialen Formen (Studioinszenierung, Fernsehspiel, Film, Aufzeichnung) erprobt und reflektiert.

Das elektronische Medium Fernsehen faßt Langhoff als eine Art "Zwischenmedium" auf, in das die Möglichkeiten des Theaters wie des Films einfließen können. Da ist zum einen "die Arbeit mit der Kamera, die rein filmische Arbeit, die dann auch im Fernsehen gezeigt wird", da ist zum anderen "die Theaterarbeit. Dazwischen steht dieses bis jetzt theoretisch noch nicht erfaßte oder zumindest noch nicht genau fixierte Medium Fernsehen. Hier fallen genaue Abgrenzungen sehr schwer."[20] Vergleichbar hat Volker Canaris 1973 auf die, sich aus den Produktionsbedingungen der MAZ-Technik ergebende, Zwischenstellung der Fernsehaufzeichnung einer Theater-

---

18 Zu den frühen Fernsehspiel-Produktionen für das Fernsehen vgl. Anm. 15.
19 "'Drei Schwestern' (...) haben wir in Parks und Originalräumen zu einem Film gemacht. 'Gespenster' habe ich als Fernsehspiel gedreht, danach sind wir auf die Bühne gegangen, mit der Erfahrung des Studios, und haben von vorn angefangen. (...)." Langhoff, Thomas: Fernsehkunst. In: Theater Heute. Jahrbuch 1992. S. 58f.
Anton Tschechow, Drei Schwestern. Fernsehfilm (nach einer Inszenierung Langhoffs am Maxim Gorki Theater Berlin (Premiere 13./14.1.1979); Regie, Drehbuch Thomas Langhoff u. a. mit Monika Lennartz, Ursula Werner, Swetlana Schönfeld, 16mm). DFF 25.3.1984
Henrik Ibsen, Gespenster. Fernsehinszenierung (Inszenierung in Zusammenarbeit mit dem Deutschen Theater Berlin 1983; Regie, Drehbuch Thomas Langhoff, u. a. mit Ulrich Mühe, Kurt Böwe). DFF 20.11.1983.
20 Langhoff in: Funke, Christoph: Der Schauspieler und das Medium. Dialog zwischen Thomas Langhoff und Christoph Funke. In: Film und Fernsehen. H. 1. 1981, S. 8-15. Hier: S. 10.

inszenierung verwiesen, die "irgendwo zwischen Kino und Theater" liegt. So werden die, in der Regel von vier Kameras gleichzeitig, "nach einem vorher geprobten Konzept" aufgenommen Vorgänge auf der Bühne über Perspektive, Auswahl, Schnitt "synchron zu den reproduzierten Vorgängen" zu einem synthetischen Endprodukt zusammengeführt. Dabei handelt es sich immer primär um ein Produkt des Fernsehens. Die theatralische Einheit von Zeit, Raum und Handlung bleibt jedoch in den zumeist "lange(n), durchgedrehte(n) Szenen mit gleichzeitig aufgenommenem Ton und (beim Film völlig unmöglich) festgelegter Folge der Schnitte über ganze Sequenzen hin" weitgehend erhalten.[21]

Die wirklich "großen Fernseharbeiten" sind für Langhoff - auch wenn sich seine persönliche Fernsehpraxis in den letzten Jahren auf die Aufzeichnung von Theaterinszenierungen beschränkt - nach wie vor Filme.[22] Die Fernsehaufzeichnung läßt sich in seinen Augen in erster Linie als Dokument, als "Information" über eine Theateraufführung legitimieren. Dem immer wieder bemerkten, teils erheblichen "Substanzverlust", den auch "gute Aufführungen auf dem Bildschirm" erfahren, kann man seines Erachtens nur durch eine gezielte Bearbeitung für den Bildschirm entgegenwirken.[23] Wesentliche Voraussetzung für die mediale Umsetzung sei in jedem Fall "die Beherrschung der Spezifika des jeweiligen Genres - Theater, Oper, Film - (...)" durch den Regisseur.[24]

Damit intendiert Langhoff einen fernsehgerechten Ausgleich der "Transportverluste" bei der Fernsehaufzeichnung einer Bühneninszenierung, offenbar ganz im Sinne dessen, was Günther Rühle als "Zweite Qualität" einer Theateraufzeichnung eingefordert hat. Konkret bedeutet das zunächst, die Vorgänge auf der Bühne filmisch aufzulösen und dabei den Verlust an Räumlichkeit durch die gezielte Hervorhebung von Details, den Verlust an choreographisch-szenischer Ordnung durch den Wechsel der Perspektiven zu ersetzen. Rühle geht in seinen konkreten Forderungen jedoch noch weiter, indem er dem durch die Kameraperspektive bedingten Verlust an Beobachtungsfreiheit die Aktivierung der Phantasie des Fernsehzuschauers,

---

21 Canaris, Volker: Theater ist nicht immer live - aber Film und Fernsehen sind immer synthetisch. In: Theater heute. H. 9. 1973, S. 24-26. Hier: S. 25.
22 "(...). Also, Film ist Film, Theater ist Theater - und Fernsehen ist nichts." Langhoff: Fernsehkunst (Anm. 19).
23 Thomas Langhoff in: Funke: Der Schauspieler und das Medium (Anm. 20). S. 10.
24 Langhoff: Fernsehkunst (Anm. 19).

dem Verlust des kollektiven Kontaktes in der transitorischen Situation des Theaters die Verstärkung intimer Spannung entgegenhält. Eine Form der Fernsehaufzeichnung, die nach diesen Prinzipien verfährt, bricht bewußt mit den von Rischbieter aufgestellten Regeln der "Dokumentaristen-Bescheidenheit"[25]: sie macht "Kino statt Theater".[26]

Thomas Langhoffs Arbeit als Fernseh-Regisseur seiner Theaterinszenierungen läßt sich weder als 'Kino' noch als 'bescheidener (Theater-) Dokumentarismus' bezeichnen. Auf der Suche nach einem Äquivalent für seine Bühneninszenierungen wählt er - seiner Auffassung von den Möglichkeiten des Mediums Fernsehen entsprechend - so etwas wie den 'bescheidenen' Mittelweg. Wir finden eine sehr präzise Umsetzung der Inszenierungsvorlage, bei der die "Kamera zum entscheidenden Mitspieler" wird.[27] Langhoffs Aufzeichnungen zeichnen sich durch eine äußerst genaue, bis in die Bildgestaltung des Einzelbildes hinein ausgearbeitete Kameraführung aus, die das "Zuschauerauge" in der Großaufnahme gezielt auf die "bis ins Detail auch lichtmäßig ausgeklügelte(n) Vorgänge" lenkt[28] und im perspektivischen Wechsel (links, mitte, rechts) halbnaher oder halbtotaler Einstellungen "sorgfältig arrangierte Gruppenbilder, im verhaltenen Rhythmus" heranholt.[29] Die Zuschauerperspektive des Theaters bleibt dabei weitgehend erhalten, der Bezug zur Gesamtsituation auf der Bühne wird immer wieder durch Totalen hergestellt. Die Schnitte orientieren sich an der Dialog-Struktur der Aufführung, Pausen werden durch, die Inszenierung zugleich zeitlich raffende, Schnitte oder Überblendungen ersetzt.

Der weitgehend 'dienende' Umgang mit dem Material der Bühneninszenierung ist gepaart mit einer Vorliebe für 'schöne' Bilder. 'Schön', ästhetisch

---

25 "1. Der Regisseur der Theaterinszenierung ist bei der Aufzeichnung dabei gewesen, aber kein Bild-Regisseur, der vielleicht versucht, Kino statt Theater zu machen. 2. Die Kameras standen im Zuschauerraum, ihre Perspektiven sind strikt die, die auch die Zuschauer im Theater haben, die Aufführung wird also so gezeigt, wie der Regisseur sie, - vom Regiepult aus - gesehen hat und sehen lassen wollte. 3. Es gab immer wieder Totalen, die die ganze Bühne zeigten, auch auf die Gefahr hin, daß die Figuren der Darsteller zusammenschrumpften. Nur so bleibt dem Bildschirmbetrachter bewußt, daß er abgefilmtes Theater sieht, also: Das Dokument einer Theateraufführung, nicht diese selbst." Rischbieter, Henning: Theater im Fernsehen contra Theater? In: Theater Heute. H. 9. 1973, S. 20-23. Hier: S. 23.
26 Ebda.
27 Künzel, Mimosa: Ungewohnte Wege bei Film und Fernsehen. Künstlerporträt: Der Regisseur Thomas Langhoff. In: Neue Zeit. 24.3.1984. o. S.
28 Ebda.
29 Krebs, Dieter: Und die Probe geht weiter. Werkstattgespräch. In: Berliner Zeitung. 28.3.1980. o. S.

ansprechend sind Langhoffs Fernsehbilder durch ihre 'ausgewogene' Bildkomposition. Dabei greift Langhoff weitgehend auf ein Formeninventar zurück, das als "hochkultureller Codekomplex" der Bildkomposition[30] vor allem in der Renaissance (Symmetrie, goldener Schnitt, Zentralperspektive), im Barock (Diagonalen, Schrägperspektiven) und in der Moderne (Horizontalen, Vertikalen) entwickelt wurde - ein bei der Einzelbildgestaltung in Fernsehproduktionen, die ein künstlerisches Produkt ganz oder nur in Ausschnitten 'dokumentieren', durchaus konventionalisiertes Verfahren der Ästhetisierung. Indem Langhoff Figurenarrangements und Bühnenaufbauten durch die Kadrierung so ins Bild setzt, daß sie (zusätzlichen) ästhetischen Reiz gewinnen, nutzt er das, was ihm der Bildschirm an spezifischen bildgestalterischen Möglichkeiten für die Übertragung in das andere Medium bietet. An keiner Stelle jedoch verselbständigen sich die Bilder. Ihr Aussagewert für die dramatische Handlung, der Rekurs vom gezeigten Ausschnitt auf die Gesamtheit des Bühnengeschehens bleibt immer nachvollziehbar erhalten.

Der Perfektionismus, mit dem Langhoff seine Inszenierungen für das Fernsehen optisch in Szene setzt, erfordert es gelegentlich, Arrangements für die Kamera umzustellen.[31] Modifikationen ergeben sich auch beim Spiel der Schauspieler. Die Erfordernis einer anderen Spielweise des Schauspielers in Film und Fernsehen wurde im Verlauf der Geschichte der beiden Medien, vor allem im Kontext ihrer Selbstbestimmung und Etablierung, immer wieder thematisiert.[32] Auch wenn, wie bereits an anderer Stelle angeführt wurde, bei der Aufzeichnung einer Theaterinszenierung im Fernsehen das szenische Spiel der Darsteller weitgehend erhalten bleibt, so gelten dennoch auch hier jene Differenzen in der Wirkweise schauspielerischen Handelns, die sich aus den grundlegenden Unterschieden theatraler und filmischer bzw. fernsehmedialer Produktionsweise ergeben.

Hickethier verwies 1982 in seinem grundlegenden Artikel zum "Schauspielen in den Medien" vor allem auf die Veränderung der Wirkung von Mimik, Gestik und Proxemik, die sich aus dem durch die Kamera vermittelten Blick auf die Darstellung ergibt. Besonders in der Nahaufnahme

---

30 Siegrist, Hansmartin: Textsemantik des Spielfilms. Zum Ausdruckspotential der kinematographischen Formen und Techniken. Tübingen 1986. S. 215f.
31 Das Verhängnis falscher Ideale. In: Film und Fernsehen. H. 3. 1984. S. 1.
32 Hickethier, Knut: Das Zucken im Mundwinkel. Schauspielen in den Medien. In: Theater-ZeitSchrift. H. 2. 1982, S. 15-31.

sei "jedes kleinste Zucken der Mundwinkel, der Augenaufschlag, die versteckte oder zurückgenommene Bewegung von Belang". Auch die Zerlegung der schauspielerischen Handlung durch den Schnitt, die zu einer von der Bewegung auf der Bühne unabhängigen Dynamisierung des Raumes[33] führt, hat eine veränderte Spielweise zur Folge. Dem freieren, improvisierten Spiel eher hinderlich, erfordert sie Präzision - nicht zuletzt um die 'Anschlüsse' einzelner Szene 'nahtlos' zu rekonstruieren. Denn nur so kann es gelingen, im synthetischen Endprodukt der Aufzeichnung den Schein eines ungebrochenen Spielflusses - wie wir ihn im Theater erleben - aufrechtzuerhalten.

Die durchaus nicht nur 'technischen' Konsequenzen, die sich für die Regie aus diesen medialen Differenzen von Theater und Fernsehen ergeben, brachte Langhoff angesichts seiner 'doppelten' (Theater- und Fernseh-) Fassung von Ibsens *Gespenstern* 1983[34] wie folgt auf den Punkt: Während die theatralische Lösung der dramatischen Vorgänge "zwangsläufig" stärker auf metaphorische Deutungen setzt[35] ist

> bei der Fernsehinszenierung (...) das Interesse viel stärker auf die Psychologie gerichtet, denn das Mittel der Großaufnahme zwingt zu einer anderen Produktionsweise als im Theater, wo der Zuschauer immer die Totale vor Augen hat. So bekommen die Situationen des Stückes im Theater zwangsläufig überhöhte, verallgemeinerte Form. Z. B. ist eine Geste im Theater immer größer geführt als im Fernsehen. Arrangements, Gänge und Positionen in der Fernsehinszenierung werden von der Kamera bestimmt, während sie auf der Bühne ein wichtiger Faktor sind. Dort z. B. ist die Distanz zweier Menschen ein erzählendes Arrangement.[36]

Durch eine gezielte Schauspielerführung versucht Langhoff in seinen Theateraufzeichnungen, die auf der Bühne mögliche Intensität schauspielerischer Arbeit mit den optischen Möglichkeiten des Fernsehens zu verbinden. Das "Medium" Kamera wird dabei zum sinnlichen Bezugsobjekt, zum "Partner" für den Schauspieler". Die "Annahme" dieses Partners" durch den "gestisch und sprachlich vorbereitete(n) Schauspieler" ist wesentliche Voraussetzung für das Gelingen einer adäquaten Adaption der Theatervorlage.[37]

---

33 Ebda. S. 16ff.
34 Vgl. Anm. 19.
35 Das Verhängnis falscher Ideale (Anm. 31).
36 Thomas Langhoff zit. in: FF dabei. Nr. 47. 1983. o. S.
37 Thomas Langhoff in: Funke: Der Schauspieler und das Medium (Anm. 20). S. 11.

Der in vielen Medien - Theater, Film, Fernsehen - geübte Schauspieler bringt selbstverständlich die besten Voraussetzungen mit für diese Form intermedialer Produktion, die die Fernsehaufzeichnung letztlich darstellt. An dieser Stelle sei nur kurz darauf verwiesen, daß innerhalb des kulturellen Systems der ehemaligen DDR diese Form multimedialer Praxis bereits sehr früh gefördert wurde. Die Mehrzahl der DDR-Schauspieler/innen, mit denen Thomas Langhoff seine Fernsehspiele und -filme drehte, spielten gleichzeitig am (Deutschen und Maxim Gorki) Theater.

Soweit ich sie bis zu diesem Punkt umrissen habe, könnte Langhoffs Aufzeichnungspraxis als eine 'idealtypische' Form der Theateraufzeichnung bezeichnet werden. Unspektakulär, weil der Originalvorlage lediglich dienend, und dennoch äußerst professionell, was das '(Er-)Finden' einer 'dem Original adäquaten' Folge von Fernsehbildern und die gezielte Bearbeitung der Regieanweisungen für die Schauspieler betrifft, wird sie dem Anspruch der Dokumentation ebenso gerecht, wie dem Anspruch einer "fernsehgerechten" Umsetzung von Theater.

An manchen Stellen geht die Bearbeitung der Inszenierungsvorlage für den Bildschirm jedoch über das Beschriebene hinaus, die Aufzeichnung wird filmisch. Hierzu zwei Beispiele:

Im Zweiten Akt der Münchner Inszenierung von Ibsens *Die Frau vom Meer* nutzt Langhoff in der Dialogszene zwischen Ellida und ihrem Mann, Dr. Wangel, die Parallelmontage von Nahaufnahmen der Schauspieler, um das emotionale Verhältnis der beiden zu erhellen. Die Kamera zeigt die Dialogpartner abwechselnd im Profil, und zwar - entgegen dem für die filmische Auflösung von Dialogen üblichen Schema - nur von einer Seite, nicht einander zugewandt. Erst mit der inneren Zuwendung der Partner, wenden sie sich auch filmbildlich einander zu. Die Kameraführung dient in diesem Fall dazu, die Distanz bzw. Annäherung zwischen den Ehepartnern zu unterstreichen. An anderen Stellen setzt Langhoff die Wahl der Kameraperspektive (Auf- bzw. Untersicht) gezielt dazu ein, die zum Teil wechselnden hierarchischen (Macht-) Verhältnisse zwischen den Akteuren zu artikulieren.

In der Gerichtsszene der Berliner Inszenierung von Kleists *Der zerbrochene Krug* rückt Langhoff die Figur der Eve ins Blickfeld, noch lange bevor sie als aktiv Handelnde, am Dialog Beteiligte für die theatralische Handlung bedeutsam wird (vgl. Abb. 1-2). Eve, als der eigentlich zu verhandelnde 'Gegenstand' im Gerichtssaal, erscheint zunächst im Hintergrund. Ihr Standpunkt auf der Bühne entspricht jedoch zugleich dem Knoten- oder Zielpunkt der zentralperspektivischen Konstruktion des Fernsehbildes, jenem Punkt, in dem sich sämtliche Linien des achsialen Gefüges der Bildkomposition überschneiden. Die Aufmerksamkeit des Fernsehzuschauers wird so unterschwellig auf die Figur der Eve gelenkt. Mit fortschreitender Handlung erscheint Eve dann, als emotional involviertes, auf die Vorgänge auf der Bühne sichtbar reagierendes Subjekt im Vordergrund. Die Nähe dieser Figur und ihre Stellung im Raum, die im Profil oder Halbprofil 'gemeinsam' mit dem Zuschauer von vorne auf das Geschehen im Gerichtssaal blickt, ist wiederum auf die Hervorhebung emotionaler, psychischer Vorgänge gerichtet. Sie impliziert dabei zugleich ein Angebot für den Fernsehzuschauer, sich mit dieser dargestellten Person zu identifizieren.

Abb.1-2: *Der zerbrochene Krug*, ZDF 17.09.1991

Langhoff bedient sich in diesen Sequenzen filmischer Mittel, die er ganz gezielt einsetzt, um die Intention der Bühneninszenierung zu unterstreichen. Theatrales und Filmisches verschmelzen an diesen Stellen als gleichberechtigte Elemente zu einem Mischprodukt von eigenem Aussagewert, in dem die 'schönen' Bilder zugleich, über das Transportierte hinaus, 'gehaltvoll' werden. Die 'Re-Inszenierung' oder 'Weiterinszenierung' der Bühnenaufführung mit den Mitteln des Films ist, wie aus dem oben angeführten Langhoff-Zitat bereits hervorging, mit einer Psychologisierung der Vorgänge auf der Bühne verbunden. Dabei wird der Fernsehzuschauer mittelbar über das in der Nahaufnahme hervorgehobene, für die Fernsehkamera veränderte Spiel der Darsteller, an manchen Stellen aber auch unmittelbar über den Einsatz von im Spielfilm erprobten identifikatorischen Momenten der Kameraführung in das Bühnengeschehen involviert. Hervorzuheben sind in diesem Zusammenhang vor allem auch die Einleitungsszenen von Langhoffs Fernsehaufzeichnungen.

Die Salzburger Inszenierung von Grillparzers *Jüdin von Toledo* beginnt mit einem Prolog vor der Bühne, vor dem, mit einem Seil zum Bühnenraum abgetrennten, als steil ansteigende, grün ausgeschlagene Fläche stilisierten, königlichen Garten zu Toledo. In der Aufzeichnung der *Aktuellen Inszenierung* erscheint die Jüdin Rahel, gefolgt von Vater und Schwester, anders als in Inszenierungsaufzeichnungen gemeinhin üblich, direkt in der Großaufnahme vor der Kamera, bevor sie, entgegen dem ausdrücklichen Verbot und vom Fluch des Vaters begleitet, den königlichen Garten im hinteren Bühnenraum betritt (vgl. Abb. 3-4). Die in der Bühnenaufführung inszenierte Nähe der szenischen Exposition zum Zuschauerraum hat Langhoff an dieser Stelle in einen direkten Dialog mit der Kamera umgesetzt. Die Aufmerksamkeit des Fernsehzuschauers wird so an die Protagonistin gebunden, um sie, in einem weiteren Schritt, zum Geschehen auf der Bühne überzuleiten.

Noch deutlicher setzt Langhoff in den Einleitungssequenzen der bereits erwähnten Inszenierung des *Zerbrochenen Krugs* und der Berliner Inszenierung von Hauptmanns *Der Biberpelz* die Möglichkeiten des Films dazu ein, den Fernsehzuschauer unmittelbar in das Bühnengeschehen hineinzuziehen, wobei er einen der wenigen 'phantastischen' Momente in seinen Inszenierungen unterstreicht: Im *Zerbrochenen Krug* folgt die Kamera einem schmalen Lichtstrahl durch den tiefdunklen Bühnenraum, bis die verängstigte Figur des Dorfrichters Adam hoch oben an einem seitlichen Fenster, von dem ein Strick herabhängt, schemenhaft erkennbar wird. Ein verzweifelter, an den

Theater (wie) für das Fernsehen geschaffen 95

Rand gedrängter Mensch wird da für einen verlängerten Augenblick sichtbar.38 In der Überblendung erscheint eine Magd, diese erschrickt, verschwindet wieder. Adam fällt. Die Kamera zeigt ihn in der Großaufnahme auf dem Boden liegend, als er seinen Monolog beginnt. Als er sich aufrichtet, fällt jäh helles Licht auf die Szene. Der Gerichtsdiener Licht tritt auf ... .

Abb. 3-4: *Die Jüdin von Toledo*, ZDF 15.1.1991

Eine vergleichbare (alp-)traumartige Szene finden wir zu Beginn der Aufzeichnung des *Biberpelz* (vgl. Abb. 5-6). Langhoff zeigt hier eine der Töchter der Mutter Wolffen in der Großaufnahme, schlafend, bei gedämpftem, flackerndem Licht, das die Unruhe der Schlafenden noch unter-

---

38 Vgl. Göpfert, Hans Peter: Der Staat als Gentleman. In: General Anzeiger Bonn. 5.12.1990.

streicht. Begleitet von einem eindringlichen, an- und abschwellenden Geräusch redet die durch Hall verfremdete Stimme der Mutter Wolffen aus dem 'Off' erbarmungslos auf die, sich verzweifelt wehrende, Schlafende ein. Auch diese Szene endet mit dem jähen 'Erwachen' der Figur. Schnitt. Der Bühnenaufbau der Stube der Mutter Wolffen erscheint in der Totale, es ist Tag, das Theater beginnt... .

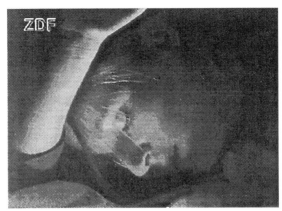

Abb. 5-6: *Der Biberpelz*, ZDF 25.1.1994

In diesen Sequenzen gelingt es Langhoff, eine intime Spannung zu erzeugen, die ansonsten nur im Film, nur mit den Mitteln des Films erreichbar ist. Sie mögen als 'Aufhänger' dienen, als 'Attraktion', die die Funktion hat, den Fernsehzuschauer zur Teilhabe am nachfolgend präsentierten 'Theater' zu motivieren - eine mögliche Konzession an die veränderten Sehgewohnheiten des Fernseh-Theater-Publikums. Die filmische Lösung mancher Szenen ist jedoch, und hier komme ich zu meiner zweiten These, in der Inszenierung bereits angelegt. Langhoff selbst spricht von einem "deutliche(n) Einfluß", der "vom Film auf das Theater" gewirkt habe. "Filmisches Denken", habe mit Sicherheit auch seine "Arbeit auf dem Theater" ganz wesentlich beeinflußt.[39]

Thomas Langhoffs Theaterinszenierungen sind in keiner Weise 'filmisch' in dem Sinne, daß sie filmische Strukturen und Montageprinzipien auf die Bühne übertragen - ein Verfahren, das wir beispielsweise in den Theaterarbeiten eines Robert Wilson finden.[40]

Verglichen mit diesem und vergleichbaren Ansätzen des 'postmodernen Theaters', aber auch mit dem Regietheater der siebziger Jahre, arbeitet Langhoff eher konventionell. Langhoff macht Schauspielertheater, das sich sehr stark an der dramatischen Textvorlage orientiert und bei dem die Spuren des Regisseurs weitgehend verschwinden. Die Einflüsse seiner Regie-Tätigkeit in Film und Fernsehen auf seine Arbeit als Theaterregisseur äußern sich vielmehr im 'filmischen Blick', mit dem er seine Inszenierungen anlegt.

Dies beginnt bereits bei der Stoffauswahl. Die in Langhoffs Fernseh(spiel)inszenierungen sichtbar werdende Vorliebe für Dramatiker des 19. Jahrhunderts setzt sich in seinen Theaterinszenierungen fort. Neben 'Klassikern' wie Kleist, Goethe und Shakespeare hat Langhoff vor allem Stücke von Tschechow, Ibsen, Hauptmann und Strindberg zunächst für das Fernsehen, später für die Bühne inszeniert. Auf der Suche nach "Literatur, die sich eignet, in ein optisches Medium überführt zu werden"[41] fand er bei diesen Dramenautoren die meisten "Berührungspunkte zwischen Theater und Kamera"[42]. Einige Stücke stellen seiner Ansicht nach sogar eine direkte Herausforderung für das Fernsehen dar:

> Wenn man beispielsweise Strindbergs theatertheoretische Schriften und seine Regieanweisungen liest (...) sieht man, daß da der Sprung zur Kamera schon vorgedacht ist. Und ich bin überzeugt, Ibsen, Strindberg oder einige andere würden heute Drehbücher schreiben, weil sie so ihre Absichten am besten verwirklichen können.[43]

---

39 Thomas Langhoff, ebda.
40 Vgl. Finter, Helga: Das Kameraauge des postmodernen Theaters. In: Christian W. Thomsen (Hrsg.): Studien zur Ästhetik des Gegenwartstheaters. Heidelberg 1985, S. 46-70.
41 Thomas Langhoff in: Fernsehdienst. 8.-14.1.1979. o. S.
42 Langhoff, Thomas: Fernsehkunst (Anm. 19).
43 Thomas Langhoff in: Funke: Der Schauspieler und das Medium (Anm. 20).

Die Fernseheignung der realistischen Bühnendramatik des 19. Jahrhunderts wurde im Rahmen der Diskussion um 'Theater im Fernsehen' immer wieder mit der aus der Reportagefunktion des Fernsehens abgeleiteten "Realismusformel" begründet, die das Fernsehen als ein in erster Linie "realistisches Medium" definiert. So resümierte Rühle: "Die Masse der Theaterstücke im Fernsehen sind oder werden realistisch, weil jede Großaufnahme schnell psychologisiert", d. h. aus der Spielrealität wird, in dem Moment wo sie als durch die Fernsehkamera vermittelte Realität auf dem Bildschirm erscheint, die Alltagsrealität wirklicher Menschen.[44]

Eine Bühnendramatik eines Ibsen oder eines Tschechow, bei der sich der Realismus der Darstellung mit einer psychologischen Motivierung der Handlung paart, scheint unter diesen Voraussetzungen die idealen Bedingungen für die mediale Adaption zu bieten. Die Möglichkeit der Übertragung von Langhoffs Theaterinszenierung auf dem Bildschirm ist somit bereits in der Auswahl der Bühnenstücke weitgehend angelegt; sie wird durch die dramaturgische Umsetzung untermauert, die sämtliche Inszenierungsvorlagen, auch den Klassizismus eines Grillparzer (*Die Jüdin von Toledo*), in einen, an einigen Stellen durch einen Gestus des Zeigens gebrochenen, psychologischen Realismus der Darstellung überführt.[45]

Im Zentrum steht dabei der Schauspieler. Dramatische Geschichten über Schauspieler zu erzählen, zum literarisch fixierten Text körperliche "Handlungen" zu erfinden: die Wieder-Entdeckung der physischen Möglichkeiten des Darstellers, über die körperliche Arbeit Texte sinnlich aufschließen zu können, ist eines der wesentlichen Momente von Langhoffs Theaterarbeit.[46] Langhoffs Schauspielerführung ist nicht nur auf die gestische Auslegung des Textes gerichtet, er "läßt durch die Schauspieler zeigen, daß der dramatische Dialog ein ganz bestimmtes körperliches Verhalten zur Voraussetzung hat"[47], in dem die psychologischen Motive der Handlung erkennbar werden. Wenngleich soziale und moralische Motive neben psychologischen Elementen in seinen Inszenierungen "eine entscheidende Rolle"

---

44 Rühle: Das größte Theater der Welt (Anm. 5).
45 Rohde, Gerhard: Der verliebte Bürgerdichter. In: Frankfurter Allgmeine Zeitung. 13.8.1990.
46 Christoph Funke in: Ders.: Der Schauspieler und das Medium (Anm. 20). S. 10f; Ders.: Begeisterung für zwei Medien. Arbeit für Theater und Fernsehen. In: Der Morgen. 17.7.1980. o. S.
47 Ebda.

spielen[48], "engt" Langhoff seine Figuren "nicht auf das Soziologische ein", "demontiert" sie nicht zu "Demonstrationsobjekten"[49]. Langhoff zeichnet Figuren-Verkörperungen und Beziehungen vielmehr in ihrer äußersten Differenziertheit und Ambivalenz[50], das heißt, daß sich die Schauspieler in einem Zwischenraum zwischen Distanzierung und Identifikation zu 'ihren' Figuren bewegen.[51] Diese Tendenz, "im Spiel, in der Gestaltung der Körpersprache innere Begründungen für ein bestimmtes Verhalten der Figur sichtbar zu machen"[52], finden wir, darauf hat Hickethier 1982 verwiesen, auch im Film - und im Fernsehspiel, das mit filmischen Mitteln arbeitet. An die Stelle der "heftige(n), bewegungsreiche(n) Herausstellung von Emotionen" tritt hier das "auf der Bühne und auch im Film vorgeführtes Zeigen der Unfertigkeit der Figuren, das Zeigen von Zögern, Suchen, von Angst und Unsicherheit."[53] Die Antinomie zwischen "Natürlichkeit" als Kriterium für die Plausibilität der Darstellung in den Medien und "theatralen Darstellungsweisen"[54] scheint hier aufgehoben.

"Filmisches Denken, das stark vom Optischen geprägt ist" schlägt sich auch in der Gestaltung des Bühnenraums von Langhoffs Theaterinszenierungen nieder, in der Suche nach einem "optischen Rahmen", in dem sich die dramatische Handlung bewegen kann.[55] Dem szenischen Raum, der, als "für die Schauspieler geschaffener" Aktionsraum, in der Umwelt der Figuren bereits wichtige Voraussetzungen dafür schafft, Geschichten sinnlich zu erzählen, kommt in Langhoffs Theaterinszenierungen eine besondere Bedeutung zu. "Den Umgang mit dem Raum und den Umgang mit dem Licht" hat Langhoff vom Film gelernt. In seinen Bühneninszenierungen versucht er, "diese Erfahrungen auf die Theater-Arbeit zu übertragen".[56]

In den geschilderten Eingangssequenzen der Aufzeichnungen der Berliner Inszenierung *Der zerbrochene Krug* und *Der Biberpelz* wird das Licht zum

---

48 Pietzsch, Ingeborg: Thomas Langhoff. Schauspieler, Regisseur, Intendant. Berlin 1993, S. 14.
49 Ebda.
50 Vgl. Raab, Michael: Thomas Langhoff. In: Frankfurter Allgemeine Magazin. 28.9.1990. S. 10-17. - Vgl. auch Pietzsch: Thomas Langhoff (Anm. 48). S. 14.
51 Vgl. Langhoff in: Raab: Thomas Langhoff (Anm. 50).
52 Hickethier: Das Zucken im Mundwinkel (Anm. 32). S. 18.
53 Ebda. S. 28.
54 Ebda. S. 18.
55 Langhoff in: Funke: Der Schauspieler und das Medium (Anm. 20).
56 Ebda.

wesentlichen Träger für die Gestaltung des Bühnenraums - und für dessen filmbildliche Umsetzung. Der sehr gezielte Einsatz von Licht, das "einen Raum 'erzählen', und ein Umfeld schaffen kann"[57], ist Kennzeichen aller Langhoff-Inszenierungen; wenn auch nicht immer so ausgeklügelt, wie in der Salzburger Inszenierung der *Jüdin von Toledo*, in der Langhoff nach eigener Aussage, mit der "raffinierteste(n) Lichttechnik" arbeitete, die er "je angewandt" hat[58].

Seine Raumentwürfe sind gekennzeichnet durch eine stringente Arbeit mit dem "Bild", bei der szenische Bilder gleichermaßen zum Transporteur für bestimmte "Stimmungen" und "künstlerisch erzeugte Gefühlslagen", zum Teil der Deutung wie zum optischen Erlebnis werden.[59] Beim Theater geht Langhoff - wie beim Film - "ganz stark vom Optischen" aus, wobei seine "Bezogenheit zur Bildenden Kunst", als Quelle der "Bereicherung" und "Anregungen" für die Bildgestaltung seiner Arbeiten, eine besondere Rolle spielt.

Abb. 7: *Haus Herzenstod*, ZDF 27.12.1992

---

57 Ebda.
58 Langhoff in: Raab: Thomas Langhoff (Anm. 50). S. 16.
59 Christoph Funke in: Ders.: Der Schauspieler und das Medium (Anm. 20). S. 12.

Theater (wie) für das Fernsehen geschaffen

Abb. 8-10: *Lorenzaccio*, ZDF 19.07.1987

Langhoff arbeitet mit zentralperspektivischen Kompositionen (in der Gerichtsszene der Berliner Inszenierungen *Der zerbrochene Krug*, *Der Biberpelz* und der Salzburger Inszenierung *Die Jüdin von Toledo*), mit in üppigen Farbvaleurs abgestuften Genrebildern (in den Münchner Inszenierungen von Lessings *Emilia Galotti* und de Mussets *Lorenzaccio*) oder mit geometrisch-abstrakten, Bühnenkompositionen, in denen die von der Gegenständlichkeit abgelöste Farbe, neben vereinzelten, gezielt als Spielräume im Raum arrangierten 'symbolischen' Accessoires der Bühnenhandlung, einen Eigenwert erhält (in der Berliner Inszenierung von Shaws *Haus Herzenstod* und der Münchner Inszenierung von Ibsens *Die Frau vom Meer*). In der Münchner Inszenierung des *Lorenzaccio* verdichten sich die kunsthistorischen Anleihen zu einem sich wandelnden "Gemälde" mit "doppelten Böden und versetzten Ebenen", in dem Langhoff und der Bühnenbildner Jürgen Rose in wechselnden Tableaus, Bildzitate aus der Renaissance und der Pariser Belle-Epoque wie "Farbschicht(en)" übereinanderlegen (vgl. Abb. 8-10).[60]

In der ähnlich variablen, licht weißen, sich in die Bühnentiefe ausdehnenden Guckkastenbühne der Salzburger Inszenierung der *Jüdin von Toledo*[61] werden die Figuren zu "erlesenen Tableaus"[62] arrangiert (vgl. Abb. 11-12). Den Auftritt des spanischen Königs inszeniert Langhoff "als lebendiges Gemälde."[63]

Die "Bildhaftigkeit" der Theatervorlage, gepaart mit einem, an mancher Stelle reduziert, aber sehr gezielt eingesetzten, an anderer Stelle überbordenden Einsatz optischen Details, ist m.E. ein weiteres entscheidendes Kriterium für die 'Fernseheignung' von Langhoffs Theaterarbeit. Der Entwurf 'schöner' Bilder ist ebenso, wie die optische Hervorhebung bedeutungsvoller Details, in Langhoffs Bühnen(bild)kompositionen bereits angelegt. Der, bezogen auf die Umsetzung der Inszenierung insgesamt reduzierte, aber sehr gezielte, Einsatz filmischer Techniken in Thomas Langhoffs Theateraufzeichnungen, läßt sich durchaus - im Sinne Rühles - als ein Versuch werten, eine Situation für den Fernsehzuschauer zu schaffen, die zumindest annähernd "dem kollektiven Erlebnis einer Theateraufführung entspricht"[64]. Als Theaterregisseur

---

60 Skasa, Michael: Von der Freiheit zerdrückt. In: Die Zeit. 18.10.1985.
61 Sucher, C. Bernd: Ein Opfer - geschlachtet aus Staatsraison. In: Süddeutsche Zeitung. 18.12.1991.
62 Langhoff in: Raab: Thomas Langhoff (Anm. 19). S. 15.
63 Sucher: Ein Opfer - geschlachtet aus Staatsraison (Anm. 61).
64 Christoph Funke in: Ders.: Der Schauspieler und das Medium (Anm. 20). S. 11.

arbeitet Langhoff mit äußerster Präzision. "Nichts ist zufällig in einer Langhoff-Inszenierung: Licht, Szenenbild, Kostüm, Ton", die Gestaltung der Figuren durch die Schauspieler bis in die kleinste Nebenrolle - "alles wird genauestens geführt, gezielt eingesetzt, um die Aussage zu unterstützen, zu befördern."[65] Auch in diesem Punkt läßt sich eine Konvergenz von Langhoffs Theater- und Fernseharbeiten erkennen.

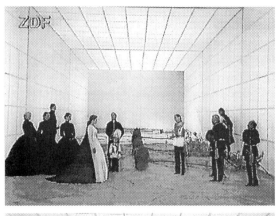

Abb. 11-12: *Die Jüdin von Toledo*, ZDF 15.1.1991

---

65 Hoyer, Gisela: Fontane im Fernsehen. In: Der Morgen. 19.12.1982. o. S.

In Langhoffs Fernsehfilmen trifft man immer wieder auch auf "Sätze, auf die man sehr genau hören muß, um sie wirklich zu verstehen", auf "Bilder, die man ebenso genau sehen muß, um sich ein Bild zu machen."[66] Mit der bis ins Detail gehenden Ausarbeitung seiner Produktionen stellt Langhoff durchaus Ansprüche an das Fernsehpublikum, fordert von ihm "aufmerksame Mitarbeit", "Konzentrationsvermögen"[67] - nicht zuletzt, um dem "Anspruch des Fernsehens auf leicht reflektierbare Kunst"[68] und der damit einhergehenden, "zunehmenden Nivellierung" unserer "Sehgewohnheiten"[69] entgegenzuwirken. Wenn Langhoff in den Aufzeichnungen seiner Theaterinszenierungen dem Publikum 'schöne' Fernsehbilder liefert, ja dieses bisweilen in das Bühnengeschehen involviert, und somit - vordergründig gesehen - seinen Rezeptionsgewohnheiten entgegenkommt, so erfordern sie dennoch einen Zuschauer, der nicht allein konsumiert sondern aktiv teilnimmt, Sinn (re)konstruiert. Als Theater- und Fernsehregisseur seiner Inszenierungen hat Langhoff eine Aufzeichnungspraxis entwickelt, die sich den Bedingungen des Mediums Fernsehen anpaßt, sie gezielt einsetzt, um die Intentionen der Inszenierung zu unterstreichen; die punktuell sogar die Theateraufführung mit den Mitteln des Fernsehens weiterinszeniert: Eine "fernsehgemäße" Wiedergabe einer Theaterinszenierung unter Ausnutzung aller kamera- und schauspieltechnischen Möglichkeiten, aber keine Fernsehfassung einer Theaterinszenierung im Sinne einer fernsehspielartigen Aufzeichnung, wie wir sie bei Rainer Ecke finden."Fernsehgerechtes Theater" - eine Umsetzung, die beiden Medien gerecht wird, verbunden mit einer anspruchsvollen Haltung, die vor dem Hintergrund der Produktionsbedingungen und des Selbstverständnisses des Fernsehens und des Theaters der ehemaligen DDR entstanden ist. Läßt sie sich auf die Fernsehlandschaft des wiedervereinigten Deutschland in der (internationalen) Medienkonkurrenz übertragen?

---

66 Schütt, Hans-Dieter: Wieviel Härte es kosten kann: In: Film und Fernsehen. H. 8. 1980, S. 10-11.
67 Thomas Langhoff zitiert in: Hoyer: Fontane im Fernsehen (Anm. 65).
68 Langhoff in: Funke: Der Schauspieler und das Medium (Anm. 20). S. 12.
69 Thomas Langhoff zitiert in: Hoyer: Fontane im Fernsehen (Anm. 65).

Stephan Becker

Die vermittelte Unmittelbarkeit.
Kleiner Mann, was nun? Theater im Fernsehen und mediale Ausdifferenzierung

Wie bereits im Vortrag von Peter Seibert angedeutet, kann die heutige Situation von Theater und Fernsehen als Ergebnis einer Entwicklung beschrieben werden, die sich nicht erst seit der Einführung des dualen System abzeichnet. Bereits Anfang der siebziger Jahre wurden Konzepte und Überlegungen vorgestellt, die die zunehmende ästhetische Ausdifferenzierung der Medien zum wesentlichen Faktor der Gestaltung des Programmsegments Theater im Fernsehen machten.

Während das ZDF mit seiner neuen Reihe *Die aktuelle Inszenierung* weiterhin auf die Dokumentation von Theater im Fernsehen setzte, lehnte man beim WDR Aufzeichnungen für das ARD-Programm ab und verlagerte die Theaterdokumentation vom Ersten ins Dritte. Für das Gemeinschaftsprogramm suchte man in Zusammenarbeit mit Theatern und Regisseuren andere Lösungen, die sowohl der Bühneninszenierung als auch den Anforderungen des Fernsehens und den Erwartungshaltungen seiner Zuschauer gerecht werden sollten. Ganz bewußt definierten sich die ästhetischen Resultate dieser Kooperation als intermediale Produkte mit ganz unterschiedlicher Gewichtung. Während z. B. bei der Studioproduktion der *Optimistischen Tragödie* von Wischnewski, in der Inszenierung von Peter Stein, "Fernsehen in der Relation zum Theater etwas Sekundäres" blieb, und insgesamt nichts zu sehen war, "was im Theater nicht auch zu sehen gewesen wäre", konnte man bei Peter Zadeks Fernsehfassung der Fallada-Revue *Kleiner Mann, was nun?* "Großeinstellungen und Schnittfolgen sehen, die ganz filmisch" waren, gingen die Änderungen "über die für das Fernsehen notwendige Kürzung der Aufführung (...) weit hinaus."[1]

---

1 Canaris führt noch weitere Beispiele auf: Zadek gibt die "Distanz des Zuschauers vor der Rampe" auf, produziert nach den produktionsökonomischsten Reihenfolge, nach Dekorationen, setzt Parallelmontagen ein, Lämmchen wird in der Fernsehfassung beim Einkaufen gezeigt, während Marie und Kleinholtz über sie lästern, etc. Vgl. Canaris, Volker: Theater ist nicht immer live - aber Film und Fernsehen sind immer synthetisch. In: Theater heute. H. 9. 1973, S. 24-26. Hier: S. 25.

Die zwangsläufigen Änderungen beim Transport ins Fernsehen konnten durch die Personalunion von Theater- und Fernsehregie analog zum Inszenierungskonzept umgesetzt werden und verstanden sich eben nicht als mediale Notlösungen mit den so häufig beklagten ästhetischen Einbußen gegenüber der Theaterfassung.

Darum war es auch kein Zufall, daß der Medienkritiker Karl Günter Simon vor allem am Beispiel der Kooperation zwischen dem WDR und dem Bochumer Schauspielhaus ein Modell vorstellte, das für die engere Zusammenarbeit von Theater und Fernsehen plädierte und eine Symbiose der beiden Medien nicht nur für möglich, sondern auch für dringlich hielt. Er nannte sie nach ihrem profiliertesten Vertreter: Der Zadek-Effekt.[2]

Simon, der bewußt gegen die Position Rischbieters argumentierte, vertrat die Ansicht, daß man der ästhetischen Ausdifferenzierung durch engere Kooperation begegnen könne, die, bezogen auf das Programmsegment Theater im Fernsehen, Medienentdifferenzierung zum Ziel haben müsse. Dabei machte er sich durchaus die Argumentation der WDR-Fernsehspielabteilung zu eigen, daß man "die Vorherrschaft des Theatralischen im Fernsehen abbauen" müsse, da damit "das fernsehtrainierte Fernseh-Publikum nicht mehr zufrieden" sei. Die Rezeption habe sich verändert, folglich müsse die Symbiose auch früher beginnen, kolportierte Simon die Aussagen des WDR-Fernsehspielchefs Günter Rohrbach.[3]

Daß aber nicht nur das Fernsehen 'fernsehspezifischer', sondern auch das Theater 'theaterspezifischer' geworden war, erschwerte als zusätzliche Komplikation die Beziehung der Medien. Vor allem die 'Unmittelbarkeit' des Theaterereignisses wurde zum Gegenstand einer breiten Abgrenzungsdebatte im intermedialen Verhältnis und zu einem wesentlichen Aspekt vieler Inszenierungskonzepte. Die 'Unmittelbarkeit' wurde damit auch zum zentralen Problem der Umsetzungsstrategien für Theater im Fernsehen, wie ich am Beispiel der Inszenierung von *Kleiner Mann, was nun?* aufzeigen möchte.

Schlüsselszene für den Stellenwert der 'Unmittelbarkeit' in der Bochumer Inszenierung von Peter Zadek ist der 'Sturz' Hannelore Hogers (als hochschwangeres, erschöpftes Lämmchen auf vergeblicher Wohnungssuche) im Zuschauersaal und der Versuch eines Zuschauers, ihr wieder auf die Beine zu helfen. Zadek inszenierte hier die' Unmittelbarkeit' der Bühne so hautnah,

---

2 Simon, Karl Günter: Der Zadek-Effekt. In: Theater heute. H. 9. 1974, S. 6-11.
3 Ebda. S. 8.

daß die Theaterzuschauer zwischen der fiktiven und der konkreten Situation nicht mehr unterscheiden konnten.[4]

Eigentlich hätte es diese Szene gar nicht im Fernsehen geben dürfen, denn die Produktion war ursprünglich als reine Studioinszenierung mit 16 Produktionstagen geplant. Doch Peter Zadek entschied sich - kurzfristig vor Produktionsbeginn und auf die von ihm schon oft erprobte Flexibilität des Kölner Senders bauend -, zusätzlich vier Abende im Bochumer Schauspielhaus aufzunehmen. Die Mitschnitte im Theater sollten dabei der Vermittlung der 'Unmittelbarkeit' des Bühnenereignisses für den Fernsehzuschauer dienen. Durch die Übernahme des Geschehens im Zuschauerraum, die die Interaktion zwischen Darstellern und Publikum zeigte, wurde der Theaterzuschauer nicht nur Teil der Fernsehfassung, sondern auch zum unmittelbaren Beobachter des Ereignisses für das Fernsehpublikum beim Medienwechsel - der theatrale Rahmen blieb in der Fernsehfassung präsent.

Die Besonderheit der Fernsehproduktion *Kleiner Mann, was nun?* liegt darin, daß sie zugleich konstitutive Merkmale der Typen Aufzeichnung und Adaption[5] innerhalb einer Mischform verbindet. Sie zeichnet sich aus Sicht des Fernsehzuschauers vor allem durch den Wechsel der 'Erzählperspektiven' aus. Denn Zadek erreichte durch Großaufnahmen von Blicken, Details und Reaktionen nicht nur die schnelle Konzentration auf die Geschichte von Pinneberg und Lämmchen, sondern auch die schnelle Desillusion, indem er immer wieder zeigte, daß es eine (auf der Bühne perfekt funktionierende) fiktive und manipulierte Geschichte war.

Die Eingangssequenzen führen den Fernsehzuschauer in die medialen Rahmenbedingungen des Theaters ein und zeigen die Anordnung von Bühne und Zuschauerraum: der vollbesetzte Saal, der Vorhang, beides zusammen und durch Schuß und Gegenschuß mit diagonalem Blickwinkel wird eine räumliche Orientierung möglich.

Durch den Geräuschpegel im Saal, aber auch durch die zeigende Hand eines Zuschauers und die letzten Gäste, die ihren Platz suchen, zeigt Zadek dem Fernsehzuschauer ein aktives, auf das Ereignis gespanntes Theaterpubli-

---

4   Es ließ sich nicht rekonstruieren, ob es jeden Abend zu einer vergleichbaren Situation kam. Aber allein die Tatsache, daß es an den vier Abenden zumindest einmal passierte und Zadek bewußt diese Reaktion in die Fernsehfassung aufnahm, verdeutlicht den Stellenwert der Szene.
5   Hier verstanden als Präsenz und Absenz des bühnentheatralen Rahmens.

kum. Zum Schluß rundet das Verlöschen der Lichter, das Öffnen des Vorhangs und das Aufflammen der Spots das bühnentheatrale Ritual ab.

Mit dem Blick hinter die Kulissen, der dem Theaterzuschauer verwehrt bleibt, etabliert Zadek eine eigene Perspektive für den Fernsehzuschauer. Fast eine Minute lang starrt dabei die Kamera unverändert auf die Beine der Damen vom Ballett. Zadek versucht hier beim Medienwechsel, als Entsprechung der Spannung der Theaterbesucher, auch im Fernsehen eine Erwartungshaltung zu erzeugen. Er beginnt *Kleiner Mann, was nun?* mit einem optischen Aufreißer, der (spätestens wenn das Ballett tatsächlich auf die Bühne kommt) sich als desavouierendes Moment enttarnt.[6]

Doch Zadek gibt in dieser Einstellung nicht nur einen erotisch-voyeuristischen Anreiz für den Fernsehzuschauer. Zusätzlich erweckt er den Eindruck, daß es sich um eine Live-Übertragung handelt. Die Mikrophonstimme des Bühneninspizienten informiert die Mitwirkenden über die exakte Zeit: "Es ist 20 Uhr und 16 Minuten, 20 - Uhr - 16"- analog zur tatsächlichen Sendezeit, der um 20.15 Uhr begonnenen Ausstrahlung. Damit tritt zu den Produktionstypen Studioinszenierung und Aufzeichnung auch noch der (fingierte) Präsentationstyp Live-Übertragung und Zadek imaginiert hier die Möglichkeit des Fernsehens, Theater in Form von temporaler 'Unmittelbarkeit' zu vermitteln.

Nimmt man die Theateratmosphäre, das Warten der Beteiligten und Zuschauer, das Bühnenritual hinzu, so wird deutlich, daß Zadek mit der Eingangssequenz versucht, den Ereignischarakter und damit auch die 'Unmittelbarkeit' für den Fernsehzuschauer zu transportieren: direkt über die Animation und Imagination beim Blick hinter die Kulissen und indirekt über das Bochumer Theaterpublikum.

Auch weiterhin wird Live-Atmosphäre durch Bild und Ton vermittelt, indem die räumliche und zeitliche Kontinuität der Bühneninszenierung gewahrt bleibt: Der Beginn des musikalischen Vorspiels von Erwin Bootz, der Über-

---

6   Dieses ganz entscheidende Moment der Inszenierung "scheiterte" beim Medienwechsel, so Volker Canaris später, denn das Ballett sollte keinesfalls "perfekt" wirken, sondern die Glamourwelt ironisch als "Talmi-Welt" darstellen. Im Vergleich zur Fernsehunterhaltung erschienen die Szenen "dilettantisch" und nicht mehr "ironisch" (vgl. Canaris; Volker: Theater ist im Fernsehen nur unvollkommen zu vermitteln. In: Theater heute. H. 9. 1976, S. 24-29. Hier: S. 26). Doch auch auf dem Theater war nicht allen Kritikern die Ironie vollständig klar geworden, denn Hans Schwab-Felisch schrieb in der *Frankfurter Allgemeinen Zeitung* vom 25.09.1972: "An der Provinzialität des Balletts läßt sich wohl kaum etwas ändern. Sie muß man in Kauf nehmen."

gang zur ersten Spielszene zitieren ebenso die dokumentarische Aufzeichnungspraxis wie die verminderte Bild-, Ton- und Farbqualität. Gleiches gilt für die Verwendung des typischen Bild-Schnitts der MAZ-Produktion (es wird von einer Kameraposition zur anderen umgeschaltet), den weichen Überblendungen und dem Einsatz des Zooms, dem kameratechnischen Gestaltungsmittel dokumentarischer Aufzeichnungsformen schlechthin.

Der Revueteil dagegen wird völlig entgegengesetzt präsentiert. Der Wechsel vollzieht sich in einem harten Tonbildschnitt. Die Umbaupause, der Lichtwechsel mit Abtritt und anschließendem Auftritt der Sängerin sind weggeschnitten. Mit einem Schlag wechseln Szenerie und Aufnahmetechnik: Helles Licht und bunte Farben, Kostüm und Bühnenbild signalisieren Show. Der Ton, vorher bemüht um die Akustik des Theaters, ist nun synthetisch, die Bildqualität perfekt. Titel und Bildschnitt richten sich rhythmisch nach der Musik. Die Kamera nimmt nicht mehr die Position eines idealen Theaterzuschauers ein, sondern erfaßt das Geschehen für den Fernsehzuschauer. Von der Bild- und Tongestaltung her ist die Szene identisch mit fernseheigenen Show- und Unterhaltungssendungen ihrer Zeit. Ganz deutlich wird die völlig unterschiedliche Präsentation, wenn man die Einstellungslängen vergleicht: Der erste Teil von ca. drei Minuten hat zehn Einstellungen, der Revueteil von einer Minute hat dagegen bereits sieben Einstellungen und die anschließende Spielszene in Mörschels Wohnküche kommt bei über drei Minuten sogar mit einer einzigen Einstellung aus.

Der Wechsel von 'Live-Theaterereignis' und 'filmischer Revueaufbereitung' sollte dabei kein Bruch, keine Provokation darstellen, wie in anderen Zadek-Produktionen *Rotmord* und *Pott*, sondern der Versuch einer 'ästhetischen Mediensymbiose' sein, die sowohl den Ansprüchen des Fernsehens als auch den spezifischen Besonderheiten der Bühne gerecht werden sollte. Unter dem Gesichtspunkt einer intermedialen Umsetzungsstrategie kann *Kleiner Mann, was nun?* als exemplarisches Resultat einer ambivalenten, durch Medient- und Medienausdifferenzierung geprägten Beziehung von Theater und Fernsehen gesehen werden.

Mit sechs Wiederholungen gehört *Kleiner Mann, was nun?* zu den 'erfolgreichsten' Fernseharbeiten Peter Zadeks und während in Bochum die Inszenierung 40 000 Zuschauer gesehen hatten, waren es im Fernsehen (ohne die Wiederholungen in den Dritten Programmen und 3sat) weit über 10 Millionen.

Die Einschaltquote bei der Erstausstrahlung 1973, an einem Samstag abend um 20.15 Uhr im 1. Programm, lag bei 22% und mag aus heutiger Sicht traumhaft erscheinen, doch der zuständige Dramaturg, Volker Canaris, konnte seine Enttäuschung aufgrund seines engagierten Einsatzes für das Theaterkonzept des WDR nicht verbergen, denn die Zuschauer "schalteten im Verlauf der Sendung in großer Zahl um zum ZDF-Programm, das ihnen 'echte' Fernsehunterhaltung bot - 'Stars in der Manege'"[7].

Kleiner Mann, was nun? war dabei noch das erfolgreichste Beispiel einer ganzen Reihe von Versuchen, das Programmsegment Theater im Fernsehen durch medienspezifische Bearbeitungen für ein breites Publikum attraktiv zu machen. 1976, fünf Jahre nachdem Volker Canaris als federführender Dramaturg die Theaterarbeit des WDR übernommen hatte, bezeichnete er alle Versuche als "gescheitert". Angesichts der zunehmenden ästhetischen Ausdifferenzierung der beiden Medien, formulierte er jetzt die These von der prinzipiellen Unverträglichkeit von Theater und Fernsehen.[8]

Damit kapitulierte Canaris vor einer allgemeinen Entwicklung, die sich nicht nur aus Sicht des Fernsehens, sondern auch aus der Perspektive des Theaters abzeichnete. Das 'Unverträglichkeitspostulat', das die Entwicklung von Theater und Fernsehen in den siebziger Jahren als ein scheinbar unüberbrückbares Auseinanderklaffen der Medien und ihrem ästhetischen Ausdruckspotential zusammenfaßte, fand durch weitere Veröffentlichungen im Bereich der Theater- und Medienwissenschaften große Resonanz und bestimmte im wesentlichen die weitere Diskussion von Theater im Fernsehen.[9] Vor allem aber auch, weil es Überlegungen aufgrund von Erfahrungen waren, die "sich auf alle denkbaren und praktizierbaren Kooperationsformen" und Sendungstypen von Theater im Fernsehen bezogen und weil sie unter 'idealen' Rahmenbedingungen entstanden waren.

---

7 Canaris: Theater ist im Fernsehen nur unvollkommen zu vermitteln (Anm. 5). S. 28.
8 Vgl. ebda.
9 Vgl. Canaris: Theater ist nicht immer live - aber Film und Fernsehen sind immer synthetisch (Anm. 1). Ders.: Theater ist im Fernsehen nur unvollkommen zu vermitteln (Anm. 5). Ders: Fernsehspiel und Theater. Überlegungen aufgrund von Erfahrungen. In: Helmut Kreuzer (Hrsg.): Literaturwissenschaft-Medienwissenschaft. Heidelberg 1977, S. 61-72. Ders: Probleme der Adaption von Dramen im Fernsehen. In: Walter Hinck (Hrsg.): Handbuch des deutschen Dramas. Düsseldorf 1980, S. 506-514. Auch Knut Hickethier stützt sich ganz wesentlich im Theaterlexikon von Brauneck/Schneilin 1986, Stw. 'Fernsehen und Theater', auf Volker Canaris. S. 339. Konstitutive Bedeutung erlangen die Ausführungen von Canaris bei Weber, Petra: Theater im Kleinformat. Geschichte, Theorie und Analyse von Theatersendungen im Fernsehen. Dipl. Dortmund 1989.

Die vermittelte Unmittelbarkeit

Canaris betonte ausdrücklich in *Theater heute*:

> Zeit, Geld, Produktionsmittel standen in ausreichendem, oft fast optimalem Umfang zur Verfügung. Sendezeiten im Hauptabendprogrammm der ARD wurden bereitgestellt.[10]

Canaris führte fast alle Argumente für das Scheitern der Produktionen auf (von den unterschiedlichen Produktionsbedingungen, über das Unmittelbarkeitstheorem des Theaters bis hin zum Realismuspostulat des Fernsehens und den völlig anders gelagerten Rezeptionserwartungen der Publika), aber das entscheidende Argument lieferte das Verhalten des Fernsehpublikums, der Blick auf die Ein-, Um- und Abschaltquoten. Denn es ging nicht allein darum "mit Fernsehen Theater zu vermitteln", sondern es waren mit hohen Ansprüchen versehene Versuche, "im Fernsehen Theater zu machen unter dem Aspekt ihrer Fernsehwirksamkeit"[11].

Während noch gegen Ende der sechziger Jahre die Einschaltquoten eine untergeordnete Rolle spielten, erschien die 'Unverträglichkeit' als schlüssige Konsequenz des Verhaltens der Zuschauer vor den häuslichen Bildschirmen: Hier war ein "Einbruch von meist 50 Prozent in der Sehbeteiligung während der ersten 15/20 Minuten" zu verzeichnen, mit weiteren "hohen Ab- und Umschaltfrequenzen bis hinunter auf jene 5 Prozent, die entweder den harten Kern der Theaterliebhaber ausmachen - oder alles über sich ergehen lassen"[12]. Damit mußte auch das aufklärerische Grundkonzept der Fernsehspielabteilung des WDR, viel stärker als zuvor, auf die Wünsche des Publikums Rücksicht nehmen.

Der Blick auf Peter Zadeks Einschaltquoten in ARD und ZDF, beschränkt auf Erstausstrahlungen und Arbeiten mit Dramenvorlage, ist zwar keinesfalls repräsentativ für das gesamte Programmsegment, erscheint aber trotzdem aufschlußreich. Während Zadeks Fernseharbeiten in den sechziger Jahren im Durchschnitt 17,6% erzielten, war der Rückgang in den siebziger Jahren alles andere als dramatisch und ließ auch den umgekehrten Schluß zu: Die im Schnitt erreichten 16,9% sind in Anbetracht einer postulierten Unverträglichkeit als voller Erfolg zu werten. Die drastischen Einbrüche erfolgten erst in den achtziger Jahren, nachdem die Kooperation aufgegeben, das Programmsegment Theater im Fernsehen in überwiegender Form als Aufzeichnungen

---

10 Canaris: Theater ist im Fernsehen nur unvollkommen zu vermitteln (Anm. 5). S. 26.
11 Ebda.
12 Ebda. S. 27.

gesendet und an die Programmränder abgeschoben wurde. Hier mußte man sich im Schnitt mit 4,7 und 2% Anfang der neunziger Jahre zufriedengeben.

Canaris' These von der prinzipiellen 'Unverträglichkeit' bedarf aus diesem Grund vielleicht einer Relativierung, die nicht in der Tatsache der Medienausdifferenzierung an sich zu suchen ist, sondern in der apodiktischen Form der Bewertung der Einschaltquoten. Angesichts der geringen Resonanz dieser anspruchsvollen Versuche, Theater im Fernsehen für ein breites Publikum attraktiv zu machen, die sich übrigens auch bei der Rezeption innerhalb der Presse bemerkbar machte, war auch Frustration im Spiel, denn die Produktionsabläufe waren keinesfalls von redaktioneller Alltagsroutine bestimmt. Bestehende Freiräume mußten intensiv genutzt, ja zum Teil erstritten werden. Sie erlaubten nur noch in geringem Maße die für Theater im Fernsehen wesentlichen Rahmenbedingungen individueller Produktionsweisen. Nicht zuletzt die hohen Betriebskosten der Apparate des "Apparats" erzwangen kurze Produktionszeiten und größtmöglichen Output.[13]

Trotz allem sind intermediale Wechselbeziehungen auch heute noch realisierbar und beinhalten kreative Möglichkeiten für beide Medien. Aber - um Mißverständnissen vorzubeugen: Die hier skizzierten Modelle, vertraten technisch und ästhetisch avancierte Positionen, die aus der Analyse der spezifischen Mediensituation der siebziger Jahre resultierten. Aus diesem Grund sind sie nur bedingt auf die Gegenwart übertragbar. Die Medienlandschaft der neunziger Jahre ist völlig anders gestaltet und entscheidende Veränderungen sind in naher Zukunft zu erwarten. Damit sind nicht nur dubitative Manöver bestimmter Politiker gemeint, sondern vor allem neue Technologien, die unter dem Schlagwort 'Neue Medien' zusammengefaßt werden. Auch wenn die Begrifflichkeit etablierte zu alten und traditionelle zu uralten Medien abstempelt: interaktives Fernsehen, Pay-TV und Pay-Per-View, CD-ROM und Datenautobahnen scheinen traditionelle Grenzlinien mittelbarer und unmittelbarer Kommunikationsformen zu verwischen. Intermediale Kooperationsmodelle von heute können sich nicht mehr allein auf das Zweigespann Theater und Fernsehen beschränken.

---

13 Vgl. Canaris: Theater ist nicht immer live - aber Film und Fernsehen sind immer synthetisch (Anm. 1). S. 24.

Rolf M. Bäumer

Rettung des Theaters im Film - Zerstörung des Theaters im Fernsehen?

Der Titel dieses Vortrags mag gleich nach mehreren Seiten hin befremdlich wirken und läßt mehr als ein Fragezeichen erwarten. "Rettung des Theaters"? Schon hier stutzt man. Ist denn das Theater überhaupt rettungsbedürftig? Wovor soll das Theater gerettet werden, muß es denn überhaupt gerettet werden? Wie soll es gerettet werden: als Institution oder als ästhetisches Verfahren? Soll es durch die Integration in einen übergreifenden Medienverbund "gerettet" werden? Muß es aber - könnte man dann fragen - denn überhaupt ein gegenseitiges "Nutzungsverhältnis" verschiedener Medien geben? Und soll diese überhaupt nicht selbstverständliche Rettungsaktion ausgerechnet in die Hände eines Mediums gegeben werden, in dem immer wieder Potentiale zur Vernichtung des Theaters vermutet und befürchtet worden sind, oder das sich - und damit kehrt sich die Fragerichtung um - durch die audiovisuelle Verarbeitung und Transformation theatraler Formen selbst ästhetisch und ökonomisch schadet?

Der zweite Teil des Titels läßt wenigstens ebenso viele Fragen offen. Wird denn tatsächlich - wie immer wieder behauptet - das Theater durch das Fernsehen zerstört? Und auch hier wieder: wird es zerstört in seinen spezifischen ästhetischen Ausdrucksmitteln, wird es als Institution durch die Konkurrenz mit dem Fernsehen herausgefordert und bedroht? Oder lassen die durch audiovisuelle Medien habitualisierten Wahrnehmungsformen Rezeptionserwartungen entstehen, denen gegenüber das Theater defizitär bleiben muß?

Allerdings hat sich der Titel dieses Vortrags eher aufgedrängt, als daß er gesucht worden ist. Er ist vor allem einer Besonderheit der neueren Diskurse über die Beziehungen von Theater, Film und Fernsehen geschuldet, die zunehmend die Trennung der drei Medien und Institutionen statt ihrer intermedialen Verflechtung in den Mittelpunkt rücken.

Eine bemerkenswerte Konstellation scheint sich zu ergeben: während sich einerseits die Aufmerksamkeit zunehmend auf intermediale Beziehungsgeflechte richtet und das Fernsehen als zur Zeit noch eine der wichtigsten Instanzen der Verarbeitung und Synthetisierung der unterschiedlichsten ästhetischen Traditionen erscheinen kann, wird insbesondere in den neueren Diskussionen über die Beziehungen von Theater, Film und Fernsehen auf der Unvergleichbarkeit der jeweiligen Medien beharrt. Allerdings rücken in ihnen gleichzeitig und in einer bemerkenswerten paradoxen Form Theater und Film als kunstfähige Medien wieder zusammen und scheinen sich in einer gemeinsamen Verteidigungslinie gegenüber dem Fernsehen als dem nicht kunstfähigen Medium wiederzufinden.

Gerade in dem Moment, in dem der Boom von Theater und Theaterfilm im Fernsehen der achtziger Jahre sich als vorübergegangenes Zwischenspiel eines möglicherweise nicht länger kulturell legitimationsbedürftigen oder gar legitimationsfähigen Mediums zu erweisen scheint, wird auf eine Allianz zwischen Theater und Film zurückgegriffen, die doch im historischen Rückblick durchaus nicht weniger konfliktträchtig erscheint als die Beziehungen zwischen Fernsehen und Theater.

Nicht nur institutionell, sondern vor allem ästhetisch scheint nun die Barriere zwischen Theater und Fernsehen unüberwindlich geworden zu sein. Durchaus im Rahmen eingeübter kulturkritischer Standards scheint sich denn auch die neuere Debatte über die Beziehungen zwischen Theater und Fernsehen - oder besser über beider Beziehungslosigkeit - zu bewegen. Die "frères ennemis" Film und Theater begegnen sich plötzlich, ohne daß der gemeinsame Familienstamm - bei gleichzeitig gegenseitig unterstelltem Totschlag - tatsächlich geklärt wäre, auf dem geteilten und gegenseitig konzidiertem Feld der Kunstfähigkeit und verbünden sich - wie immer scheinen auch hier die Bündnisse über den gemeinsamen Gegner definiert zu sein - gegen das kulturell und ästhetisch nicht nobilitierte oder nobilitierbare Medium Fernsehen, das doch beider Distributionschancen erhöht hat.

Immerhin: Die historisch neue gegenseitige Wertschätzung von Film und Theater zeigt, wenn auch nur wider Willen und implizit eben das an, was dem neuesten Medienkonkurrenten verwehrt wird: daß sich die Entwicklungen ästhetischer Formen, Gattungen und Modi unter den Bedingungen der Medienkonkurrenz nicht mehr allein nach scheinbar autonomen Normen und Konventionen künstlerischer Produktion regeln oder gar erklären lassen.

Dagegen wird in den neueren Debatten um die Beziehungen zwischen Film, Fernsehen und Theater, die nicht zufällig in ihren argumentativen Ausstattungen immer wieder auf inzwischen vertraute Positionen und Gegenpositionen zurückgreifen, die Reinheit der Formen, nicht ihre Vermischung durch die Konfrontation medial geprägter Ausdrucks- und Darstellungsverfahren im Prozeß der Ausdifferenzierung von Medien und medialen Stilen eingefordert - bis zu einem Punkt, an dem der Medienwechsel selbst generell als Skandalon thematisiert wird. Und dies wiederum trifft insbesondere das Fernsehen, dem selbst kein Stil zugetraut wird, und das aus dem Kanon ästhetischer Verfahren ausgeschlossen wird, während der Film, der ja ebenfalls - und nicht nur einmal - als Bedrohung für das Theater aufgefaßt wurde und aus dem Tempel der Künste verwiesen werden oder durch Literarisierung und Theatralisierung integriert werden sollte - plötzlich als Verbündeter im Kampf gegen die Fernsehwelt aufgebaut wird.

Die Prognose von Wolfgang Timpe noch aus den achtziger Jahren, daß "die alten Konkurrenzkämpfe zwischen 'hoher' Theaterkunst und 'niederer' Fernsehkultur" befriedet seien[1], daß die Bühne den Bildschirm und der Bildschirm die Bühne erobert habe, scheint von sich zuspitzender Medienkonkurrenz und der Rückbesinnung auf scheinbar exklusive und spezifische ästhetische Codes der Einzelmedien überholt worden zu sein. Und auch Knut Hickethiers Diagnose, daß Mitte der achtziger Jahre die gegenseitige Trennung von Theater und Fernsehen in den siebziger Jahren durch "ein neues ambitioniertes Hinwenden des Fernsehens zum Theater" aufgehoben sei[2], findet keine Bestätigung mehr in den neueren Debatten, die erneut die Unverträglichkeit von Theater und Fernsehen betonen.

Thomas Langhoff etwa sieht das Ende der "Fernsehkunst" und damit auch das Ende des Theaters im Fernsehen gekommen: "Film ist Film. Theater ist Theater - und Fernsehen ist nichts."[3] Paulus Manker schließlich vermutet in der Perfidie des "heuchlerischen Kulturauftrags" des Fernsehens Bedingungen für den Untergang des Theaters, die von der Dokumentation, der Adaption oder Transformation des Theaterereignisses durch das Fernsehen gleichermaßen erfüllt werden. Die "feindlichen Brüder" Film und Theater stellen dagegen offenbar die Residuen für einen Kunst- und Kulturauftrag dar, den das Fernsehen zerstört:

> Die lange gehegte Gegnerschaft von Theater und Film ist überholt, ja lebensgefährlich geworden. Sie ist aus ihrer Geschichte zwar im-

---

1 Timpe, Wolfgang: Theater und neue Medien. Szenen einer wilden Ehe. In: Neue Medien. Nr. 4. 1987, S. 53f.
2 Hickethier, Knut: Klassiker im Fernsehen. Fernsehtheater oder Theaterfernsehen?. In: TheaterZeitSchrift. H. 11. 1985, S. 102-118. Hier: S. 103.
3 Langhoff, Thomas: Fernsehkunst. In: Theater heute. Jahrbuch 1992, S. 59.

mer noch erklärlich, aber schon lange nicht mehr gerechtfertigt. Denn der gemeinsame Feind heißt längst Fernsehen, und ihm gilt es gemeinsam zu begegnen.[4]

An welchen Film denkt Manker, könnte man hier fragen. An den Film, der mit dem neueren Medium Fernsehen sowohl institutionell wie ästhetisch doch viel stärker als mit dem Theater verbunden zu sein scheint, und der weitgehend - wie das Fernsehen spätestens nach Einführung des dualen Systems - durch Rationalisierung, Ökonomisierung, Stereotypisierung, Erwartungserfüllung, Konventionsbestätigung und reduzierte Polysemie in weiten Bereichen gekennzeichnet ist? Oder an ein Potential, an ein Ideal des Films, das tradierte und vielleicht obsolet gewordene ästhetische Konventionen zu reaktualisieren und zu retten hätte? Warum könnte dann aber nicht auch ein Ideal des Fernsehens an diese Stelle rücken? Geht es denn bei den Diskursen über die Beziehungen zwischen Theater, Film und Fernsehen tatsächlich um ästhetische Modi der Darstellung, um ästhetische Defizite oder Vorteile des einen gegenüber zwei anderen Medien?

Es scheint so zu sein, wenn Andreas Kilb zum Beispiel eine Situation herbeisehnt, wo nicht mehr nur das Theater unter den - wie er formuliert - "Denkmalschutz" im "verstaatlichten Paradies" gestellt ist, sondern der Film, der damit dem Theater als vor dem Zugriff der Fernsehästhetik geschützte, aussterbende Spezies gleichgestellt wäre, mäzenatisch abgesichert "gegen das Fernsehen, die Pest" einschreiten könnte.[5] "Geschützt" allerdings wären dann wohl auch nur die Werke der "Kunstgattung Theater" und der "Kunstgattung Film", die ausgezeichnet wären durch das

> Einklagen des reinen Theaters, des reinen Kinos gegen die Vermischung, das Kulturgeklone, die In-Video-Fertilisation, gegen die Bildschirme, die Multi-Media-Shows, die letzten tödlichen Synthesen.[6]

Worum geht es in den neuesten Auseinandersetzungen über Theater, Film und Fernsehen? Scheinbar nicht mehr um die Besetzung von Programmplätzen. Sowohl die Theatermacher wie die Theaterkritiker scheinen durch

---

4 Manker, Paulus: Die feindlichen Brüder. Film, Fernsehen und die herrschende Ästhetik von Theateraufzeichnungen. In: Theater heute. Jahrbuch 1992, S. 61-65. Hier: S. 65.
5 Kilb, Andreas: Pandora und der fliegende Holländer. Marginalien zu Theater und Film, aus aktuellem Grund. In: Theater heute. Jahrbuch 1992, S. 54-57. Hier: S. 54.
6 Ebda.

eine eigentümliche Defensive gekennzeichnet zu sein, die eine Veränderung der Selbstthematisierungsformen im Verhältnis von Theater und Fernsehen im Unterschied zu den siebziger und achtziger Jahren signalisiert und die ästhetische Verarmung des Fernsehens fast trotzig zu fordern scheint. Stefan Kuntz - und er nimmt damit keine singuläre Extremposition ein - fordert in diesem Sinne denn auch den endgültigen Rückzug des Theaters von den neuen Bildschirmmedien: "Wir kommen um die Neuen Medien herum. Wir dürfen ihnen nur nicht nützen und sie nur nicht benutzen."[7]

Scheinbar nur noch um eine Ästhetik der reinen Formen und die Rückführung der Ausdifferenzierung und Entdifferenzierung - denn dadurch sind intermediale Beziehungen ebenfalls gekennzeichnet - medial vermittelter Formen auf einen eindeutigen Horizont ästhetischer Konventionen scheint es nun zu gehen. Und eben dieser normative Rahmen ist nicht zuletzt durch den Film schon lange brüchig geworden.

Nicht nur durch den Film. Denn nicht nur Medien, sondern Künste - oder weniger wertend formuliert - ästhetische Verfahren sind nicht bedingungslos zu denken. Und um eine imaginäre Bedingungslosigkeit ästhetischen Handelns scheint die neue Affinität von Film und Theater als Kunstmedien innerhalb einer brüchig gewordenen Kunst- und Kulturhierarchie gebaut zu werden. Und sie signalisiert zugleich einen Rückzug aus den Bedingungen der inzwischen institutionalisierten Medienkonkurrenz.

Es hat sich ein Standardrepertoire der Argumente entwickelt, das auch in den neueren Diskussionen wieder aufgebraucht wird und das den Zustand der Debatten kennzeichnet. Immer wieder begegnet dem Leser mit repetitiver Eindringlichkeit der Hinweis auf die Unterschiede eines transitorischen Theatererlebnisses im Kontrast zum Theater im Film oder zum Theater auf dem vertrauten Bildschirm. Immer wieder wird auf die Unterschiedlichkeit der Publikumsorientierung und der rezeptionsästhetischen Bedingungen der miteinander konfrontierten Medien verwiesen. Immer wieder wird der Unterschied zwischen dem Naturalismus des Film- und Fernsehbildes und den theatralischen Stilisierungspotentialen des Theaters hervorgehoben. Kaum jemand hat aber ernsthaft diese Differenzen je bestritten, ohne daß dies mit Erfolg Einfluß auf die sich wiederholenden Debatten gezeigt hätte. Interessant ist in diesem Kontext aber, daß immer wieder diese Vergleiche des nicht Vergleichbaren dazu dienen, vor der audiovisuellen Pervertierung des

---

7   Kuntz, Stefan: Theater gegen Neue Medien. In: medien praktisch. H. 3. 1985, S. 10.

Theaters oder der theatralen Verunreinigung des Films zu warnen, als seien das Theater durch Grenzüberschreitungen zu den neueren Medien und der Film durch einige Theaterfilme in ihrer jeweiligen ästhetischen Integrität bedroht, während das Fernsehen - und auch hier muß man fragen: welches Fernsehen? - den generellen Ruin aller anderen Medien und Künste durchsetzen könnte.

Tatsächlich kann der Film die ästhetischen und rezeptionsästhetischen Valenzen des Theaters nicht kompensieren, und es ist mehr als fraglich, ob er dies je konnte oder auch nur wollte. Allerdings: Die Geschichte der Filmtheorien zeigt die Geschichte der Abarbeitungsformen an den historischen Analogien und ästhetischen Differenzen von Theater und Film. Aber - so könnte man fragen - warum sollte denn der Film oder schließlich auch das Fernsehen bei der Verarbeitung theatraler Formen auf scheinbar theatergenuine Bühnenkonventionen verpflichtet werden? Und warum sollte umgekehrt das Fernsehen wegen vorausgesetzter medienspezifischer Eigenschaften, die dann scheinbar jenseits von historischen und institutionellen Bedingungen des Mediums selbst existieren, per se als das das Theater bedrohende und zerstörende Medium aufgefaßt werden?

Daß das "Theater im Fernsehen" - wie Kilb einmal mehr schreibt - "simuliertes Theater, keine Reproduktion des Originals"[8] ist, dies ist kaum sinnvoll zu bestreiten und scheint doch wenig mehr als eine Selbstverständlichkeit auszudrücken, die weder historisch noch ästhetisch den Schluß auf eine prinzipielle Unvereinbarkeit der Medien zuläßt, die von den für die jeweiligen Einzelmedien bedeutsamen Beeinflussungen und Wechselbeziehungen abstrahieren müßte. Es sei denn um den Preis einer eben normativen Kunsthierarchie, die auf einen nicht geringen Teil der Geschichte der einzelnen Medien Verzicht leisten muß, weil sie blind wird auch gegenüber der Geschichte der Beziehungen der Medien untereinander.

In den neuesten Debatten scheint eine Vorstellung von Mediengeschichte und eine Voraussetzung von den Beziehungen der Künste untereinander auf, die historisch kaum je gegolten hat: daß sie auf einen verläßlichen Kanon ästhetischer Formen rekurrieren können, daß sie sich gegenseitig zugleich abschotten und befruchten können und daß sie - und hier verschärft sich das Argument im Bereich der Medienkonkurrenz - doch in anderen Medien prä-

---

8 Kilb: Pandora und der fliegende Holländer (Anm. 5). S. 55.

sent und in ihrer ästhetischen Integrität erhalten werden könnten, ohne daß zum Beispiel Prozesse des Veraltens von Formen dabei berücksichtigt werden müßten.

Fragen nach einer Ästhetik des Theaters im Medienwechsel, die auch die institutionellen Rahmenbedingungen ästhetischer Praxen berücksichtigen würden, scheinen in neueren Texten zur Debatte bewußt nicht mehr gestellt zu werden. Allerdings stellt sich unter dieser Perspektive die Geschichte und Koevolution von Medien und Künsten als Prozeß der zunehmenden Selbstreferentialität scheinbar "reiner" ästhetischer Formen dar, als Rückkehr zu einer wesensmäßigen Medienspezifik des Theatralen oder Filmischen. Eine differenzästhetische Theorie der Künste wird in den neueren Debatten um die Beziehungen von Theater, Film und Fernsehen wiederbelebt, während die Mischungen und Auflösungen tradierter Formen, von Genrekonventionen und Kunstgrenzen, die auch durch intermediale Beziehungen forciert wurden, als Indizien für eine Verlustgeschichte künstlerischer Möglichkeiten der jeweiligen Medien betrachtet werden, oder ein Medium als selbst nicht kunstfähiges Medium abgewertet wird.

Daher auch die augenfälligen Bezüge, die zur Institutionalisierungsphase des Films und zu den Filmtheoretikern hergestellt werden, die den gegenseitigen Ausschluß von Film und Theater gefordert haben. Wie Panofsky, der in *Style and Medium in the Motion Picture* Film und Theater als antithetische Kunstformen betrachtet, die von gegenseitigen "Verunreinigungen" frei zu halten seien.[9] Wie Balázs, der von der neuen, durch den Film ermöglichten "visuellen Kultur" nach der Entwicklung des Tonfilms, sowohl die Rückkehr des Theaters zu "seiner reinen Form, seinem Wesen" prognostizierte, als auch die endgültige Auflösung des "fotografierten Theaters" und damit die Emanzipation des Films vom Theater erhoffte.[10] Wie Arnheim, der in *Neuer Laokoon* und in *Film als Kunst* nahelegt, daß die Bühnenmaschinerie eine falsche Anpassung des Theaters an den Film darstelle, weil sie das "Wortkunstwerk" durch ein "Bildkunstwerk" (René Claire) ersetze und eine die Synthetisierung der Künste ohne Rücksicht auf die "dünne(n) Ähnlich-

---

9 Vgl. Panofsky, Erwin: Style and Medium in the Motion Picture. In: Critique. Bd. 1. Nr. 3. 1947, S. 5-28.
10 Vgl. Balázs, Béla: Der Film. Werden und Wesen einer neuen Kunst. Wien 1980, passim.

keitsgrenze zwischen Verschiedenem" herstelle.[11] Oder wie Kracauer, der in seiner *Theorie des Films* die "formgebende" "theatralische story" mit der "realistischen Tendenz" des Films konfrontiert.[12]

Es sind vor allem normative, kunst- und werkzentrierte Filmtheorien - die sich zudem auf die Dramentexte jenseits ihrer historisch und medial variablen Umsetzung berufen -, die hier wieder aktualisiert werden, während historisch und intermedial orientierte Überlegungen zum Verhältnis von Theater und Film kaum mehr berücksichtigt werden: Wie die etwa von Bazin, der trotz seines normativen Realismusbegriffs und trotz der eingängigen Formel vom "faux ami" neben den Unterschieden auch die Affinitäten und insbesondere die möglichen gegenseitigen ästhetischen Austauschbeziehungen zwischen Theater und Film hervorhebt.[13] Oder wie Susan Sontag, die in *Theatre and Cinema* keinen ästhetischen Qualitätsmaßstab nach dem Schema 'filmisch versus theatermäßig' gelten läßt, sondern den Schwerpunkt ihrer Argumentation auf die gegenseitige ästhetische Beeinflussung, auf die Veränderung, Erneuerung und das Veralten von Formen durch neue mediale Herausforderungen legt.[14]

Damit wird aber die Suche nach der "endgültigen Kunstform" problematisch, die jetzt wieder anklingt und von der nicht zufällig Piscator im Rahmen der Diskussionen um den Tonfilm schon wenig hielt:

> Häufig schon habe ich erklärt, daß es Prinzipien der Kunst im ästhetischen Sinne nicht gäbe, besonders heute nicht, da gerade die Randgebiete, die Überschneidungen flüssig und vielgestaltig sind.[15]

Die neueren Positionen zum Verhältnis von Fernsehen und Theater erinnern an die alten. Die Unvergleichlichkeit von Theater und Fernsehen - wer sollte denn davor erschrecken? Denn das Theater bleibt doch und gerade dort er-

---

11 Arnheim, Rudolf: Neuer Laokoon. Die Verkoppelung der künstlerischen Mittel, untersucht anläßlich des Sprechfilms. In: Ders.: Kritiken und Aufsätze zum Film. München. Wien 1977. S. 102.
12 Kracauer, Siegfried: Theorie des Films. Die Errettung der äußeren Wirklichkeit. Frankfurt/Main 1964.
13 Vgl. Bazin, André : Théatre et Cinéma. In: Ders.: Qu'est-ce que le Cinéma. Paris 1985, S. 129-178. Siehe auch: Ders.: Pour un Cinéma Impur. Défense de L'Adaption. In: A.a.O., S. 81-106.
14 Vgl. Sontag, Susan: Theater und Film. In: Dies.: Kunst und Antikunst. München. Wien 1980, S. 177-195.
15 Piscator, Erwin: Tonfilm Freund und Feind. In: Ders.: Theater Film Politik. Berlin 1980, S. 82.

halten, wo das Theaterereignis zum - sicherlich auch marginalen - Element des Programmflusses des Fernsehens wird. Das - wie Williams schrieb - "parasitäre Medium" Fernsehen vernutzt seine Stoffe, es läßt Werk- und Ereignisbegriffe durch den Fluß des Programms obsolet werden, es entauratisiert durch den Programmkontext, es reduziert Vieldeutigkeit, ist eher durch Wiedererkennbarkeit, Erwartungserfüllung und Rezeptionserleichterung als durch Konventionsbruch und Rezeptionserschwernis gekennzeichnet. All dies schwingt in den neueren Debatten um das schiefe Verhältnis von Theater und Fernsehen mit. Doch all dies scheint nur so weit im Zentrum der Diskussionen um die Beziehung von Theater und Fernsehen zu stehen, als daran die Unfähigkeit des Fernsehens, als Kunstmedium zu fungieren, dokumentiert werden kann. Daß dies aber nur zu einem offenbar geringen Teil mit den ästhetischen Möglichkeiten des Mediums, dagegen sehr viel mit seiner institutionellen Verfaßtheit zu tun hat, darüber wird erstaunlich wenig gestritten und debattiert.

Worüber tatsächlich gestritten wird, ohne daß dies in einem großen Teil der Diskussionen explizit gemacht würde, das sind nicht primär die Differenzen der ästhetischen Präsentation und erstaunlicherweise auch nicht vorrangig die Probleme einer medienspezifischen Adaption von häufig historisch gewordenen Textvorlagen, obwohl sich in den sprachlichen und ästhetischen Formen der Dramentexte weit eher als allein in den bühnentheatralen Codes Gründe für die schwindende Akzeptanz von Theater im Fernsehen finden ließen. Die Argumente für oder gegen die Präsentationsformen von Theater im Fernsehen scheinen häufig nur den diskursiven Hintergrund einer durch den Kunstbegriff vielleicht nur noch vorübergehend herausforderbaren Öffentlichkeit und Kulturpolitik darzustellen.

Worüber gestritten wird, das sind offenbar Kulturniveaus und Kunsthierarchien. Worüber gestritten wird, das ist das Verhältnis von massenmedialer Fernsehkommunikation mit ihrem dispersen Publikum und dem kunstzentrierten Kommunikationsangebot des Theaters.[16] Die Kunstfähigkeit der neueren Medien, die ja nicht zuletzt die Verbindlichkeit von tradierten

---

16 Volker Canaris hat als einer der wenigen Teilnehmer der Diskussionen über das (Miß-)Verhältnis von Theater und Fernsehen auf diesen Zusammenhang verwiesen und zugleich deutlich werden lassen, daß die literarischen Vorlagen, daß die (kanonisierten) Dramentexte und nicht das Theater oder das "Theatrale" allein als "nicht adaptierbarer Fremdkörper im Medium Fernsehen" erscheinen kann. Vgl. Canaris, Volker: Probleme der Adaption von Dramen im Fernsehen. In: Walter Hinck (Hrsg.): Handbuch des deutschen Dramas. Düsseldorf 1980, S. 506-514. Hier S. 512f.

Kunstbegriffen mit nicht nur negativen Folgen haben brüchig werden lassen, wird überprüft; und mit ihr werden Begriffe von Autorschaft, Werk, Intentionalität und ästhetischer Kontrolle reaktualisiert. Und erst dadurch wird die neue Nähe, in die Theater und Film in neueren Diskussionen als Kunstformen mit zugleich unüberbrückbaren ästhetischen Differenzen gerückt werden, plausibel.

Umberto Eco hat seine Gegenüberstellung von Apokalyptikern und Integrierten nicht zufällig an deutschen Theoretikern der Veränderung von Kunst- und Medienlandschaften durch das Fernsehen entwickelt. Und im Verhältnis von Fernsehen und Theater scheint es im Augenblick, als wollten die Apokalyptiker, die noch vor wenigen Jahren fernsehästhetische Konventionen herausgefordert haben, den Integrierten das Feld überlassen.

Natürlich sind die Beziehungen der Medien untereinander nicht widerspruchsfrei oder eindeutig zu sehen, aber sie können gerade in gegenseitigen, intermedialen Austauschbeziehungen ein Reflexionspotential auch über ihre eigenen historisch eingeübten ästhetischen Verfahren entfalten, das bei einer rigorosen Trennung der Medien voneinander mit Konsequenzen auch für die Weiterentwicklung der konkurrierenden Medien nebeneinander vergessen werden könnte.

Was bei einer ästhetischen Abschottung der Medien voneinander, die sich zudem kaum wird durchsetzen lassen, verloren gehen könnte - trotz einer paradoxen Medien- und Kunsthierarchie - sowohl für den Film, das Fernsehen wie für das Theater, das zeigt nicht nur der Blick in die Theater- und Filmgeschichte, sondern auch in die Geschichte des Theaters im Fernsehen mit einer Vielzahl von intermedialen Formen, die nicht zuletzt auch die ästhetischen Modelle der beiden Medien selbst thematisch werden lassen. Und auch wenn die intermedialen Versuche zwischen Theater, Film und Fernsehen in ihren Resultaten ästhetisch angreifbar sein mögen, so würde doch der Rückzug auf einen Kanon scheinbar ausschließlicher mediengenuiner Darstellungsverfahren Verzicht leisten auf eine Vielzahl von Experimenten, die trotz oder vielleicht gerade wegen ihrer Widersprüchlichkeit und Anfechtbarkeit inzwischen selbst kanonisierte Exempel der Theater-, Film- oder Fernsehgeschichte geworden sind.

Die Probleme, Widersprüche, aber auch Gewinne von intermedialen Experimenten zwischen Theater, Film und Fernsehen, die sich gerade durch den Bruch mit scheinbar medienspezifischen produktions- und rezeptionsästhetischen Konventionen ergeben können, lassen sich an den Arbeiten zwischen

Film, Filmessay und Theater von Hans Neuenfels zeigen.[17] Neuenfels' Inszenierungen in den achtziger Jahren, insbesondere seine Kleist-Projekte, sind als metatheatrale Selbstreflexionen angelegt. Und diese metatheatralen Intentionen werden offenbar noch verstärkt durch den Medienwechsel dieser Theaterarbeiten oder scheinen erstaunlicherweise sogar da erst völlig realisierbar zu sein, wo sie durch die dem Theater scheinbar so fremde Medien wie Fernsehen und Film transformiert werden.

Neuenfels hat schon in seiner Berliner *Penthesilea*-Aufführung aus dem Jahr 1981 mit filmischen Mitteln und hörspielartigen Geräusch- und Musikkulissen multimedial und metatheatralisch gearbeitet. Nicht zuletzt unterstrich der Einsatz scheinbar bühnenfremder Medien schon in der Inszenierung das beabsichtige Spiel mit dem historischen Text, das Spiel mit scheinbar inkompatiblen Bedeutungs- und Zeitebenen. Die audiovisuellen Medien der Berliner Aufführung verweisen schon auf die Sprengung traditioneller theatergenuiner Mittel bei der Verwirklichung einer Raum- und Zeiteinheiten auflösenden Inszenierungsabsicht, die darüber hinaus noch szenisch die imaginierte Entstehungsgeschichte der Textvorlage einzuholen und eine "Realität und Phantasie" vermischende "imaginierte Biographie" Kleists darzustellen versucht.

Neuenfels reagiert selbst auf diesen Versuch eines entgrenzten Theaters, das die Grenze zwischen Handlung und ästhetischer Imagination zum eigentlichen Thema werden läßt, nicht zufällig statt mit einer abgefilmten Bühnen-*Penthesilea* mit einem Theaterfilm, der selbst die Konventionen dieses Genres auflöst und der es Neuenfels ermöglicht, Bruchstücke der Bühneninszenierung mit Reflexionen zur Arbeit auf dem Theater zu kombinieren. Dieser Filmessay, oder Filmtheateressay *Heinrich Penthesilea von Kleist* erst ermöglicht Neuenfels einen Diskurs über das Verhältnis von Theater und Wirklichkeit, von Kunst und Leben, der sich der Bühne entzieht. Nicht zufällig ist der Film "dem Theater, das wir suchen, gewidmet".[18]

Der Film macht schließlich erst realisierbar, was auf der Bühne intendiert, aber nicht mehr darstellbar ist: daß Leben als Kunstraum erscheint, in dem

---

17 Die folgenden Ausführungen übernehmen Formulierungen und Überlegungen aus meinem mit Peter Seibert verfaßten Aufsatz: Kleists Theatertexte als Medienereignis der achtziger Jahre. Bühne, Film und Bildschirm oder Paradoxien der Transformation bei Neuenfels, Syberberg u. a. In: Zeitschrift für Literaturwissenschaft und Linguistik. Heft 81 (Theater im wissenschaftlichen Zeitalter). 1991, S. 89-104.

18 Erstsendung: ZDF 09.10.1984.

die Gegensätze von Theater und Wirklichkeit aufgehoben sind. Erst im Film scheint sich paradox das "abenteuerliche", "eigentliche" Theater darstellen zu lassen, von dem Neuenfels gesprochen hat.[19] Erst im Film verwirklicht sich eine in sich geschlossene hermetische Theaterwelt. Erst im Film scheint das Theater Neuenfels' zu sich selbst zu kommen.

Von *Die Familie oder Schroffenstein* über *Europa und der zweite Apfel*, *Der tollwütige Mund* und *Das blinde Ohr der Oper* scheint Neuenfels vor allem am Spiel zwischen den Möglichkeiten des Theaters und den ästhetischen Ausdrucksformen audiovisueller Medien interessiert zu sein.[20] Ein Spiel, das - wie insbesondere im *Schroffenstein*-Film - Theater und Film aufeinander bezieht und zugleich theatrale und filmische Codes konfrontiert. Während die Kamera eine extreme Konzentration auf Mimik und Gestik ermöglicht, die schauspielerischen Ausdrucksmöglichkeiten auf der Bühne als filmisches Zitat erscheinen und zugleich bewußt übersteigert werden, während Neuenfels die Möglichkeiten des Films nutzt, um ästhetische Beschränkungen der statischen Bühnenperspektive aufzuheben und die bühnentechnisch erzwungene Einheit von Ort und Zeit zu zerstören, unterstreicht Neuenfels zugleich die theatralen Möglichkeiten des Films. Er integriert historische und zeitgenössische Formen des Theaters im filmischen Zitat, er läßt den Schein einer audiovisuellen Dokumentation des Theaterereignisses entstehen und verbindet doch zugleich solche Sequenzen mit einer Bildästhetik, die nur dem Film zugänglich ist, oder er kontrastiert die filmischen Mittel mit bewußt übertriebenen expressiven bühnentheatralen Ausdrucksmitteln der Schauspieler als schon ironische Referenz auf das Theater im Film, um die kalkulierte Artifizialität von Bild, Musik und Geräusch durch die Konfrontation von filmischen und theatralen Formen zu unterstützen. Neuenfels' verwirrende Verbindung von harten Schnitten mit langen Einstellungen, seine Verwendung einer statischen Kamera und extremer Close Ups, die von der Halbtotalen unmittelbar unterbrochen werden können, der gegenläufige Rhythmus von Bild, Geräusch, Musik und Wort bis hin zur Zerstörung der Dialoge, alle diese Mittel dienen einem Spiel mit Kunst und Klischee, unterstützen zugleich die theatralen Absichten innerhalb des filmischen Codes und unterlaufen dabei konventionalisierte filmische Darstellungsverfahren.

---

19 So Neuenfels in einem Interview zu seinen Arbeiten. In: Kässens, Wend/Gronius, Jörg W.: Theatermacher. Frankfurt/Main 1987, S. 69-89. Hier: S. 80.
20 Sendedaten: ZDF 29.05.1984; 1 Plus 16.12.1988; WDR 3 17.03.1990; ZDF 10.6.1990.

Dies läßt sich auch noch an einem Kleist-Projekt von Neuenfels verfolgen, das sich scheinbar völlig von inhaltlichen und formalen Bezügen auf Bühne und Theater emanzipiert hat. *Europa und der zweite Apfel* geht keine Bühneninszenierung voraus und kein Drama, sondern Kleists berühmtester philosophischer Essay bietet das literarische Material für den Film. Und doch steht im Film thematisch und formal das Theater im Zentrum. Theaterräume und theatrale Szenen werden für metatheatrale und intermediale Reflexionen aufgerufen. Die kameraästhetische Imaginierung der Bühnenperspektive des Theaterbesuchers wird etwa mit einem Schwenk über den Zuschauerraum konfrontiert, durch den zugleich der Autor Kleist, der Text, das Theater und der Film miteinander in Beziehung gesetzt werden. Nicht allein die filmischen Zitate theatraler Formen von Ballett, Marionettenspiel, Volkstanz und als Bühnenbilder dechiffrierbare Filmszenarien unterstützen die metamedialen Reflexionen des Films. Vor allem das Verhältnis von Filmbild und Dialog läßt *Europa und der zweite Apfel* zur filmischen Reflexion über das "Theater im Film" und zugleich zur filmischen Interpretation des Verhältnisses von Reflexion und Bild in Kleists Text werden.

Neuenfels' Verwendung filmästhetischer Mittel für das Verfahren - und umgekehrt - führt nicht nur zu einer Verschiebung der konventionellen Grenzen zwischen den audiovisuellen Medien und dem Theater. Vielmehr scheint Neuenfels in seinen "Theaterfilmen" nach endgültigen ästhetischen Ausdrucksformen für das Theater durch die Verbindung ästhetischer Mittel getrennter Medien zu suchen. Mittel, die Formen und Ausdrucksweisen eines auratischen Theaters in kulturkritischer Distanz finden helfen sollen. Mittel schließlich, die - wie Neuenfels es formuliert - einen Raum der "Überwirklichkeit", der "Dichtung" und der Kunst als Ereignis jenseits der "Oberflächenliteratur" und dem "Naturalismus" des Fernsehens konstituieren sollen und die doch aus einer medialen Sphäre stammen, die die hier reaktivierten Kunst- und Medienhierarchien hat problematisch werden lassen. Alte Dichotomien von Hochkultur und Trivialkultur, von Dichtung und Literatur und schließlich auch von Medium und Kunst werden reetabliert. Und die Suche nach theatergenuinen Ausdrucksformen mit Hilfe des doch theaterfeindlichen Mediums Film wird mit einer Erneuerung kunsteuphorischer und kunstautonomer Ansprüche verbunden, die zwangsläufig den Ausschluß des Fernsehens aus Neuenfels Medien- und Kunsthierarchie erzwingt. Auch und gerade Neuenfels' Theaterarbeiten mit den Mitteln audiovisueller Medien knüpfen die intendierte Irritation "ruhiger, distanzierter, kulinarischer" Rezeptionshaltungen an die auratische Wirkung des Kunstwerks und nicht an seine Auflösung durch die reproduzierbare Medienwirklichkeit.[21] Die Mediensphäre Fernsehen wird ästhetisch neutralisiert, der Film dagegen als "Dichtung" nobilitiert und in den Kanon der Künste aufgenommen.

Der Film als Medium des "Theaters im Film" soll auch in der Verbindung von Werkzentrierung und Autoremphase die Kunstwirklichkeit als abenteuerliches Lebensmodell darstellen. Und allein der Film kann diese Identität von Kunst und Leben im Theater als Kunstwerk dauerhaft repräsentieren. Der Film hebt den transitorischen Charakter des Theaterereignisses auf, zerstört es jedoch nicht, sondern rettet es in der Transformation durch Entzeitlichung. Das flüchtige, erinnerungslose Medium Fernsehen muß Neuenfels dagegen als Ort des Verbrauchs und der Nivellierung von Kunstformen erscheinen. Es allein aber scheint die metatheatralen und metamedialen Reflexionen des "Theaters im Film" als Produktions- und Distributionsinstanz zu garantieren.

---

21 Neuenfels in: Kässens/Gronius: Theatermacher (Anm. 19). S. 79.

Doris Rosenstein

Theater im Kulturmagazin -
zwischen Information und Kritik

Ein Rückblick auf Varianten der Theaterberichterstattung im Fernsehen

Nicht nur das "Theater", auch die Berichterstattung über das Theatergeschehen hatte vom Ausstrahlungsbeginn an einen Platz im Fernsehprogramm. Zu den frühen Exempeln gehören eine 1954 live ausgestrahlte Reportage anläßlich einer *Macbeth*-Aufführung im Hamburger Schauspielhaus und ein Premieren-Bericht von Friedrich Luft über die Uraufführung des Zuckmayer-Dramas *Das kalte Licht* aus dem Jahr 1955. Diese Formen lassen sich durch eine Vielzahl weiterer ergänzen, die im Verlauf der Programm-Geschichte entwickelt und als einzelne Sendungen oder Sendungselemente sowie als Sendereihen realisiert wurden. Der einleitende Rückblick beschränkt sich darauf, einige Entwicklungslinien aufzuzeigen.[1]

Theaterbezogene Kurznachrichten, wie sie gegenwärtig immer mal wieder in den Nachrichten-Sendungen vorkommen, waren Anfang der fünfziger Jahre häufiger in der *Tagesschau* vorzufinden. Sie hatten überwiegend den Charakter von Impressionen und blieben auf besondere Ereignisse beschränkt. Ähnlich sporadisch und 'wohl dosiert' - jedoch unter dem Vorzeichen des Regionalen - brachten damals Sendereihen wie *Hier und Heute* Filmbeiträge über Theaterinszenierungen, die "Interesse für kulturelle Ereignisse"[2] wecken sollten. Als eigenständige theaterinformative Sendungen kamen in diesem Zeitraum Interview- und Porträtfilme ins Programm, die sich mit 'Größen' des Bühnentheaters befaßten. Zudem wurden jedes Jahr Berichte über die Berliner Festwochen ausgestrahlt. Insgesamt zeichneten sich in diesem Zeitraum Präferenzen für die sogenannte E-Kultur ab.

---

1 Ausführliche Informationen: Pütz, Susanne: Das Theaterfeature. Aspekte einer kritisch-informativen Sendeform. Arbeitsheft Bildschirmmedien 49. Siegen 1994.
2 Courts, Gerd: Das Theater hat seine eigenen Gesetze. In: Ders.: Hier und Heute. Hinter den Kulissen einer Fernseh-Sendung. Düsseldorf 1967, S. 231-236.

Der Durchbruch des Magazinkonzepts Anfang der sechziger Jahre schuf die Voraussetzungen für eine neue Stufe der fernsehmedialen Theaterberichterstattung. Während sich die politischen Magazine *Panorama* und *Report* nur gelegentlich mit Theater beschäftigten, setzte eine kontinuierliche Theaterberichterstattung mit dem Entstehen der Kulturmagazine ein. Zunächst sahen sich diese noch in erster Linie der Elite-Kultur verpflichtet und richteten deshalb ein besonderes Augenmerk auf das Festspiel-Theater.[3] Aufgrund der Verlagerung hin zur Allgemein-Kultur wurden jedoch gegen Ende der sechziger Jahre die theaterinformativen Akzente anders gesetzt: die "Gesellschaftsfrage"[4] prägte die Theaterkritiken, Interviews und Diskussionen in den Kulturmagazinen - verbunden mit der didaktisch motivierten Absicht, Kultur (bzw. Theater) allen zugänglich zu machen.

Diese Absicht verfolgten auch die Bildungsprogramme der Dritten, allen voran der Bayerische Rundfunk, der von 1964 bis 1968 ein Studienprogramm mit dem Titel *Theaterkolleg* ausstrahlte.[5] Parallel dazu brachten sowohl die Dritten Programme wie die ARD und das ZDF eigenständige Diskussions- und Gesprächssendungen, die sich u. a. mit der gesellschaftlichen Rolle und den aktuellen Tendenzen des Theaters befaßten.[6]

Als ein Resultat des Mottos "Kultur für alle" kann die Einrichtung von informativen Serviceleisten Mitte der siebziger Jahre gelten - so der magazininterne *aspekte-Dienst* und *Kultur in Kürze* im ARD-Magazin *Titel, Thesen, Temperamente*, denen später *Kulturkalender* als selbständige Sendereihen nachfolgten. Obwohl die Popularisierungshoffnungen nur sehr bedingt eingelöst werden konnten und das Motto auf "Kultur für viele" zurückgesteckt wurde, führte das Ende der siebziger, Anfang der achtziger Jahre noch nicht unmittelbar zur Reduktion der theaterinformativen Angebotsvielfalt. Erst im Kontext des dualen Systems wurde die relativ geringe Sehbeteiligung zum

---

3   Das Kulturmagazin *aspekte* ist hier ein anschauliches Beispiel: 3.6.1966 u. a. Ruhrfestspiele; 31.7.1966 u. a. Hersfelder Festspiele; 23.8.1966 u. a. Salzburger Festspiele.
4   Vgl. Kreuzer, Helmut / Thomsen, Christian W.: Vorwort: Zur Geschichte des Fernsehens in der Bundesrepublik Deutschland. In: Hickethier, Knut (Hrsg.): Institution, Technik und Programm. Rahmenaspekte der Programmgeschichte des Fernsehens. Band 1 der Geschichte des Fernsehens in der Bundesrepublik Deutschland, hrsg. von Helmut Kreuzer und Christian W. Thomsen. München 1993, S. 13.
5   Vgl. Pütz: Das Theaterfeature (Anm. 1). S. 16.
6   So beispielsweise die Reihen *Theater im Gespräch* (ZDF 1968 - 1970) und *Theater in der Kritik* (ZDF 1970 - 1973).

Problem und langfristig zum Argument, die theaterinteressierte Minderheit an die Kulturkanäle zu verweisen. Von den theaterinformativen Sendungen, die in den achtziger Jahren in den Dritten Programmen zunächst noch ihren Platz behaupten konnten, möchte ich stellvertretend als erstes *Parkett Mitte* erwähnen, eine jeweils 15-minütige aktuelle Kulturreportage aus Berlin, die von Anfang 1979 bis Ende 1983 ausgestrahlt wurde und in erster Linie als 'Proben- bzw. Werkstattbericht' konzipiert war. Und als zweites *Allerlei Theater*, ein 1983 gestartetes Theatermagazin des Hessischen Rundfunks, das Ende 1989 eingestellt worden ist. Nicht zu übersehen ist gleichwohl die kreative Energie, die bei der Konzeption theaterinformativer Sendungen auch in diesem Zeitraum und bis heute zu registrieren war und ist: Festival- und Wettbewerbs-Sonderberichte, Jahresrückblicke, *Theaternächte, Sommerfestivals der Kritiker* und schließlich auch Reihen wie *Theatertreff Berlin*[7] sind hier anzuführen.

Schon diese Aufzählung gibt zu erkennen, daß unter der Bezeichnung "Theaterberichterstattung im Fernsehen" ganz unterschiedliche fernsehmediale Textsorten versammelt sind, die wiederum jeweils unterschiedliche Informationsgrade und Informationsqualitäten aufweisen. Ein Beispiel kann das pointiert verdeutlichen: man braucht nur die Kurznachrichten aus dem Theaterleben, wie sie gelegentlich im *Morgenmagazin* von ZDF und ARD vorkommen, mit dem Magazin *Allerlei Theater* zu kontrastieren. Während beispielsweise in einer Januar-Ausgabe des *Morgenmagazins* die Frage, ob Harald Juhnke auftreten werde, als bunter Tupfer im Nachrichten-Alltag diente, brachte die *Allerlei Theater*-Ausgabe vom 18.4.1989 u. a. einen Filmbeitrag über Hochhuths Stück *Die unbefleckte Empfängnis*, ein Studiogespräch mit Liesel Christ über das Volkstheater Frankfurt und eine Comedy-Show im Studio.

Um Differenzqualitäten der theaterinformativen Formen systematisch zu erschließen, ist es erforderlich, diese innerhalb einer mehrpoligen Konstellation zu betrachten. Das kann in diesem Kurzvortrag nur exemplarisch geschehen. Die Fragen gelten der medialen Situierung (institutionell, programmbezogen), den sendeform- und produktionsbedingten Vorgaben, den Merkmalen der Konzeption (Gegenstand, Gestaltung, Aussage), den Inten-

---

7 Die sechs jeweils fünfzehnminütigen Ausgaben der Reihe *Theatertreff Berlin* von Dietmar N. Schmidt, die das ZDF vom 14.5. bis zum 2.6.1992 im Anschluß an das *heute journal* ausstrahlte, sind ein Beispiel für Versuche, durch Plazierungs-Strategien Zuschauer für Theaterinformationen zu interessieren. Vgl. Pütz: Das Theaterfeature (Anm. 1). S. 41f.

tionen und Funktionen (Information, Motivierung, Kritik, Reflexion) und dem Adressatenkreis. Sie zielen darauf ab, die jeweils besonderen Leistungen und auch Defizite theaterinformativer Varianten zu sondieren und sie punktuell mit denjenigen der Theaterberichterstattung im Hörfunk und in den Printmedien zu vergleichen.

Formen der Theaterberichterstattung im Fernsehprogramm der Gegenwart

Die Überlegungen konzentrieren sich im folgenden auf drei theaterinformative Formen, die in den neunziger Jahren im Rahmen von Kulturmagazinen vorzufinden sind. Bei der Kulturmagazin-Gestaltung zeichnet sich gegenwärtig innerhalb des generellen Wechselspiels von Konvention und Innovation verstärkt das Bemühen ab, neue magazinästhetische Akzente zu setzen und sich zumindest ansatzweise von eingespielten Vorgaben des Magazinformats zu lösen. Diese Tendenzen machen sich auf unterschiedliche Weise auch bei den ausgewählten Exempeln bemerkbar.

- *Theaterinformativer Service* am Beispiel des WDR-Magazins *Kulturszene*;
- *Aufführungsbericht und -kritik* am Beispiel des Magazinfilms *Alice im Bett* im ARD-Magazin *Kulturreport*;
- *Theater im Gespräch* am Beispiel einer *10 vor 11*-Ausgabe im Rahmen der *dctp*-Programm-Schiene bei RTL.

Kulturszene, ein vierzehntäglich ausgestrahltes Kulturmagazin im Fernsehprogramm des WDR, präsentiert in jeder seiner 45minütigen Ausgaben - in Form eines Magazins im Magazin - einen *NRW-Kulturkalender*. Die Stichworte "leicht, schräg, schwer, seriös" (wie es im Vorspann der Ausgabe vom 12.1.1995 heißt) verweisen einerseits auf die divergierenden Zuschauerinteressen und andererseits auf das breite Spektrum der Kulturereignisse, aus dem jeweils nur eine kleine Auswahl getroffen werden kann.[8] Für die Rubrik "Theater" wurde in dieser Sendung aus einer Vielzahl möglicher Exempel die unmittelbar bevorstehende Kölner Premiere von Strindbergs *Der Vater* ausgewählt. Regionalität und Aktualität sind kulturkalender-spezifische Prinzi-

---

8 Abgesehen von der Theater-Information enthielt der *NRW-Kulturkalender* folgende Hinweise: "Performance: Textile Texte (Köln)"; "Kino: Heavenly Creatures"; "Ausstellung: Armenien (Museum Bochum)".

pien; die (vermutete) Qualität (wenn nicht des Stücks, so doch der Aufführung) läßt sich als weiteres Motiv für diese Entscheidung unterstellen.[9]

Abb. 1: *Kulturszene*, WDR 12.1.1995

Den eine Minute und vierzig Sekunden dauernden theaterinformativen Kurz-Beitrag des *NRW-Kulturkalenders* leitet die Schriftgraphik "THEATER" ein (Abb. 1). Er beginnt mit markanten Szenenausschnitten, deren bühnentheatraler O-Ton schließlich abgeblendet und durch einen Kommentar aus dem Off abgelöst wird:

> Gefährliche Schattenspiele an der Wand. Im Haus des Rittmeisters Adolf regieren Mißgunst und Intrige. Adolf verachtet seine Frau, Laura verachtet ihn. Ein unerbittlicher Kampf um die Macht beginnt. August Strindberg hat dieses Drama der eiskalten Leidenschaften geschrieben.

Es schließt sich eine Überblendung zu einem weiteren Szenenausschnitt mit O-Ton an. Darstellerin: "Mein Mann ist geisteskrank. Jetzt wissen Sie alles, urteilen Sie selbst." Darsteller: "Was sagen Sie, ich habe mit Bewunderung die vorzüglichen mineralogischen Abhandlungen des Herrn Rittmeister gelesen." Nach dem Abblenden des Bühnentons erfolgt ein Kommentar aus dem Off:

---

9   Zudem mag die Entscheidung für *Der Vater* auch durch die Zusammenstellung der vier Veranstaltungstips mitbedingt sein. Den Part des 'Schrägen' übernimmt in dieser Ausgabe die Performance "Textile Texte".

Torsten Fischer sperrt die Kontrahenten ein in ihren Haß. Die weiß getünchte Backsteinmauer beherrscht die Bühne. Gefängnis der toten Seelen. Irrenhaus der verletzten Gefühle.

In den nachfolgenden Szenenausschnitt mit O-Ton (Darstellerin: "Die Trauer bleibt zurück allein und schreibt es in den Grabstein ein. Oh, Eitelkeit, Vergänglichkeit. Ja, ja. Ja, ja.") werden die Aufführungs-Hinweise optisch eingeblendet: Der Vater. Köln, Schauspielhaus. Premiere 13.1. + 15./18./24.1. (vgl. Abb. 2)

Abb. 2: *Kulturszene*, WDR 12.1.1995

Der theaterinformative Service, bei dem eine indirekte Wertung durch die Auswahl geschieht, erfolgt vorab und bietet vorrangig einen gezielten Tip, eine Empfehlung aus Experten-Mund, die sich von einem Teil der Zuschauer in die Rezeptions-Praxis umsetzen läßt. Mit eindrucksvollen Szenenausschnitten und aus dem Off erteilten Auskünften zum Autor, zur Problemstellung des Stücks und zur Inszenierung sowie den eingeblendeten Aufführungsterminen ist dieser Theater-Tip eine spannend gestaltete, relativ ausführliche Kurzinformation. Sie kann aufgrund dieser Merkmale nicht nur als Anreiz zum Theaterbesuch, sondern auch als Nachricht über das Bühnengeschehen rezipiert werden. Es handelt sich um eine bewährte und nützliche Variante der Theaterinformation im Fernsehen, die allerdings mit den Veranstaltungshinweisen und Vorab-Informationen in den Printmedien und im Hörfunk und schließlich auch mit dem Teletext konkurrieren muß.

Die Visualisierung der Informationen ist einerseits das generelle Plus des Bild/Wort-Mediums; sie ist andererseits aber mit einem vergleichsweise höheren Produktionsaufwand verbunden. So sind trotz der neuen Aufnahmetechnik mindestens zwei Personen an der Aufnahme beteiligt: Autor und Kameramann. Der Hörfunk ist das flexiblere Medium und kann in regelmäßig ausgestrahlten Sendereihen - wie beispielsweise der WDR-Produktion *Mosaik* - tagesaktuell reagieren. Daraus ergibt sich ein hoher Gebrauchswert, der noch dadurch verstärkt wird, daß solche täglichen Informationsblöcke im Unterschied zu einem alle vierzehn Tage ausgestrahlten Kulturkalender leicht aufzufinden sind, sofern man - das als Einschränkung - morgens zwischen acht und neun Uhr Radio hören kann und dem Hörertyp zuzurechnen ist, der die Verbindung von klassischer Musik und Information aus der Kultur goutiert.

Im Hinblick auf den individuellen spontanen Zugriff liegen Vorteile bei den Fachzeitschriften, Tages- und Wochenzeitungen und beim Teletext. Sie bieten informative Überblicke über das Theaterangebot; allerdings beschränken sie sich beim Teletext auf Premierentermine - d. h. es werden nicht einmal weitere Aufführungstermine genannt.[10] Am stärksten ausdifferenziert ist das theaterinformative Spektrum in den Tageszeitungen: So bringt beispielsweise der *Kölner Stadt-Anzeiger* Sonderveröffentlichungen zum "Theater in Köln", eine wöchentliche Beilage mit "Tips und Terminen" und häufig ausführliche Vorberichte - abgesehen von den Aufführungsberichten und -kritiken.

Wägt man die Vor- und Nachteile ab, so bleiben doch immer noch genügend Pluspunkte für den fernsehmedialen theaterinformativen Service, - gerade weil er eine gezielte Empfehlung bietet - und das im Kontext einer eingespielten Kulturmagazin-Reihe, die aufgrund ihrer Themenwahl und -mischung und der visuell attraktiven Präsentation auch ein jüngeres Publikum erreichen kann, ohne die traditionellen Nutzer von Kulturmagazinen zu verprellen.

Bevor ich auf eine weitere Variante der Theaterberichterstattung (im Rahmen von Kulturmagazinen) eingehe - den Aufführungsbericht bzw. die Aufführungskritik -, soll diese anhand von zwei Ausschnitten aus einem Magazinbeitrag kurz illustriert werden. Der Magazinfilm über die Uraufführung von *Alice im Bett*, der am darauffolgenden Tag in der Münchner Ausgabe des

---

10 Der Teletext nennt die Stadt, die Bühne, den Autor, das Stück und den Premierentermin.

Kulturreports vom 22.9.1991 gesendet wurde, umfaßt rund siebeneinhalb Minuten. Die protokollierten Ausschnitte können also nur einige Eindrücke vermitteln.[11]

Parallel zu dem optischen Signal "THEATER" (das als Trenn- und als überleitendes Element eingesetzt wird) ertönt eine männliche Stimme aus dem Off: "Frauen in der Gegenwart. Susan Sontags erstes Stück 'Alice im Bett'". Der Magazinfilm beginnt mit einer Bildreportage von der Premiere; die Kamera bewegt sich zwischen den Zuschauern vor dem Theater. Als Bild im Bild wird im unteren Drittel das Stadt-Panorama Bonns eingeblendet. Eine Stimme aus dem Off kommentiert:

> Bonn gestern abend. In einer Stadt, die sich bedroht sieht in ihrer internationalen Bedeutung, probt unverdrossen und publicity-trächtig ein ehrgeiziges Stadttheater den Sprung in die Oberliga der Bühnen. Eine Uraufführung steht an: Das erste Theaterstück der amerikanischen Intellektuellen schlechthin - Susan Sontag. Ein anziehungskräftiges Kuriosum. Ein amerikanisches Debüt als Weltpremiere. Wie das?

In der daran anschließenden (mit dem Aufführungsplakat verknüpften) Interviewpassage (vgl. Abb. 3) nimmt Susan Sontag dazu Stellung [Dauer ca. 1'10 Min.]. Nachdem anhand von bedeutsamen Szenenausschnitten (mit O-Ton), dokumentarischem Bildmaterial und einem Off-Kommentar die Problemstellung des Stücks erläutert wurde [Dauer ca. 3'20 Min], leitet die (in das Aufführungsplakat einmontierte) Zeile "Ein Frauenstück?" ein argumentatives Wechselspiel ein. Zunächst kommt Susan Sontag zu Wort. Wiederum wird die Interviewpassage mit dem Plakat kombiniert: Susan Sontag wird als Bild im Bild eingeblendet. O-Ton Susan Sontag: "I didn't write the play ..." Übersetzerin:

> Ich habe das Stück nicht geschrieben, um ein Stück feministischer Propaganda zu machen. Es geht eigentlich mehr darum, wie Menschen sich irgendwo in ihrem Leben verfangen und wie ihre Vorstellungen sich von der Realität entfernen.

---

11 Vgl. dazu ausführlich: Rosenstein, Doris: 'Theater' im Kulturmagazin - eine Untersuchung des Magazinfilms 'Alice im Bett'. In: Dies. (Hrsg.): Eine Theatersendung im Fernsehen - die Bonner Uraufführung von Susan Sontags "Alice im Bett". Studien zu zwei Formen fernsehmedialer Theater-Repräsentation. Arbeitshefte Bildschirmmedien 52. Siegen 1995.

Abb. 3-5: *Kulturreport*, ARD 22.9.1991

Ein Szenenausschnitt (Abb. 5), der mit einem Off-Kommentar kombiniert wird, bildet den Einstieg für die Gegenargumentation, die in eine kritische Wertung mündet:

> Weit entfernt von der Realität ist auch die Gesellschaft, in der Alice schließlich Trost und Rat sucht. Eine verrückte Teeparty in Gesellschaft ausgesuchter weiblicher Geister. Die Hauptszene des Stücks - schon durch ihre Länge. Und die problematischste und ärgerlichste. Die Neigung Susan Sontags, entlegene Anspielungen und Zitate in wilder Folge zu häufen, ist in dieser Szene auf dem Höhepunkt. Kundry aus Wagners Parsifal, Myrtha aus dem Ballett Giselle. Na gut. Aber dann auch noch zwei amerikanische Autorinnen des 19. Jahrhunderts, die laut Susan Sontag auch dort eigentlich niemand kennt. Verrätselung, die dem Stück nicht dienen kann.

In den betreffenden Szenenausschnitt wird eine Interviewpassage mit Susan Sontag als (Fernseh-)Bild im Bild eingeblendet (Abb. 6):

> Ich mag mich nicht zensieren lassen durch Rücksicht auf den Zuschauer, das wäre wie beim Fernsehen: Das können wir nicht bringen, denn das versteht nicht jeder. Ich dagegen nehme alles in meine Stücke hinein, was mir irgendwie passend erscheint. Ich will nicht auf das Publikum runterschauen und entscheiden, was man ihm zumuten kann und was nicht. So kann man nicht arbeiten. Das wäre tatsächlich so etwas wie beim Fernsehen. [Dauer ca. 1'45 Min.].

Abb. 6: *Kulturreport*, ARD 22.9.1991

Der *Kulturreport* ist ein Angebot des Ersten Programms und gehört zu einem Ensemble von Kulturmagazinen, die jeweils sonntags bundesweit und zu guter Sendezeit ausgestrahlt werden. Der überregionale Aspekt gilt auch für die Auswahl der Theaterinszenierungen, wobei sich das bereits oben erwähnte Problem noch verstärkt: Angesichts der Vielfalt der möglichen Kulturthemen und der großen Anzahl von Inszenierungen, die sich für die Magazin-Ausgaben anbieten, muß es sich schon um ein besonderes Theaterereignis handeln, wenn es für eine *Kulturreport*-Ausgabe in Betracht kommen soll. Die besondere Attraktivität lag in diesem Fall (abgesehen von der Ereignisqualität einer Welturaufführung) vorrangig in der Autorin des Stücks begründet - und das um so mehr, als sich die Möglichkeit ergab, Susan Sontag über ihr Stück zu befragen.

Der besondere Grad der Aktualität und das Interesse an Susan Sontag wirken sich auf die Konzeption des Magazinfilms aus, was unschwer an dem reportageartig angelegten Premierenbericht unter dem Motto "Gestern in Bonn" und den ausführlichen Interviewpassagen abzulesen ist. Das Interesse an der Autorin hat einen stark historisch-biographisch geprägten Ansatz bei der Interpretation des Stücks zur Folge. Die Inszenierung gerät demgegenüber ins Hintertreffen, obwohl sie visuell durch die Szenenausschnitte präsent ist.

Verdichtung, Simultaneität und der Schein der Unangestrengtheit sind die Stichworte, mit denen sich die Merkmale der Gestaltung kennzeichnen lassen. Konkret zeigt sich das in der Informationsverschränkung und dem argumentativen Umgang mit dem Bildmaterial der Szenenausschnitte. Beides wird durch einen weitgehend produktiven Einsatz neuer magazinästhetischer Gestaltungsverfahren unterstützt. Die Berücksichtigung von verschiedenen Blickwinkeln bildet das argumentative Grundmuster, das gegen Ende auf zwei konträre Positionen zugespitzt wird und in ein kritisches Resümee mündet. Dieses wird betont subjektiv und ohne den Anspruch auf besonderes Expertentum und die allein gültige Interpretation präsentiert.

Im Vergleich zum zuvor beschriebenen theaterinformativen Service sind die Funktionen des theaterkritischen Berichts vielschichtiger dimensioniert. Die Informationen werden zu Erläuterungen und bilden die Grundlage für die interpretatorische Erörterung, den argumentativen Aufbau und die abschließende Wertung. Das Recht auf kritische Reflexion, selbst auf einen Verriß, ist unbedingt zu akzeptieren. Ein solcher Magazinfilm kann sich nicht nur auf Theaterberichterstattung und den Anreiz zum Theaterbesuch beschränken, sondern muß auch Aufführungskritik leisten, wenn er sich als Fernsehmagazin-Beitrag gleichberechtigt neben den Print-Kritiken behaupten und in der theaterkritischen Öffentlichkeit wahrgenommen werden will.

Für die beruflich an Theaterinformationen und Theaterkritik Interessierten scheinen allerdings theaterkritische Berichte in Kulturmagazinen keine große Bedeutung zu haben. Sie bevorzugen die Printmedien. Das mag an der medialen Beschaffenheit liegen, verbunden mit den unterschiedlichen Möglichkeiten, sich *gezielt* informieren zu können. Vielleicht hängt es auch damit zusammen, daß die Kritiker in den Printmedien viel gezielter auf einen spezifischen Interessentenkreis hin schreiben, während Autoren im Ersten Programm des Fernsehens sich einem viel diffuseren Anspruchsspektrum gegenübersehen. Die ARD soll "ein Programm für alle machen" - was zwar nicht heißt, daß jedes Programm immer alle erreichen soll, aber eben doch möglichst viele. Das gilt auch für die Kulturmagazine, die zwar als Angebot für ein interessiertes Teilpublikum gelten, aber eben doch möglichst hohe Quoten bringen sollen. Die theaterkritischen Magazinfilme tendieren deshalb vermutlich zu einem mittleren Anspruchsniveau.

Anders als die bisher skizzierten entstammt mein drittes theaterinformatives Exempel nicht einem öffentlich-rechtlich definierten, sondern einem kommerziellen Sender. Die medienpolitischen Voraussetzungen, die es ermöglichten, daß die *dctp*-Programmschiene innerhalb des RTL-Programmangebots eingerichtet werden konnte und mußte, spare ich aus. Ebenso die Frage, ob es sich um einen unwiederholbaren Einzelfall handelt oder nicht. Auf jeden Fall eröffnet diese *dctp*-Konstruktion, die auf unabhängigen Journalismus, kulturelle Vielfalt und Qualität setzt, Spielräume für einen eigenwilligen Kulturmagazintyp, der sich nicht primär an den eingespielten Magazin-Konventionen orientiert, sondern meist monothematisch angelegt und formal sehr beweglich ist. Daß die Quoten und der Zuspruch gar keine Rolle spielen, trifft zwar nicht zu, aber die drei sonntags und montags ausgestrahlten Kulturmagazine werden auf ein sehr speziell interessiertes Publikum hin angelegt, das sich im übrigen durch präzise Vorinformationen in den Programmzeitschriften darauf einstellen kann.

Für die Magazinreihen *Primetime Spätausgabe, News & Stories* und *10 vor 11* ist Alexander Kluge als Herausgeber und Autor tätig.[12] Das theater-

---

12 Vgl. dazu Kluge, Alexander: Was ich als Autor im Fernsehen treibe. In: Funk-Korrespondenz. Nr. 48. 1993, S. 21-23.

bezogene Interesse Alexander Kluges gilt vorrangig dem Musiktheater[13]; eine seiner bevorzugten Präsentationsformen ist das Gespräch. Für beides ist eine *10 vor 11*-Ausgabe, die den Titel "Der neue Rossini" trägt und sich mit der Inszenierung der Oper *Ubu Rex* befaßt, ein typisches Exempel. Aus der insgesamt 25 Minuten langen Sendung vom 12.8.1991 möchte ich zunächst zwei Ausschnitte in einer Protokollskizze vorstellen.

Abb. 7: *10 vor 11*, RTL 12.8.1991

Ein durchlaufendes Schriftband (im Hintergrund ein Bühnenbild) erläutert das Thema: "DER NEUE ROSSINI -- / König Ubu, das anarchistische Meisterdrama des Galliers Alfred Jarry aus dem Jahre 1896. 1991 hat Krzysztof Penderecki eine neue Oper geschrieben: "Ubu Rex". Mit den Augen der neunziger Jahre des 20. Jahrhunderts konzentriert das Stück 500 Jahre Musik, ein Glücksfall" (Abb. 7). Daran schließt sich eine Schrifttafel an: "Der neue Rossini. Gespräch mit dem Komponisten der Oper 'Ubu Rex' Krzysztof Penderecki, aus Krakau."

Nach den knapp gehaltenen (optischen) Vorab-Informationen beginnt der Beitrag mit Ausschnitten aus den Proben zu *Ubu Rex* am Nationaltheater München, die zum Gegenstand des nachfolgenden Gesprächs werden. Die Aufnahmen des Probengeschehens (mit Musik) beschränken sich nicht auf ein 'fotografisches' Abbild, sondern präsentieren ein durch filmische Techniken gestaltetes Bild.

---

13 Vgl. ebda. S. 21.

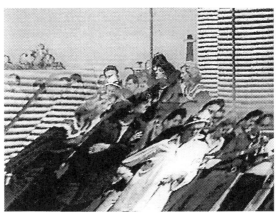

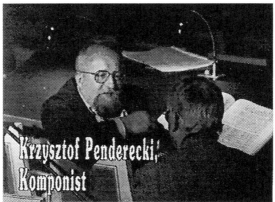

Abb. 8-9: *10 vor 11*, RTL 12.8.1991

Nach ca. einer Minute zeigt die Kamera zunächst in einer Totalen den Zuschauerraum mit der Bühne. Danach verengt sich die Einstellung allmählich, bis die beiden Gesprächspartner - Kluge und Penderecki -, im Zuschauerraum sitzend, halbnah im Bild sind (Abb. 9).[14]

> K: "Herr Penderecki, wenn Sie mir einmal die Szene beschreiben, [...] in der die Banda auftritt."
> P: "Ja, das ist die Militärparade-Szene am Hof des polnischen Königs, und da wollte ich natürlich so polnische Akzente auch setzen.

---

14 Im weiteren Gesprächsverlauf konzentriert sich die Kamera noch stärker auf Penderecki, indem sie diesen in Nah- und Großaufnahmen zeigt und den Gesprächspartner Kluge optisch weitgehend ausblendet.

[...] Ja, das ist eine Polonaise eigentlich - die ganze Szene ist in der Form von [einer] Polonaise geschrieben. Natürlich so paraphrasiert - - ja, ich würde sagen, nicht daß es eine Karikatur ist - also wenn ja, dann ist natürlich ..."
K:"... eine Phantasmagorie"
P: "Natürlich, natürlich." [...]
K: "Eine Banda nennt man eine Kapelle auf der Bühne? So wie in Don Giovanni usw.?"
P: "Ja gut, es ist nichts Neues, dieses Element haben andere Komponisten schon benützt. Hier benütze ich [es für] diese Szene auf der Bühne. [...]
K: "Wenn Sie mir einmal das Stück Partitur beschreiben, [...] man hat ja den Eindruck, daß da [etwas ist] von Meistersinger Dritter Akt, mal denkt man an Lohengrin, mal hört man Donzetti, aber mit den Ohren der neunziger Jahre des 20. Jahrhunderts, so daß eigentlich eine Universalgegenwart ..."
P: "Natürlich, es gibt etwas so wie eine allgemeine Buffo-Sprache, die allerdings sehr schwer ist"
K: "... weil sie sehr präzise sein muß?"
P: "... niemand traut sich eigentlich heutzutage, eine Buffo-Opera zu schreiben, weil es wirklich das Allerschwierigste ist. Ich habe eigentlich zwanzig Jahre gebraucht, bis ich das Stück schrieb. Ich habe es nämlich angefangen so einmal Anfang der sechziger Jahre, also schon fast 30 Jahre habe ich zuerst einmal eine Musik geschrieben für ein Theater in Stockholm, also "Ubu". Dann hat mich das Thema immer verfolgt. Sie wissen, das Stück ist sehr populär auch in Polen, in Deutschland eigentlich nicht." [Dauer der Passagen ca. 4 Min.]

Information, Demonstration, Erörterung und analytische Reflexion vollziehen sich hier einerseits anhand von Schriftelementen und (bearbeiteten) Probenausschnitten und andererseits im sondierenden und sich allmählich entwickelnden Gespräch. Zu den Merkmalen der Gestaltung gehören die Dauer, die relativ ungekünstelte Gesprächssituation, bei der sich Kluge optisch zurücknimmt, die sparsamen Einstellungswechsel, der Verzicht auf demonstrative Professionalität. Im Unterschied zu dem vorherigen Exempel handelt es sich nicht um einen Aufführungsbericht und eine abschließende Wertung, sondern um die gesprächsweise Erschließung eines Gegenstandes im Kontext des Erarbeitungsprozesses und unter Experten. Abgesehen davon wird eine zweite Reflexionsebene aufgebaut, in der es um generelle ästhetische, auch fernsehästhetische Fragestellungen geht, wie das nachfolgende Zitat aus dieser *10 vor 11*-Sendung (vom 12.8.1991) zeigen kann. Kluge:

> Sehen Sie, wenn wir mit Bildern arbeiten im Film, dann ist das, was in den neunziger Jahren uns fesselt, der Antirealismus, der entsteht, [...] wenn wir mehrere Bilder in ein Bild hineinbringen, wenn wir das Simultane verschiedener Vorgänge zulassen. [...] es ist niemals dasselbe Bild, aber der Vorgang ist der gleiche und wie in einem Prisma sehen wir jetzt mehr als einen Vorgang - negativ, positiv, die Farbe separat usw. [...] anschließend haben wir eine Vielfalt, die das Gegenteil von Fernsehen ist. Das Gegenteil des Naturalismus, des naturalistischen Zwangs [...] immer dieselben schlechten Theaterstücke abzubilden.

Auch wenn man sich diese Auffassung nicht zu eigen machen will, stellt sie doch ein produktives Diskussionsangebot dar. Zugleich ist diese Passage ein anschauliches Exempel für das jeweils spezifische Interesse des Fernsehmagazin-Autors Alexander Kluge an seinen Gegenständen, das in diesem Fall zu einer eigenwilligen Auseinandersetzung mit "Theater im Fernsehen" führt und seinen Fernsehprodukten generell ein unverwechselbares Profil gibt.

Abschließende Überlegungen

Die Unterschiedlichkeit der vorgestellten theaterinformativen Exempel im Hinblick auf ihre Schwerpunkte und Intentionen, ihre Reichweite und ihr potentielles Publikum läßt sich auch für andere theaterinformative Varianten vermuten. Aufgrund ihrer jeweils besonderen Textsortenprofile stehen sie sich nicht gegenseitig im Wege oder nehmen sich wechselseitig die Zuschauer ab. Ebensowenig besteht zur Zeit die Gefahr eines theaterinformativen Überangebots.

Defizite gibt es aus meiner Sicht z. B. hinsichtlich der Regelmäßigkeit der Berichterstattung, der Auffindbarkeit, der gleichgewichtigen Berücksichtigung der theatralen Formen und der Präsenz von Beiträgen über Theatersendungen im Fernsehen. Ein überregionales Theatermagazin, das die verschiedenen theatralen Formen regelmäßig berücksichtigt, wäre deshalb durchaus wünschenswert und angebracht - notfalls gesponsert von einer Interessengemeinschaft der Theater-Fans. Es könnte Kabarett, Operette, Volkstheater oder sitcoms ebenso in den Blick nehmen wie Schauspiel, Oper oder Tanztheater, auf die sich bisher ein Großteil der theaterinformativen

Aufmerksamkeit richtet. Zudem wäre eine 'Rubrik' sinnvoll, innerhalb derer ein kompetenter (vielleicht sogar von den Printmedien her bekannter) Theaterkritiker seine Positionen fernsehmedial präsentiert.

Mein Anliegen ist jedoch nicht, Argumente dafür zu liefern, Theaterberichterstattung als Ersatz für Theatersendungen, die Aufführungen vom Anfang bis zum Ende repräsentieren, zu betrachten. Im Gegenteil, ich greife die für diesen Typ von Theatersendungen üblich gewordene Bezeichnung "Dokumentation einer Theaterarbeit" auf und verknüpfe sie mit Intentionen der Theaterberichterstattung - wie "Neugierigmachen", "Kennenlernen", "Informieren", "Anreize setzen", "Partizipation am Theatergeschehen".

So gesehen gehören Aufzeichnungen von Bühneninszenierungen in das umfassende Feld der Theaterberichterstattung, die allerdings nicht auf die aktuelle Rolle beschränkt bleibt, sondern zugleich eine theaterhistorische und kulturhistorische Funktion erhält. Damit erübrigt sich beiläufig auch die unproduktiv verfestigte Argumentation, daß Fernsehen und Theater unter theater-ästhetischen Gesichtspunkten unverträglich seien.

Solche Überlegungen greifen auch rückwirkend: man braucht nur an die Theaterbestände in den Fernseharchiven zu denken - das Theater Ost und das Theater West sind dort vielfältig dokumentiert. Wenn die nächste Stufe der Konservierung angegangen wird, sollte vorab gesichert sein, daß diese Bestände nicht nur als Programmgut von den Sendern genutzt, sondern auch als allgemeines Kulturgut zugänglich gemacht werden können. Beispielsweise in einer Art Mediathek im *Haus der Geschichte*.[15] Neben den theatralen könnten auf diese Weise zudem die fernsehmedialen Kulturleistungen ins Bewußtsein gerückt werden. Theaterhistorische und kulturhistorische Qualitäten kommen auch einem großen Teil der fernsehmedialen Aufführungsberichte, Interviews und Porträts zu, die ebenfalls aus den Archiven erlöst und außerhalb der Sendeanstalten genutzt werden sollten.[16]

---

15 Verzeichnisse des Deutschen Rundfunkarchivs liegen für das 'Theater-West' vor. Die Theatersendungen im Fernsehen der DDR wurden vom Teilprojekt B7, 'Theater im Fernsehen', des DFG-Sonderforschungsbereichs 240 "Bildschirmmedien", Siegen, in Kooperation mit dem Rundfunkarchiv-Ost erschlossen.

16 Stellvertretend für viele andere einige Beispiele aus den Anfangsjahren des Kulturmagazins *aspekte* (ZDF): *Theatertreffen* (22.5.1966 und 16.5.1966); *Des Teufels General* (24.1.1967); *Hochhuths Soldaten* (28.11.1967); Interview mit Peter Weiss (19.3.1968); *Samuel Beckett* (28.10.1969); *Straßentheater* (25.11.1969); *Living theatre* (6.1.1970); *Interview: Schaubühnen-Kollektiv* (22.6.1971).

Jede kleine theaterkritische Randnotiz in den Printmedien wird in die theaterhistorische Überlieferung und in die aktuelle Diskussion einbezogen - die häufig qualitativ besseren Fernsehbeiträge bleiben unberücksichtigt.

Barbara Büscher

Theater und Video - jenseits des Fernsehens?
Intermediale Praktiken in den achtziger Jahren

Video/Künste - einige Stichworte

Seit den siebziger Jahren ist Video (der Recorder und die Kamera) in verschiedenen Verbreitungsniveaus[1] zum Massenkonsumartikel geworden. Damit entstand die Möglichkeit, das Bild des TV-Formats aus der Verfügungsgewalt der Fernsehinstitutionen, des -marktes zu lösen. Künstler verschiedener Bereiche (der Bildenden Kunst, der Musik, des Theaters) nutzen seitdem diese Möglichkeit, um in der Verbindung von Videotechnik und den Techniken der traditionellen schönen Künste deren Beziehung zueinander praktisch und experimentell zu erkunden. Im Spiel mit den medialen Differenzen machen sie die Veränderung der Wahrnehmung durch die Mediatisierung der Gesellschaft zum Gegenstand ihrer Arbeit.

> Das Fernsehen befindet sich ständig in meinem Blickwinkel, im Raum, in dem Dinge passieren, die sich gelegentlich mit denen im Fernsehen überschneiden. So z. B. wenn der Blick über den Bildschirm schweift und gleichzeitig jemand etwas sagt, was zufällig mit den Lippenbewegungen im Fernsehen übereinstimmt. Es kommt zu einer gewaltigen Kollision zwischen den Dimensionen, dem Raum und der Fläche. Ich versuche also, dieses Gefühl im Theater wiederzugeben, weil es meine Art ist, die Dinge zu erleben.[2]

Was Elizabeth LeCompte, die Regisseurin der New Yorker Wooster Group hier formuliert, markiert einen der Ausgangspunkte intermedialer Praktiken zwischen Theater/Tanz/Performance einerseits und Video/Film andererseits. Das Bewußtsein über die Veränderung der eigenen Wahrnehmung wird zum Anlaß für die Erkundung veränderter Bedingungen von Theater, Theatralität. Diese Erkundung wird zum Bestandteil experimenteller Theaterformen in

---

1 Vgl. Zielinski, Siegfried: Zur Geschichte des Videorecorders. Berlin 1986.
2 LeCompte, Elizabeth. In: Wiener Festwochen. Big Motion - die öffentlichen Interviews. Dokumentation. Wien 1991. o. S.

den achtziger Jahren - Theaterformen, die sich von den traditionellen Parametern wie Figur, Rolle, Handlung, narrative Bedeutungsproduktion, vom dramatischen Text als Zentrum der Aufführung lösten. Ihr Stellenwert läßt sich allerdings nur erkennen, wenn man auf die internationale Entwicklung blickt. Das ist der erste Gesichtspunkt, um den mein Beitrag die hier bearbeitete Fragestellung erweitert. Aus der Kooperation von Theater/Tanz- und Video-/Filmkünstlern resultiert zum einen die Integration von Video, Bild und Monitor, in die Aufführungen. Leibhaftige Körper und elektronische Apparate treffen aufeinander. Verschiedene Ebenen der Präsenz bzw. Repräsentation werden zueinander in Beziehung gesetzt. Die Arbeiten der Wooster Group z. B. zeigen, wie das Flottieren zwischen traditionellen Theatertexten, Bildwelten der Medien und autobiographischer/sozialer Realität das Material des Theaters neu konstituiert und strukturiert. Dabei werden nicht nur die 'anderen' Bildwelten der Fernsehserien, Nachrichtensendungen, Werbespots und Musikclips zu Referenzpunkten des Theaters. Auch die Veränderung der Wahrnehmungsstrukturen durch die Endlosigkeit des Bilderflusses, seine ständige Anwesenheit, seine Schnelligkeit werden reflektiert. Der Einsatz von Video macht seine Fragmentierung, seine Dekonstruktion möglich.

Zum anderen entstehen aus der Kooperation Videotapes/Filme, die als eigenständige Objektivationen neben oder an die Stelle der Aufführung treten. Von ihnen wird im folgenden die Rede sein. Und hier liegt die zweite Erweiterung, die dieser Beitrag gegenüber der Fragestellung der Tagung vornimmt. Die Filme/Tapes werden von den Künstlern selbst nicht mehr länger als 'Reproduktion' eines als Original verstandenen Live-Ereignisses angesehen, sondern als dessen Erweiterung, Ergänzung und Kommentar. Es geht nicht länger um die adäquate Adaption einer Bühneninszenierung, sondern um das künstlerisch produktive Ausreizen medialer Differenzen, indem Tapes/Filme Teil eines Arbeitsprozesses mit verschiedenen Materialien und Techniken sind. Die Bilder inszenierter Körper-Bewegung werden zum Material für die medial verschiedenen Möglichkeiten der Raum-Zeit-Gestaltung:

- Der im abgeschlossenen Theaterraum nur imaginäre Bezug zum Außen wird in die Erkundung realer Landschaften aufgelöst, deren Abbild mit den Mitteln elektronischer Bildbearbeitung wieder zum Kunst-Raum werden kann.
- Dem von der Kamera gelenkten Blick werden neue Sicht-Weisen und Perspektiven erschlossen.

- Die Begrenzungen der Körper-Bewegungen in zeitlichem Ablauf und Trägheit der Masse werden virtuell verschoben (Schwerelosigkeit).

Das sind einige der Gestaltungsmöglichkeiten, die experimentell erschlossen werden. Die folgenden fünf Beispiele werden die Vielfalt unterschiedlicher Zielsetzungen und Herangehensweisen verdeutlichen. Jenseits des Fernsehens? Alle fünf der ausgewählten Beispiele sind jenseits der durch Programmschemata, Sendeformaten und genremäßiger Aufspaltung der fiktionalen Formen etablierten Normen entstanden. Ihre Produktion wurde oft erst im Rahmen oder mit Unterstützung öffentlicher Kunstinstitutionen möglich. Bisher ist offensichtlich intermediales Experimentieren und unreglementierte Autorschaft nur so gesichert. Dabei wäre das Fernsehen als Distributionsort und als Förderer durchaus gefragt, was ja für die Videokunst ebenso gilt.

Denn das Fernsehen bleibt Bezugspunkt - schon aufgrund seiner bedeutenden Rolle im Prozeß der Mediatisierung. Deutlich wird das z. B. daran, daß Robert Wilson seine Videoarbeiten "a work for television" nennt, oder daran, daß das Bildschirmformat Bezugsgröße der Gestaltung bleibt. Und nicht zuletzt haben die Künstler Interesse an den Möglichkeiten massenmedialer Popularisierung und Verwertung, wie auch an den Einflüssen von Clip und Spot - den Formaten der Werbung und ihrer Unterabteilung der Musikvideos - erkennbar wird. Hier wie dort gibt es Versuche, die kategoriale Zuordnung in U- und E-Kultur zu unterlaufen, dem Bildschirm neue Formen in künstlerischer Auseinandersetzung zu erschließen, "inbetween" zu arbeiten.[3] Auch unter diesem Gesichtspunkt ergeben sich Verbindungen zur Entwicklung im Bereich der Videokunst.

Komplexe Relationen: Das Material des Theaters und die Bilder des Video/Films
Beispiel 1: Robert Wilson *Deafman Glance* (USA, 1981)

> Wenn man ins Theater geht, richtete sich die Aufmerksamkeit auf die Bühne. (...) Beim Fernsehen hat man immer eine Wahl. Man

---

3 "Inbetween" ist der us-amerikanischen Theatertheorie und -kritik der achtziger Jahre entlehnt (Schechner, Auslander) und bezeichnet ähnliche Phänomene wie die Begriffe 'crossover' oder 'Hybridisierung', allerdings mit einer deutlichen Akzentuierung des "mitten zwischen U und E". Neben vielen anderen gelten als Beispiele die Arbeiten renommierter Video/Filmkünstler im Bereich Musikvideo. S. dazu die Ausstellung "Art of Music Video: Ten Years After" des Long Beach Museum of Art (1991).

kann den Kanal wechseln und den Ton abschalten. *Video 50* ist in Funktion dieser Wahl strukturiert. Man kann es in sehr kurze Sequenzen von 30 Sekunden teilen und die Segmente können umgestellt und in anderer Reihenfolge gesehen werden.[4]

So hat Robert Wilson seine erste Videoarbeit selbst kommentiert. *Video 50*, 1978 entstanden, übrigens in Koproduktion mit dem ZDF, war ein früher Versuch, die Mechanismen des Zapping in das Werk selbst einzuschreiben. Es besteht aus ca. 100 kurzen Episoden, die u. a. Bildmotive aus Wilsons Theaterarbeit wiederholen und variieren und sie durch die Montage in immer wieder andere Zusammenhänge stellen. Wilson hat in großen zeitlichen Abständen bisher fünf Videos realisiert, weitere waren geplant, zumindest erarbeitete Wilson mit Thomas Woodruff zu Beginn der achtziger Jahre eine Reihe von weiteren storyboards.[5] Aus welchen Gründen sie nicht realisiert wurden, ist mir nicht bekannt. Ich habe hier *Deafman Glance* als Beispiel ausgewählt, weil es einerseits das einzige der fünf realisierten Videos ist, das die unmittelbare Nähe zu einer seiner Theaterproduktionen wahrt und damit andererseits deutlich macht, wie wenig es sich um eine Adaption handelt, wie sehr sich Wilson der Differenzen im Umgang mit den Medien bewußt ist.

Deafman Glance, die Theaterproduktion, entstand 1970. Wilson entwickelte das Material gemeinsam mit dem taubstummen 13jährigen Raymond Andrews, dessen Wahrnehmungsweise - das Denken ohne Worte - ihn faszinierte und dessen Bildwelt er auf dem Theater erfahrbar machen wollte. *Deafman Glance* dauerte in der ersten Fassung sieben Stunden - später variierte die Dauer - und war ohne Worte. Der Prolog, auf dem die Videoversion beruht, dauert auf dem Theater eine Stunde.[6] Das Video ist insgesamt 27 Minuten lang. Daran wird schon eine Differenz im Umgang mit dem anderen Medium deutlich: aufgrund der extrem verlangsamten Bewegungen und dem in der Bühnenproduktion geforderten Eintauchen in eine andere Zeiterfahrung, die ihre Spannung aus der realen Anwesenheit der Akteure

---

4 Wilson, Robert: Video 50. In: Karlheinz Barck u. a. (Hrsg.): Aisthesis. Wahrnehmung heute. Leipzig 1990, S. 370.
5 Vgl. Thomas Woodruff. In: Shyer, Laurence: Robert Wilson and his Collaborators. New York 1989, S. 178ff. Realisiert hat Wilson neben *Video 50* und *Deafman Glance* die drei folgenden Videoarbeiten: *Stations* (USA 1982, 57 Min. in Koproduktion mit ZDF und INA), *La Femme a la cafetière* (F 1989, 6 Min.), *Mr. Bojangle's Memory, Og, Son of Fire* (F 1991, 8 Min.).
6 Vgl. Brecht, Stefan: The Theatre of Visions: Robert Wilson. New York/Frankfurt a. M. 1978, S. 54ff.

und der Wahrnehmung des Raumes zog, war eine Adaption ausgeschlossen. Wilson entschied sich, allein die Bilder des Prologs zum Material des Videos zu machen und damit den Prolog zur Signatur der Inszenierung.

Die durch die extreme slow motion auf dem Theater entstehende Irritation der Wahrnehmung ersetzte er durch dem Medium adäquatere Gestaltungsmöglichkeiten. Es sind dies z. B.: die ganz in Hinblick auf das Format des Monitors komponierte Bildgestaltung, die Nahaufnahmen und z. T. extremen Aufsichten, das Spiel mit Licht und Schatten, die bis ins Detail stilisierte Farbkomposition. Gegenstände werden isoliert, vergrößert und gewinnen ein Eigenleben. Ton- und Bildspur sind getrennt, d. h. die wenigen Geräusche und kurzen Musiksequenzen sind keine 'realistische' Untermalung der Aktion. Die Geräusche werden ebenfalls isoliert und ausgestellt. Auch im Video wird - wie in der Theateraufführung - nicht gesprochen. Nicht nur die Kameraführung erinnert an Hitchcock. Es lassen sich auch Bildmotive finden, die auf Hitchcock-Filme verweisen.[7]

Das akkurate 'unnatürliche' Timing der Bewegungen der Figuren im Video nimmt wie seine Gesamtstruktur Konstruktionsprinzipien von Wilsons Theaterarbeit auf, u. a. die Wiederholung mit minimalen Varianten. Das Video besteht aus zwei Teilen, die wiederum in jeweils zwei Sequenzen geteilt sind: eine Frau bringt einem Kind ein Glas Milch, es trinkt; eine Frau holt ein Messer und ersticht das Kind. Der zweite Teil wiederholt diese Aktionen an einem zweiten Kind mit minimalen Veränderungen: die Milch z. B. wird erwärmt oder das Kind liegt im Bett, statt auf einem Hocker zu sitzen.

Das auffallendste Merkmal des Prologs auf dem Theater ist in den Film übernommen: es ist die völlig Trennung von Bildvorstellung und Affekt, von dem gezeigten Vorgang (einem Mord und dazu noch dem einer Frau/Mutter an Kindern) und der gänzlichen Ausdruckslosigkeit, mit der diese Aktion vorgezeigt wird.

---

7 So könnte man z. B. das Glas Milch/Gang auf dem Flur/Treppe als Verweis auf die Mordszene in *Suspicion*, die viktorianisch gekleidete Mutterfigur/das blitzende Messer als Verweis auf *Psycho* lesen. Es handelt sich aber dabei keinesfalls um direkt aufzuschlüsselnde, interpretativ angelegte Zitate, sondern eher um visuelle Assoziationen aus der amerikanischen 'Massenkultur', denen man häufiger in Wilsons Arbeit begegnet.

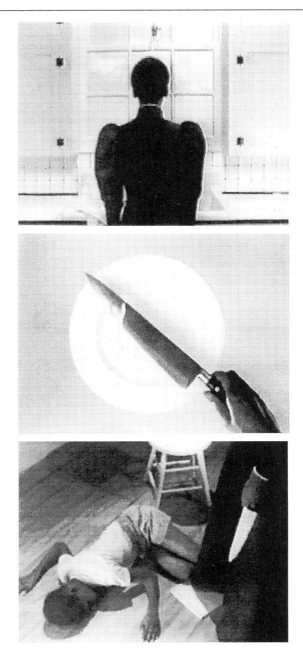

Abb. 1-3: Robert Wilson *Deafman Glance* (USA, 1981)

"Es fehlte alles, was man mit dem Akt des Mordens assoziiert: Gefühl, Gewalt, Haß und Blut"[8] - so Sheryl Sutton, die Darstellerin des Prologs auf dem Theater und im Video. "A work for television" nannte Wilson auch diese Arbeit im Untertitel. Das wirft nicht nur die Frage auf, wie er das Material seiner Theaterproduktion für eine Produktion im anderen Medium auswertet, sondern auch welche Wahrnehmungsgewohnheiten im Kontext des Fernsehprogramms er irritiert. Die formalen Konventionen einer Mordgeschichte jedenfalls werden völlig negiert, emotionalisierende Effekte dekonstruiert.

Beispiel 2: Ken Kobland/Wooster Group *Flaubert Dreams of Travel but the Illness of His Mother Prevents it* (USA, 1986)

Der Videofilm mit dem langen und zunächst rätselhaften Titel steht in einer vielschichtigen und komplexen Beziehung zur Produktion für die Bühne. Die Bühnenproduktion *Frank Dell's Temptation of St. Antony* entstand in einem zweijährigen Arbeitsprozeß der Wooster Group von 1985 bis 1987.[9] Ein Ausgangspunkt dieser Arbeit, ein Materialbaustein, war die Auseinandersetzung mit Gustave Flauberts *Die Versuchung des Heiligen Antonius*[10] - Verweise darauf gibt es sowohl im Titel des Bühnenstücks wie im Titel des Films. Im Verlauf dieses Arbeitsprozeßes wurde 1986 der Videofilm gemacht, der später dann auch Bestandteil der Bühnenaufführung wurde.

Die Wooster Group versteht ihr Theater u. a. - wie die eingangs zitierte Aussage Liz LeComptes deutlich macht - als Erforschung des Verhältnisses von Bühnen- und medialer Re/Präsentation. Video ist integraler Bestandteil ihrer Performances. Die sogenannte Massenkultur liefert ihnen Materialien - die Bilder und Mythen des Fernsehens, der Werbung, des Entertainments, der Pop Kultur - Materialien, die ja die eigene Wahrnehmung längst prägen. Die Wooster Group collagiert das historische, fremde, entfernte Material - in die-

---

8   Sutton, Sheryl. In: Shyer: Robert Wilson and his Collaborators (Anm. 5). S. 6.
9   Vgl. Weßendorf, Markus: Die theatrale Ästhetik der Wooster Group: Dekonstruktion als theatrale Praxis. Diplomarbeit Gießen 1990. Die Wooster Group versteht ihre Arbeit als 'work in progress'. Aufführungen sind immer Zwischenergebnisse. So hat die Gruppe *Frank Dell's Temptation of St. Antony* 1994 wieder aufgenommen, verändert durch die Auseinandersetzung mit dem Tod Ron Vawters, der Ende 1993 an Aids gestorben ist.
10 Eine deutsche Übersetzung nach der dritten und letzten Fassung von 1870/72: Gustave Flaubert, Die Versuchung des heiligen Antonius. Dt. v. Felixe Paul Greve. Zürich 1979. Flaubert hat sich über einen langen Zeitraum immer wieder mit der Arbeit an diesem Text beschäftigt - 1849 entstand die 1. Fassung, 1856 eine zweite -, der ihm zu Lebzeiten nur Unverständnis eingebracht hat.

sem Fall den Flaubert-Text - assoziativ mit persönlichen Erlebnissen der Schauspieler und Materialien aus dem eigenen kulturellen Kontext. Flauberts *Versuchung* wird so z. B. in Beziehung gesetzt zur Biographie von Lenny Bruce (eines seiner Pseudonyme war Frank Dell), dem in den USA fast legendären Entertainer der frühen sechziger Jahre, der mit Auftrittsverboten und Gerichtsverfahren wegen Obszönität belegt wurde und 1966 an einer Überdosis starb. Versuchungen und Obsessionen, Obszönität und Rausch - ein Netzwerk von Motiven und Verweisen.

Der Videofilm *Flaubert Dreams...* wird nun einerseits in Auszügen Bestandteil dieser komplexen Collage und andererseits als eigenständige Produktion vorgeführt. Er ist *eine* Form, in der sich die Auseinandersetzung der Truppe mit dem Material - etwa ein Jahr vor der Fertigstellung einer ersten Gesamtfassung für die Bühne - manifestiert. Die Schauspieltruppe, die im Video auf etwas, vielleicht ihren Auftritt, wartet, ist die Schauspieltruppe der Bühnenproduktion. Das ist zunächst der gemeinsame Ausgangspunkt beider Produktionen. Ohne Elemente aus der Bühnenaufführung zu reproduzieren oder zu verdoppeln, erhält der Film zahlreiche motivische Verweise und Verbindungen zu ihr. Sie hier auszubreiten ist nicht möglich, würde den Kontext dieses Beitrages sprengen. Darum möchte ich nur auf einige wenige Verbindungen hinweisen.

Flaubert dreams of travel: Nach der Fertigstellung der ersten Fassung der *Versuchung des Hl. Antonius* bricht Flaubert, der bis dahin immer kränkelnd auf dem Landhaus festsitzt, 1849 zu einer großen Reise in den Orient auf - in *den* Orient, der ihm bis dato imaginärer Ort der Versuchungen und Obsessionen war. Seine Reisetagebücher offenbaren einen Blick auf das Andere: eine Faszination für das Monströse, Pathologische.[11] Die Wooster Group: der Schauspieler Ron Vawter, mit Turban im Video Flaubert (?), erfuhr während der Arbeit an der Produktion, daß er HIV-positiv ist. Für die Gruppe wird die Auseinandersetzung mit dem Tod zu einem Sujet der Produktion. *Flaubert Dreams of Travel...*: im Video wird das Einbrechen der Vision, des Trips (der Reise) markiert durch obszöne Faszination für plötzlich daliegende Leichen, in denen Ron Vawter (Flaubert?) mit einem Stock herumstochert. Eine Szene übrigens, die auf dem Theater nicht darstellbar ist.

---

11 Flaubert, Gustave: Reise in den Orient. Dt. v. R. Werner und A. Stoll. Frankfurt a.M. 1985. Darin: André Stoll: Die Entführung des Eremiten in die Wüste, S. 363-417.

Theater und Video - jenseits des Fernsehens?

Abb. 4: Ken Kobland/Wooster Group *Flaubert Dreams of Travel but the Illness of His Mother Prevents it* (USA, 1986)

Das Video besteht aus einer Folge von Tableaux, in der u. a. diese Motive mit einer Grundsituation des Wartens, der Langeweile, des Beobachtens zusammengebracht werden. Die Kameraführung nimmt dabei das Thema des Beobachtens, des Observierens, des Voyeurismus auf. Man sieht z. B. eine Reihe von Personen, in Unterwäsche und Morgenmantel (die Gruppe?), stehen, sitzen, auf dem Bett liegen, abwartend, fast bewegungslos. Die Kamera erfaßt sie in starrer Position mit starker Aufsicht, die einen quasi überwachenden Blick über die Gesamtkonstellation der Szene markiert. Ton- und Bildspur sind getrennt - ein Merkmal des gesamten Videos. Die endlose Reihung nicht identifizierbarer Fetzen aus Shows, Musicals, Filmen, Seifenopern verlegt die ständige Anwesenheit des Fernsehprogramms auf die Tonspur. Man sieht zwar auch einen eingeschalteten Bildschirm, aber auf ihm flackern nur leere Zeilen. Aus den sich überlagernden Tonfetzen schält sich dann deutlich Bob Dylans *Knockin' on Heaven's Door* heraus und eine Männerstimme wird verständlich: "Rauch füllt den Raum... Ich begann, Farben zu hören und Geräusche zu sehen... ein trip". Nun verweisen Ton und Bild aufeinander: das Zimmer füllt sich mit weißem Rauch. Die Kameraführung wechselt dann zu einer Nahaufnahme mit Untersicht. Wir sehen nicht gleichzeitig, was Ron Vawter/Flaubert (?) sieht, sondern wir sehen ihn an. Diese Blickkonstellationen, die die Kamera - und den Zuschauer - nicht zum Begleiter der Szenen machen, sondern sie/ihn als Gegenüber verdeutlichen, sind ebenfalls ein Charakteristikum des Videos.

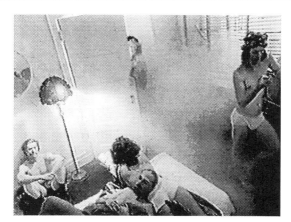

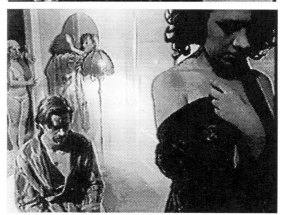

Abb. 5-7: Ken Kobland/Wooster Group *Flaubert Dreams of Travel but the Illness of His Mother Prevents it* (USA, 1986)

Beispiel 3: Mickery Theatre (Ritsaert ten Cate)/Pip Simmons Theatre Group, *The Ballista* (NL, 1985)

Mitte der achtziger Jahre initiierte Ritsaert ten Cate, der Leiter des Amsterdamer Mickery Theatre, eben dort eine Projektserie unter dem Titel *Making theatre beyond TV*, die "Gegenwart und Einflußnahme der Medien - insbesondere des Fernsehens - auf unser tägliches Leben im Theater erforschen möchte"[12]. Im Verlauf von drei Jahren realisierte das Mickery internationale Ko- und Eigenproduktionen, u. a. *Need to know* mit der Needcompany um Jan Lauwers (1987) -, die in Form und Inhalt die Möglichkeiten des Theaters in den Beziehungen von Zuschauern, Schauspielern und Massenmedien untersuchten. Neben der Produktion für die Bühne sollte bei jedem Projekt ein Videofilm als unabhängiges, gleichwertiges Produkt entstehen.

> Das Fernsehen wird genutzt, um über das Theaterpublikum hinauszureichen und ein potentielles Interesse des Fernsehpublikums zu wecken, aber es würde den Kern der Sache verfehlen, darin nichts mehr als den Wechsel zu einem Medium zu sehen, das hinsichtlich öffentlicher Beachtung erfolgversprechender ist. Kein Medium soll Ersatz des anderen werden.[13]

Das erste Projekt, das in dieser Serie realisiert wurde, war *The Ballista*, eine Koproduktion mit der Londoner Pip Simmons Group. Der Bühnenproduktion liegt die Kurzgeschichte *In der Strafkolonie* von Franz Kafka zugrunde. Die Struktur der Produktion folgt der Struktur der Erzählung. Die Figur des Reisenden in Kafkas Geschichte wird durch ein Fernsehteam ersetzt, das - auf dem Theater - die Erprobung der grausamen Tötungsmaschine und die Reaktionen des Publikums verfolgt und kommentiert. Es handelt sich um eine Live-Übertragung, moderiert von einer Frau. Auf der Bühne findet also eine unmittelbare inhaltliche Auseinandersetzung mit Produktionsweisen, Themen und Wahrnehmungsformen des Fernsehens statt. Die kritische Aussage ist eindeutig: das Fernsehen setzt in Katastrophen-, Kriegs- und ähnlichen Formen der Berichterstattung, die Gewalt und Grausamkeiten als Sensationen anbietet, die Tradition der öffentlichen Hinrichtung fort bzw. nimmt sie wieder auf.

---

12 ten Cate, Ritsaert, zit. nach: Internationales Sommertheater Festival Kampnagel (Hrsg.): Performing Europe. Dokumentation. Hamburg 1989, S. 33.
13 Ebda. S. 13.

Abb.: 8-9: Mickery Theatre (Ritsaert ten Cate)/Pip Simmons Theatre Group, *The Ballista* (NL, 1985)

Der Voyeurismus auf beiden Seiten - der der Fernsehproduzenten und der Zuschauer - wird aber nicht nur inhaltlich zum Thema, sondern in der Inszenierung des Raumes strukturell sichtbar gemacht. Die Zuschauer können sowohl die Aktionen auf der Bühne als auch auf Monitoren deren Live-Übertragung verfolgen. Das Spiel im Bühnenraum - Darstellung der Strafkolonie -, das Spiel des Kamerateams und der Moderatorin - als Verbindung zwischen Dargestelltem und Zuschauerraum - und das auf den Monitoren erscheinende Bild - Abbild und Ausschnitt - machen in ihrer Gleichzeitigkeit die verschiedenen Ebenen von Zuschauen und Beobachten erfahrbar. Schon seit den siebziger Jahren hatte ten Cate immer wieder mit Raumkonzepten gearbeitet, die Zuschauen, die damit verbundenen Haltungen und Perspektiven, zum Thema machten. Das Publikum wurde beweglich gemacht, um ihm immer wieder andere Blickwinkel auf die Bühnenaktion zu ermöglichen.[14]

Der Videofilm zu diesem Projekt arbeitet nun ausschließlich mit dem Material der Aufführung unter Einbeziehung der Zuschauerreaktionen. Er nähert sich insofern am weitestgehenden unter den hier ausgewählten Beispielen einer Aufzeichnung oder Dokumentation. Allein die Länge von 40 Minuten signalisiert, daß es sich um eine Auswahl aus dem Material der Bühnenproduktion handelt. Außerdem mußte der Videofilm Adaptionsprobleme lösen, an denen oftmals Aufzeichnungen experimentierender Theaterprojekte scheitern. Zunächst gab es keine Proszeniumsbühne, deren Rahmen einen Bezugspunkt für den Rahmen des Bildschirms bilden könnte. Für die Inszenierung im Raum, den Bezug zum Publikum und die verschiedenen Bildebenen der Bühnenaufführung (Live, Monitor) mußte eine adäquate Kameraführung gefunden werden, die die drei Wahrnehmungsniveaus in einem vierten zusammenfaßt. Nur so konnte der zentrale konzeptionelle Ansatz der Produktion - Zuschauen/Zuschauer als Sujet - ohne die fehlende Raumerfahrung des anderen Mediums deutlich werden.

Beispiel 4: Studio Beispiel Azzurro/Compagnia G.B. Corsetti
La camera astratta (I, 1987)

In Italien entwickelte sich in der ersten Hälfte der achtziger Jahre aus der Kooperation von Theater/Tanz- und Video/Filmkünstlern eine ganze Bewegung *video-teatro* mit einer eigenständigen Festivalstruktur.[15]

Maßgeblich beteiligt waren daran die drei international wohl bekanntesten Gruppen der sogenannten Postavanguardia: *Falso Movimento, I Magazzini* und *Gaia Scienza* (heute z. T. *Compagnia Corsetti*). In den frühen achtziger Jahren wurden ihre Performances als "teatroimmagine" bezeichnet, als Theater, das narrative Elemente demontierte und Bewegung, Licht, Ton und

---

14 So konstruierte das Mickery schon 1975 bewegliche Container, in denen das Publikum in Gruppen sitzen konnte und die mittels Luftdruckantrieb im Raum gleiten konnten. Siehe dazu u. a.: Donker, Janny: Meeting the Challenge of the Times. In: Mickery Pictorial 1965-1987. Amsterdam 1988.
15 Siehe dazu: Fürle, Brigitte: Videotheater in Italien. In: Parnaß. H. 4. 1988, S. 14/15. - Valentini, Valentina: Teátro in Immagine. Vol. 1: Eventi performativi e nuovi media. Vol. 2: Audiovisivi per el teatro. Rom 1987.

Musik sowie Video/Filmbilder u. a. assoziativ komponierte, auch Elemente der U-Kultur integrierte, wie es z. B. die Gruppe *Falso Movimento* tat.[16] Von der 'rescrittura' ihrer Produktion *Tango glaciale* auf Video, 1982 von RAI 3 ermöglicht, ging ein wichtiger Impuls für die Entwicklung des 'video-teatro' aus. Das vierte Beispiel entstammt dieser Entwicklung und zeigt eine wiederum völlig andere Form der gegenseitigen Exploration der beiden Medien/Künste.

Abb. 10: Studio Azzurro/Compagnia G.B. Corsetti *La camera astratta* (I, 1987)

La camera astratta, die Bühnenperformance, wurde 1987 auf der Documenta 8 uraufgeführt und war die letzte von drei gemeinsamen Produktionen der Compagnia Corsetti und des Videostudios Azzuro.[17] Beweglich gemachte Monitore, vorgefertigte Bänder und Live-Übertragungen von Aktionen der Schauspieler hinter der Bühne sowie die szenischen Aktionen auf der Bühne gehen in eine komplexe Struktur ein. Transparenz und Schwerelosigkeit der (Ab)Bilder auf den Monitoren kontrastieren mit den realen Körpern auf der Bühne. Schauspieler, deren Aktionen hinter der Bühne live übertragen

---

16 Heymann, Sabine: Die Sprache zum Stottern bringen. Anmerkungen zum "nuovo teatro". In: Erika Fischer-Lichte/Harald Xander (Hrsg.): Welttheater - Nationaltheater - Lokaltheater? Tübingen 1993. S. 134ff.
17 Die beiden anderen Produktionen waren: *Prologo a diario segreto contrafatto* (1985) *Correva come un lungo segno bianco* (1986). Siehe dazu: Studio Azzurro/ Giorgio Barberio Corsetti: La camera astratta. Tre spettacoli tra teatro e video, a cura di Valentina Valentini. Mailand 1988.

werden, treten durch einen Spalt in der Videowand auf die Bühne und brechen damit die Zweidimensionalität des Bildes auf.

Mit der Bewegung der Bilder von einem in den nächsten Monitor oder mit ihrer Segmentierung über verschiedene Monitore wird deren Eigenschaft thematisiert, Rahmen oder Einengung der Bilder zu sein. Der Monitor wird nicht nur als Bildermaschine begriffen, sondern in seiner Materialität, als Gegenstand im Raum von eigenem Gewicht, eingesetzt.

In der gesamten Arbeit von Studio Azzurro spielen Video-Installationen eine große Rolle, in denen ja der Bildschirm/das Bild nach außen, in den Raum, erweitert wird und zu ihm in Beziehung tritt. Studio Azzurro sieht darin eine Form der Theatralisierung von Videokunst im Unterschied zu solchen Arbeiten, die in der Zweidimensionalität verbleiben und vor allem die elektronische Bildbearbeitung als Gestaltungsmittel nutzen.[18] Daraus entstand auch ihr Interesse an der Zusammenarbeit mit Theaterkünstlern.

> In unseren Arbeiten ist der Monitor nicht mehr ein Behälter von Bildern, sondern wird eine Öffnung, ein Fenster auf eine andere Welt. (...) Unsere Wahrnehmung, durch das Fernsehen geprägt, wird irritiert, wenn das Bild plötzlich eine Bewegung von einem Monitor in einen anderen machen kann, also eine Dimension bricht, um eine andere zu gewinnen. (...) Der Monitor nimmt nicht nur den Raum ein, sondern interagiert mit ihm, formt ihn. (...) Wir versuchten zu verstehen, auf welche Weise Videomonitore mit Schauspielern, mit Körpern auf der Bühne interagieren können.[19]

So formulierte Corsetti die Zielsetzung der Zusammenarbeit. In den drei gemeinsamen Produktionen untersuchten Corsetti/Studio Azzurro jeweils verschiedene Aspekte der Relationen von Schauspieler - Monitor/Videobild - Raum. In *Prologo* waren die Monitore elektronisches Gefängnis der Körper, aus dem es sich zu befreien galt.

---

18 Studio Azzuro: Fuori dallo schermo. In: Ebda. S. 7ff.
19 Corsetti in: Wiener Festwochen. Big Motion 1990. Die öffentlichen Interviews - eine Dokumentation, Wien 1990. S. 67f.

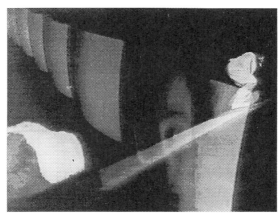

Abb. 11-13: Studio Azzurro/Compagnia G.B. Corsetti *La camera astratta*
(I, 1987)

Die Aufführungen von *Correva...* fanden draußen, im Dunkel des Gartens der Villa Medici statt. Die Monitore schlängelten sich wie ein Fluß durch die Parklandschaft. Ihr Leuchten wurde als materiale Eigenschaft exponiert eingesetzt. In *La camera astratta* wird mit den Bewegungen der verschiedenen Bildebenen und Präsenzen zu- oder gegeneinander ein abstrakter, eine mentaler Raum[20], eine imaginäre Landschaft konstruiert:

> das Innere eines Subjektes, einer Person, die sich während eines Spaziergangs, im Augenblick des Schwebens, von Erinnerungen, Empfindungen, Bildern und Obsessionen überwältige läßt.[21]

Elementare Naturmaterialien bilden den Ausgangspunkt der neun Episoden: Steine, Wasser, Wald/Zweige, Wind; Materialien, die im Videobild nur als Abgebildete, als Erinnerte erscheinen. Das Studio Azzurro hat aus den Bildern der Bühnenperformance einen sechsminütigen Clip erstellt. Er gibt einen konzentrierten Eindruck, zwar nicht von Ablauf und Struktur der Bühnenaufführung, aber von den unterschiedlichen Formen, in denen Spieler und Monitore, Videobilder und szenische Aktion interagieren, bezieht dabei auch an verschiedenen Stellen den elektronisch verfremdeten Blick hinter die Videoinstallation ein.

Die Wahrnehmungsdifferenz zwischen zweidimensional Abgebildetem und dreidimensional materiell und leibhaftig Anwesenden - Thema der Bühnenaufführung - wird durch Kameraführung und Schnitt sichtbar gemacht. So ist dieses Band eines von vielen Beispielen, die zeigen, wie das Clipformat künstlerisch ambitioniert genutzt werden kann.

Beispiel 5: Nicole und Norbert (N+N) Corsino *Circumnavigation I,* Teil 2: Triest (F, 1992)

Das letzte der hier präsentierten Beispiele fungiert in besonderer Weise als Stellvertreter, insofern es als einzelnes für einen ganzen komplexen Entwicklungsstrang intermedialer Praktiken in den vergangenen 10 Jahren steht: für den Video-Tanz/Film-Tanz. 1988 wurde mit dem *Dance Screen* ein internationaler Wettbewerb eingerichtet, veranstaltet u. a. vom Wiener IMZ, der den Programmverantwortlichen des Fernsehens einen Überblick über die

---

20 Valentini, Valentina: Der mentale Raum. In: Theaterschrift H. 2. 1992. S. 136-153.
21 Studio Azzurro/ Giorgio Barberio Corsetti: La camera astratta (Anm. 17). S. 74.

Entwicklung ermöglicht.[22] Im engeren Sinne bezeichnet der Begriff 'video dance' in der internationalen Diskussion eine Choreographie, die ausschließlich für die Kamera gemacht wurde. Doch die Kategorien, in denen der Wettbewerb zuletzt ausgetragen wurde, machen die Bandbreite intermedialer Praktiken in diesem Bereich deutlich: Bühnen/Studioaufzeichnung, filmische Neubearbeitung, Kamerachoreographie, Experimentelles. Dabei reflektiert die Differenzierung der Kategorien während der vergangenen sechs Jahre auch die Erweiterung der Produktion selbst. 150 bis 170 Produktionen werden jährlich eingereicht.[23] In Europa wurden die Experimente angestoßen durch die Rezeption US-amerikanischer Tanzvideos/filme zu Beginn der achtziger Jahre, und gefördert wurden sie zunächst vor allem in Frankreich und Großbritannien. Maßgeblichen Einfluß hatten hier, wie in anderen Bereichen innovativer künstlerischer Entwicklungen[24], die Produktionen von Cunningham/Cage, die wiederum schon Mitte der siebziger Jahre mit dem Filmemacher Charles Atlas und dem Videokünstler Nam June Paik zusammenarbeiteten.

> Merce Cunningham und Charles Atlas interessieren sich nicht so sehr dafür, wie ein Körper sich auf einer Bühne bewegt, sondern vielmehr dafür, was die Möglichkeiten eines durch die Kamera wahrgenommenen Raumes für Tanz und menschliche Bewegung bedeuten.[25]

---

22 Trotzdem findet diese Entwicklung kaum einen Niederschlag im Programm der großen Fernsehanstalten. So wurde auf einer Podiumsdiskussion im Rahmen von *Dance Screen 94* festgestellt: "Unsere Filme werden zwar alljährlich mit Preisen überhäuft, zu sehen sind sie in der Folge auf allen Tanz- und Filmfestivals, doch die großen TV-Anstalten kaufen sie nicht." Zit. nach: Rosiny, Claudia: Tanzfilme und Videotänze. In: Ballett International/Tanz aktuell H. 8/9. 1994, S. 83.
23 Zu Veränderungen in der Entwicklung - z. B. weg von der Faszination für die Clip-Ästhetik hin zu Kinoformaten - s.: Claudia Rosiny, ebda.
24 Folgt man den Spuren dieses Einflußes von Cage/Cunningham, so erschließt sich ein interessantes Netzwerk von Zusammenhängen, das im weiteren Sinn auch mit den hier vorgestellten Beispielen zu tun hat: von Happening und Fluxus zur Entwicklung der Performance Art und von dort in fließenden Übergängen zu neuen Theaterpraktiken der siebziger und achtziger Jahre. Innerhalb der Performance spielt die Auseinandersetzung mit Video/neuen Technologien eine besondere Rolle. Siehe dazu u. a.: Goldberg, Roselee: Performance Art. From Futurism to the Present, London/New York 1990; Lischka, Gerhard: Performance und Performance Art. Ein Bild-Zitate-Essay. In: Kunstforum. H. 96. 1988.
25 Caplan, Elliot, zit. nach: Tanz aus dem Blickwinkel der Kamera betrachtet. Interview von Claudia Rosiny. In: Ballett International. H. 9. 1990, S. 9.

Theater und Video - jenseits des Fernsehens? 163

Zu dem Interesse, den Zusammenhang, das Gegen- und Zueinander von Kamerabewegung und Körperbewegung im Raum, in verschiedenen Räumen, zu explorieren, tritt dann das Interesse an der elektronischen Bildbearbeitung als Gestaltungsmittel. Film/Videokünstler und Tanzschaffende arbeiten dabei in enger Partnerschaft zusammen, wie etwa Walter Verdin mit Wim Vandekeybus oder David Hinton mit der britischen Kompagnie DV 8, oder die Autorschaft an Choreographie und Bildgestaltung bleibt in einer Hand. *Circumnavigation I* von N+N Corsino, 1992 entstanden, ist ein Beispiel für die zweite Arbeitsform. Es ist, wie der Untertitel des Bandes sagt, eine "choreographische Fiktion", eine Choreographie, die ausschließlich als Material für das Videoband entstanden ist.

> 1986 habe ich mich gemeinsam mit Nicole Corsino entschlossen, dem Tanz neue Räume zu erschließen, indem wir choreographische Fiktionen entwickelten, in denen Video als Schreibmaterie und Schreibfläche dient. (...) Es entstand das Interesse, den Tanz aus dem Bühnenraum herauszutragen. Die Kartographie der Orte geht eine ambivalente Beziehung mit der Choreographie ein. Es entsteht ein narrativer Raum. (...) Die Erweiterung des choreographischen Feldes zeigt sich in seiner zeitweiligen Unsichtbarkeit. (...) Der Körper ist mal zu erahnen, mal zu erhaschen, er übergibt die Stafette, entschwindet in der Spannung des Schnitts. Der Tanz ist allgegenwärtig, selbst wenn der Körper verschwindet, denn die eingeschriebene Bewegung setzt sich aus einer unendlichen Vielzahl von Komponenten zusammen.[26]

Circumnavigation - Weltumsegelung - besteht aus vier in sich geschlossenen Episoden von jeweils sieben Minuten Länge. Es sind poetische Betrachtungen maritimer Orte auf einem imaginären Seeweg. Marseille, Triest, Rotterdam, Riga sind die Stationen; 1993 kamen Lissabon und Vigo hinzu. Auffallendstes Merkmal der Produktionen ist die enge Verzahnung von Kameraführung und elektronischer Bildbearbeitung mit den choreographischen Elementen. Kamerafahrten, wechselnde Kadrierungen, Schnitte - alles ist Bewegung und die choreographischen Fragmente sind nur ein Teil dieser Bewegung. Kurze Sequenzen einer Szene im Cafe, in der die tänzerischen Elemente für einen Moment stumme Gebärden einer abstrakteren Erzählung von

---

26 Corsino, Norbert, Die Beseitigung des Tanzvideos. In: Medienoperative/Podewil (Hrsg.): 6. Videofest 1993 - Katalog. Berlin 1993, S. 123/124 (Hervorheb.v.Verf.).

alltäglicher Begegnung sein könnten, wechseln mit elektronisch 'verfremdeten', blau oder grün eingefärbten, das natürliche Sonnenlicht überzeichnenden Bildern einer Stadt-Landschaft, die nicht mehr konkret zu lokalisieren ist. Zwei Tänzer auf einer Strandpromenade, in großer Distanz in der Bildfläche hintereinander postiert: Durch Überblendungen werden ihre Bewegungen segmentiert bis alles konturlos erscheint. Die Toncollage aus Musik und Alltagsgeräuschen - auch hier ist Fragmentierung ein Konstruktionsprinzip - steht in keinerlei illustrativer Beziehung zu den Bildern. Die Stadt/Landschaft wird zu einem Kunstraum, einem Ort der Imagination, in dem die Fragmente der verschiedenen Realitätsebenen assoziativ verbunden sind. Jegliche Referenz zwischen Bild und Abgebildetem wird irritiert.

Abb.: 14-15: Nicole und Norbert (N+N) Corsino *Circumnavigation I*,
Teil 2: Triest (F, 1992)

Lassen sich die nicht-mimetischen, nicht-narrativen, der Musik und nicht dem Wort verbundenen Bewegungen des Tanzes eher mit denen der Kamera verbinden als andere theatrale Praktiken? Die separate Entwicklung des Videotanzes könnte das nahelegen, vor allem da sie unterstützt wird durch eine institutionell ausdifferenzierte Festival- und Zeitschriften/Kritik-Struktur. Betrachtet man jedoch die hier vorgestellten fünf Beispiele im Zusammenhang, ist es eher so, daß durch diese erneute genremäßige Abspaltung ein interessanter Kontext zerstört wird. Gemeinsam ist diesen Beispielen u. a.: Mit der intermedialen Arbeit einer geht die Freisetzung der einzelnen Materialien/Elemente/Künste, die an Theater beteiligt sind, und ihre Neukomposition jenseits der Vorherrschaft des Textes. Damit werden natürlich auch die Grenzen zwischen den Subgenres von Theater (wie Schauspiel, Musiktheater, Tanz) negiert und die Tapes/Filme nicht länger als Abbild oder Dokument einer (anderen) Realität verstanden, und sei es auch der Bühnenrealität. Es entsteht ein neues Drittes, das durch eine spezifische Künstlichkeit gekennzeichnet ist. Wenn in Zusammenhang mit Videotanz von einer neuen Kunstform die Rede ist[27], soll dem Rechnung getragen werden. Gleichwohl ebnet der Begriff die Spezifik von Intermedialität wieder ein. Denn dazu gehört u. a. auch der Gesichtspunkt, daß an die Hierarchie zwischen U- und E-Kultur gerüttelt wird. Im Bereich des Videotanzes lassen sich dafür ebenso Beispiele finden.

Jenseits des Fernsehens? Einige vorläufig abschließende Überlegungen

Sicherlich sind die hier präsentierten Beispiele auch ihrem jeweiligen kulturellen Kontext, der Theatertradition, dem gesellschaftlichen Stand der Mediatisierung, medien- und kulturpolitischen Strategien verhaftet. In Frankreich z. B. verdankte sich der Aufschwung des Videotanzes auch einer staatlichen Förderung von *vidéo création* im allgemeinen unter der Kulturpolitik Jack Langs. Trotzdem bleibt die Frage an beide Institutionen - Theater und öffentlich-rechtliche Fernsehanstalten - in Deutschland: Wie können Bedingungen geschaffen werden, die eine solche gegenseitige Erkundung von Theater/Tanz/Performance und Video/Film ermöglichen, fördern und zugänglich machen?

---

27 Siehe z. B. Lockyer, Bob: Neue Kunstform oder Spielzeug der Neunziger? In: Tanz Affiche. H. 38, 1992, S. 15ff.

Jenseits des Fernsehens? - so lautete meine Titelfrage. Sie rekurrierte zunächst darauf, daß die hier vorgestellten Arbeiten außerhalb der Institution Fernsehen entstanden sind und mit den Normen der Programmschemata allein aufgrund ihrer Länge und ihres genre-/spartenübergreifenden Charakters kollidieren. Sie brauchen aber das Fernsehen als Distributionsort. Das gilt auch für viele Arbeiten aus dem Bereich Videokunst, zu der es zahlreiche ästhetische Verbindungslinien gibt und die sich in vielen Fällen ebenso mit durch das Fernsehen geprägten Wahrnehmungsstrukturen auseinandersetzen.[28] Ist das Fernsehen nicht reif genug, um diese Formen der Kritik zu akzeptieren und zu integrieren, wie der französische Videocreateur und -kritiker Jean Paul Fargier fragte?[29] Erinnert sei daran: 1987 fand eine internationale Ausstellung *The Arts for Television* in Zusammenarbeit von Stedelijk Museum Amsterdam und dem Museum of Contemporary Arts Los Angeles statt. Sie zeigte Produktionen, die Ergebnisse intermedialer Praktiken waren, ausgehend von den traditionellen Künsten. Und sie stellte die Frage nach deren Verhältnis zum Fernsehen als Form und Forum. Bänder von Wilson, der Wooster Group und Corsetti/Azzurro waren übrigens dort auch vertreten. Trotzdem sind sie in Deutschland nahezu unbekannt. Kathy R. Huffman, eine der Kuratorinnen, schrieb damals:

> The innovations that artists offer to the broadcast medium - the forms and codes they have determined as channels for new informations - are challenges for a television of the future, fragments and effects that are only barely visible now.[30]

Und sie knüpfte daran die Hoffnung, daß in den folgenden Jahren solche Arbeiten einen gebührenden Platz in den Fernsehprogrammen finden mögen. Der Blick auf das deutsche Fernsehprogramm zeigt, daß sich diese Hoffnung nicht erfüllt hat - eher hat sich die Entwicklung umgekehrt. Einen wesentlichen Grund dafür sehe ich im vorherrschenden eingeschränkten Verständnis vom Fern-Sehen. Fern-Sehen bleibt der wie auch immer gelenkte und gefilterte Blick auf Realitäten, ein Blick, dem das Dabei-Sein suggeriert werden

---

28 Siehe dazu u. a.: Kunstfonds e. V. (Hrsg.): RAM - Realität/Anspruch/Medium. Katalog zur Ausstellung. Bonn 1995.
29 Fargier, Jean Paul: Du reel a la matière. Interview von Guy Scarpetta. In: Artpress 125, Mai 1988, S. 25.
30 Huffman, Kathy R.: Seeing is Believing: The Arts on TV. In: Dies./Dorinne Mignot (Hrsg.): The Arts for Television. Los Angeles/Amsterdam 1987, S. 16.

muß, der vermeintlich bis in die Unterhaltungsshows Authentizität bzw. deren Inszenierung braucht.

Dieser "Fenstercharakter" des Fernsehens[31], seine "Realismusoption" beherrscht auch die fiktionalen Formen und verbindet sich mit einer Dominanz des Narrativen. Beide Haltungen werden in den zeitgenössischen Künsten und gerade im Bereich der Intermedialität dekonstruiert, in Frage gestellt. Dabei werden im Kontext des Fernsehens auch die aktuellen technischen Innovationen unter dem Gesichtspunkt einer immer eindeutiger werdenden Referenz zur Realität präsentiert. So werden z. B. die Simulationsmöglichkeiten im neuen "virtuellen Studio" als perfekte Illusion des Abbildes einer (möglichen) Realität diskutiert, einschließlich der damit verbundenen Manipulationsgefahren.[32] Oder es wird in Zusammenhang mit HDTV der Begriff 'Telepräsenz' eingeführt, der dem neuen Format einen höheren Grad an Unmittelbarkeit und Intensität bescheinigt und beschreibt, daß "dem Zuschauer das Gefühl ermöglicht wird, die übertragene Bildszene real vor sich zu sehen"[33]. Aber haben sich Rezeptionshaltungen und -erwartungen nicht längst differenziert? In diesem Sinne möchte ich mich mit einem Zitat schließen, das aus einem ganz anderen und doch benachbarten Diskussionskontext stammt:

> Als sich gegen Ende der siebziger Jahre die Musikvideos auf dem Programm der westlichen Kultur ankündigen, findet gerade eine Besinnung auf den Standort des bewegten Bildes statt. Das Bild, das zu diesem Zeitpunkt schon lange nicht mehr exklusiv aus dem Acetat des Films geformt wird, sondern seine Basis überwiegend in der Elektronik findet, beginnt sich langsam dem zu entziehen, was seit der Geburt des Kinos vielleicht stets als dessen Kern angesehen werden konnte: die Repräsentation wirklicher Personen, Geschehnisse, Handlungen, kurzum die Repräsentation von Wirklichkeit. (...) Es ist das Bewußtsein vom Zerfall der referentiellen Funktion der Bilder, das durch die Musikvideos massiv bestätigt wird. (...) Plötzlich beim

---

31 Siehe dazu u. a.: Elsner, Monika/Müller, Thomas: Der angewachsene Fernseher. In: Hans Ulrich Gumbrecht/Karl Ludwig Pfeiffer (Hrsg.): Materialität der Kommunikation. Frankfurt a. M. 1988.
32 Siehe z. B.: Bischoff, Jürgen: Das blaue Wunder. Auf den "Mainzer Tagen der Fernsehkritik" wurden die Gefahren der neuen Digitaltechnik diskutiert. In: die tageszeitung. 7.4.1995.
33 Zit. nach: Gompper, Renate/Weber, Petra: Schöne neue Theaterwelt im HDTV? Arbeitsheft Bildschirmmedien 31. Siegen 1992, S. 13.

Betrachten des 1981 einsetzenden und unmittelbar "swingenden" Angebotes von MTV wird den Zuschauenden bewußt (...), daß die Wirklichkeit, die sie immer im Fernsehen gesucht haben, ganz vom Bildschirm verschwunden ist. (...) In dieser referentiellen Armut stehen Musikvideos den Bildern des experimentellen Kinos nahe.[34]

---

34 Tee, Ernie: Bilder ohne Referenz. Zur fehlenden Repräsentation von Wirklichkeit im Musikvideo. In: Hausheer, Cecilia/Schönholzer, Annette (Hrsg.): Visueller Sound. Musikvideos zwischen Avantgarde und Popkultur. Luzern 1994. Was im letzten Satz Tees anklingt und auch im Untertitel des gesamten Bandes annonciert wird, spielt in der Diskussion um Musikvideos eine wichtige Rolle: der Zusammenhang von historischer Avantgarde (z. B. dem 'abstrakten Film') und diesen neuen Formen. Siehe dazu auch: Body, Veruschka/Weibel, Peter (Hrsg.): Clip, Klapp, Bum. Von der visuellen Musik zum Musikvideo. Köln 1987.

Zweite Podiumsdiskussion

Theater im Fernsehen - Perspektiven für die Theaterberichterstattung

Diskussionsteilnehmer auf dem Podium

Moderation: Jürgen Kritz

Dr. Siegfried Kienzle

Martin Wiebel

Dr. Volker Canaris

Günther Beelitz

Rainer Ecke

Dr. Michael Kluth

Prof. Dr. Peter Seibert

Bolwin: Meine sehr verehrten Damen und Herren. Zum dritten Teil unseres Symposion darf ich Sie im Namen des Deutschen Bühnenvereins sehr herzlich begrüßen. Gestern haben wir über medien- und programmpolitische Fragen diskutiert. Was bedeutet 'Grundversorgung' für die Kultur und die Kulturberichterstattung? Dann hat die Universität Siegen uns Anschauungsmaterial präsentiert - wissenschaftlich aufgearbeitet. Ich fand vor allen Dingen die historischen Aspekte interessant - der Weg von einer Sendung *...und heute ins Theater* zur *Aktuellen Inszenierung* -, aber auch das konkrete Vorstellen der Arbeiten von Herrn Ecke, der heute mit auf dem Podium sitzt.

Heute, im dritten Teil, wollen wir uns mit den Zukunftsperspektiven befassen. Wie geht es weiter? Geht es vielleicht wieder ein Stück zurück zu einer Dokumentation, zur Aufnahme von Aufführungen mit Publikum anstelle einer komplizierten und aufwendigen Aufzeichnung? Das Thema 'Berichterstattung', so wie es als Titel des heutigen Podiums genannt ist, sehen wir nicht so eng. Es geht also nicht etwa nur um Magazine. Obwohl die Frage, ob es ein Theatermagazin geben könnte, auch eine Frage ist, die uns beschäftigen sollte. Aber da möchte ich dem Podium und dem Diskussionsleiter nicht vorgreifen und wünsche allen Diskutanten und uns eine interessante und sicher weiterhin aufschlußreiche Diskussion.

Kritz: Wir haben viel Stoff, wie wir gerade gehört haben. Ich befürchte, es ist eher noch mehr. Ich werde verzweifelte Bemühungen machen, das ein bißchen zu strukturieren und würde vorschlagen, daß wir im ersten Teil doch noch mal anknüpfen an die Diskussion von gestern, die, um es mal frank herauszusagen, mir viel zu moderat erschien. Ich hatte den Eindruck, daß gestern alle Teilnehmer ihre Rolle gut gespielt haben, aber ich würde die Diskutanten doch sehr darum bitten, daß sie nicht nur die Rolle, die sie qua Amt zu spielen haben, einnehmen, sondern daß wir uns hier Wahrheiten sagen, die auch ungemütlich sind.

Es ist heute auf dem Podium Michael Kluth, der am Staatstheater in Darmstadt eine Vergangenheit als Dramaturg hat. Er ist Produzent von - in Anführung - "Kulturfilmen für das Fernsehen" und macht Magazinbeiträge zu kulturellen Themen. Neben ihm sitzt Volker Canaris, den ich kaum vorstellen muß. Er ist in diesem Diskussionszusammenhang nicht gerade ein Zerrissener, aber er hat eine spannungsreiche Biographie, insofern als er Dramaturg beim WDR war und dort für Theateraufzeichnungen zuständig war - wir haben gestern über Zadeks *Kleiner Mann, was nun?* sehr viel gehört und gesehen, wofür Canaris bekanntlich damals beim WDR verantwortlich war. Und er ist Intendant des Düsseldorfer Schauspielhauses. Dann neben Canaris Rainer Ecke, der für *Die aktuelle Inszenierung* sehr viele - ja eben nicht Aufzeichnungen -, sondern wiederum Inszenierungen von Inszenierungen fürs Fernsehen gemacht hat. Und neben mir sitzt Siegfried Kienzle, Redakteur beim ZDF. Er war in dieser Funktion der verantwortliche Redakteur für die inzwischen eingestellte *Aktuelle Inszenierung*. Dann begrüße ich Martin Wiebel vom WDR. Herr Wiebel ist beim WDR, beim Fernsehspiel, auch zuständig für Theater - für Theateraufzeichnungen, Adaptionen. Wir werden darüber diskutieren, was die richtige Version ist. Dann: Günther Beelitz. Er war Intendant in Darmstadt, in Düsseldorf und in München und ist jetzt Intendant des Nationaltheaters in Weimar. Und

schließlich Prof. Peter Seibert, der an der Universität-Gesamthochschule in Siegen das Projekt "Theater im Fernsehen" leitet.
Wir haben gestern nach der Diskussion ja auch viel theoretischen Stoff mitbekommen, den ich sehr interessant fand. Aber nach dem gestrigen Tag stellt sich mir die Frage "Was nun?" umso dramatischer. Ich denke, Herr Kienzle, wir sollten noch mal dort ansetzen, wo die Diskussion gestern aufgehört hat, nämlich: Wie geht das öffentlich-rechtliche Fernsehen mit Theater um? Die Aufregung wurde nun in der Tat durch Einstellung der *Aktuellen Inszenierung* beim ZDF ausgelöst. Wir haben gestern von Ihrem Kollegen Janke zwar gehört, daß es dafür gute Argumente gegeben habe, die auch nachvollziehbar seien. Aber genannt hat er sie nicht. Darf ich Sie bitten, diese Argumente nachzuliefern?

Kienzle: Also, dann ist der Einstieg der, daß ich jetzt im Augenblick nicht für das Theater und für *Die aktuelle Inszenierung,* sondern für das ZDF die Argumente ausbreite. Vor etwa eineinhalb Jahren kam das ZDF durch den Wegfall der Werbung in die roten Zahlen und eine ziemlich alarmierende Schräglage. Das stand in den Gazetten und ist allen bekannt. Dann legten die Gremien - in einiger Hektik und Panik - Einsparungsmodelle auf den Tisch. Der Intendant mußte dann mit seinen Planungsgruppen verschiedene Modelle der Prioritäten im Programm entwickeln. Kurz gesagt: Es standen dann natürlich *Die aktuelle Inszenierung* und *Das kleine Fernsehspiel*, die beide auf demselben Spättermin ausgestrahlt werden und damit also auch in einer Wettbewerbssituation waren, sozusagen vergleichbar da. Was will man sich künftig leisten? Und ein bißchen ist es natürlich auch wieder nachvollziehbar, daß man sagt, *Das kleine Fernsehspiel* ist ein Imageträger für das ZDF - hochdekoriert, seit langem auch Lieblingskind der Kritik, der öffentlichen Meinung. Demgegenüber hat das Theater, *Die aktuelle Inszenierung,* dem ZDF relativ wenig Image gebracht. Wenn wir etliche Preise gewonnen haben, war das eigentlich immer im Ausland, vor allem in Italien. Früher konnte man noch argumentieren, *Die aktuelle Inszenierung* hatte zwar eine bescheidene Quote, aber die Presse schrieb große Elogen über Bondy oder Peter Stein oder Dorn usw. Das war in den letzten Jahren nicht mehr, weil die Feuilletons und die Kritiker in den Zeitungen gesagt haben: 'Das haben wir ja alles schon bei der Premiere abgefeiert, wenn die Aufzeichnung, *Die aktuelle Inszenierung,* ein halbes Jahr später nachzuckelt, interessiert uns das nicht mehr'. Das heißt also, auch in der öffentlichen Meinung fiel die Theaterarbeit als Positivträger für die Redaktion und das ZDF aus. Und da ist es natürlich schon ein bißchen nachvollziehbar, wenn die Geschäftsleitung des ZDF das als ein Malus gesehen hat. Im letzten Jahr hat die Redaktion "Schauspiel" zwar den Grimme-Preis erhalten, aber für ein Fernsehspiel. Wir machen ja auch Fernsehspiele - 15 im Jahr. Da zeigt sich der Stellenwert, den das Theater in dieser öffentlichen Wertung hat. Denn "Grimme" als großes Würdigungsinstitut für Fernseharbeit nimmt Theater im Fernsehen überhaupt nicht wahr. Also, das hat alles mitgespielt. Und dann kam natürlich - um auf die aktuelle Frage zurückzukommen - die Geschichte der 350 Millionen Mark Minus pro Jahr im ZDF hinzu. Wenn man das hochrechnet, bringt jeder Tag, der gesendet wird, eine Million Mark Verlust in der mittelfristigen Planung. Da wurde gesagt: 'Wo kann man was einsparen?' Da fiel dann die Entscheidung, wobei man auch sagen muß: Die Entscheidung traf nicht der Intendant des ZDF, sondern die übergeordneten Gremien. Der Fernsehrat, in dem immerhin fünf Ministerpräsidenten aller Schattierungen sitzen, hatte über die verschiedenen Einsparungsmodelle zu entscheiden. Beim *Kleinen Fernsehspiel* haben sie den Daumen gehoben und beim Theater wurde der Daumen gesenkt. Und im Grunde hatte das ZDF dann eigentlich nur Entscheidungen nachzuvollziehen. Ist das als Katastrophenbeschreibung genug?

Kritz: Das war schon mal ganz gut. Wobei ich eine besondere Pointe finde, daß die Gremien auf Vorschlag des Intendanten des ZDF *Die aktuelle Inszenierung* abgeschafft haben. Dabei haben in den Gremien des ZDF genau die Politiker Platz genommen, die heute an den Bildungsauftrag der öffentlich-rechtlichen Anstalten appellieren. Also, das ist eine Pointe am Rande, auf die man einfach aufmerksam machen muß. Das ist ein Teil der großen Verlogenheit in dieser Diskussion.

Kluth: Also ich würde ganz gerne direkt darauf antworten. Ich nehme da eine absolut konträre Position ein. Der Intendant Stolte verkündet auf Sonntagsreden ja immer (ich habe es auch mehrfach gelesen), daß er ein absoluter Fan des Theaters und der zeitgenössischen Kunst sei und jede freie Minute im Theater zubrächte usw. Der gute Mann spricht mit gespaltener Zunge und handelt dann ganz anders. Wir wissen, Intendanten werden in gewisser Weise ferngesteuert, aber vielleicht noch nicht so total gegängelt, daß sie nicht in der Lage sein müßten zu sagen, *Die aktuelle Inszenierung* ist ein Aushängeschild - und das ist sie - nicht nur des ZDF, sondern der gesamten Theaterlandschaft im deutschsprachigen Raum.

Grundsätzlich ist das für mich eine politische Entscheidung. Und ich denke, daß es für zeitgenössische Kunst zumindest in den Hierarchien der Anstalten keine Lobby, keine Besessenheit und keine Begeisterung mehr gibt. Ich will das ganz einfach mal in einem etwas größeren Rahmen darstellen. Dazu gehört natürlich auch das Theater, das ist klar. Also das mal als direkte Antwort. Wenn ich vielleicht noch ein paar Sätze zu gestern sagen dürfte, weil mich das sehr bedrängt. Ich fand dieses erste Gespräch eine reine Alibiveranstaltung. Ich war ziemlich entsetzt und man kann sagen, es entsprach dem Zustand der Streitkultur in unserer Gesellschaft auf allen Gebieten. Es war rein affirmativ, was da passierte. Am Ende entstand der Eindruck: Kultur und Theater im Fernsehen - so schlecht geht's Euch doch noch gar nicht. Hier sitzen Leute, die sind ja doch nach wie vor dafür, und so weiter und so fort. Ein fataler Eindruck. Resignativ, völlig defensiv, nur noch antwortend. Und das sollte heute, denke ich, in der Diskussion auch eine Rolle spielen, daß wir uns nicht von vornherein total in irgendeine Ecke drängen lassen, sondern daß wir behaupten, Kultur ist ganz wichtig für diese Gesellschaft. Und wir müssen offensiver werden. Es hat keinen Sinn, denke ich, daß hier Statements abgelassen werden und jeder sich Absolution erteilt. Man muß diese Dinge in gesellschaftspolitischen Dimensionen größeren Ausmaßes sehen. Die Dinge, die jetzt zur Zeit passieren in dieser Gesellschaft, spielen eine Rolle bei der Frage: Wie verhalten wir uns in den öffentlich-rechtlichen Fernsehanstalten gegenüber der Kultur und gegenüber der Präsentation von Kultur? Kultur ist per se Widerstand und Kunst im Fernsehen ist per se Widerstand. Eine große gesellschaftspolitische Strategie der jetzt führenden Machtelite in diesem Staat versucht, kritische Potentiale - und dazu gehören Theateraufzeichnungen und kritische Dokumentationen - einfach abzuschaffen, immer weiter in der Zeit gen Mitternacht zu schieben, aus den ersten Programmen total 'rauszudrängen, in irgendwelche Nischen wie 3sat. Es ist ja gut, wenn Herr Konrad sagt: 'Wir kämpfen'. Nur, er ist natürlich schon abgedrängt. Das muß man also auch ganz klar sehen. Die Redakteure kämpfen verzweifelt und haben für so eine Stundensendung fünfzigtausend Mark. Damit kann man eigentlich so eine Stundensendung nicht sinnvoll produzieren, was dann am Ende bei der Kritik wieder heißt: 'Wenn ihr so schlecht eine Stunde über Theater berichtet, dann lassen wir es ganz auslaufen'. Das ist eine Spirale, über die wir heute hoffentlich ein bißchen kontroverser diskutieren werden.

Kritz: Herr Wiebel, vielleicht können Sie ja als WDR-Redakteur etwas direkter zum Problem des ZDF Stellung nehmen. Wir hatten gestern die Diskussion, die immer umtänzelt wurde und mit einem 'Jein' beantwortet wurde: Ist es eine Quotenfrage oder ist es keine Quotenfrage? Geht es auch im öffentlich-rechtlichen Fernsehen um eine Kosten-Nutzen-Rechnung bei programmlichen Entscheidungen?

Wiebel: Sie zwingen mich in eine Rolle, die ich im Grunde gerne auch wahrnehme. Wann immer Ihnen ein offizieller Vertreter eines öffentlich-rechtlichen Rundfunks sagt, daß die Quote keine Rolle spielt, hält er eine Fensterrede, weil er intern ganz anders redet als extern. Hätte gestern hier Herr Nowottny gesessen, hätte er Ihnen sicherlich gesagt, wie wichtig ihm Theater ist. Und man kann ja sogar sagen, der Mann hat recht, denn der Westdeutsche Rundfunk leistet eine kontinuierliche Theateraufzeichnungsarbeit mit der Reihe *Theater aus Nordrhein-Westfalen*, für die ich auch zuständig bin. Er hätte sicherlich gestern dementiert, daß bei uns über programmliche Kosten-Nutzen-Rechnungen geredet wird. Daraus bestehen aber inzwischen sämtliche Konferenzen, die es in einem Sender überhaupt gibt - vielleicht die politischen Redaktionen ausgenommen, da soll es dann doch gelegentlich auch um Meinungen und Inhalte gehen. Auch in dem Sektor Fernsehspiel, der für Theateraufzeichnungen zuständig ist, ist das so. Nun steckt aber in diesem Kosten-Nutzen-Rechnung auch ein Denkfehler drin. Der Bühnenverein kommt mir relativ verschlafen vor, was die medienpolitische Diskussion angeht. Ich habe jedenfalls keine Stellungnahme des Bühnenvereins zur ARD-Frage gelesen, und das ist immerhin seine wichtigste Klientel.

Diese Theateraufzeichnungen sind ja, um es mal so zu sagen, das billigste Kulturunterhaltungsprogramm, das es gibt. Über den groben Daumen kostet eine ganz teure Aufzeichnungsminute circa 1500 bis 1700 Mark - das sind zehn Prozent einer Produktion *Tatort* pro Minute. Eine Minute *Tatort* kostet um die 15.000 Mark. Also wenn Sie die beide Dinge bitte vergleichen - neunzig Minuten Bochum und neunzig Minuten Schimanski -, dann sehen Sie, daß Sie die billigste Ware herstellen, die man in unserem Feld überhaupt kriegen kann. So billig kauft man nicht einmal osteuropäische Filme ein. Das heißt, wenn von Geld die Rede ist, lassen Sie sich bloß nicht ins Bockshorn jagen. Die Abschaffung von Theateraufzeichnungen hat nichts mit Sparmaßnahmen zu tun. Das ist eine Lüge. Es hat aber damit zu tun, und der Frage müssen Sie sich stellen, daß Sie ein Produkt herstellen, daß in einen politisch gewollten Wandel des Mediums Fernsehen nicht mehr paßt. Sie sind von vorgestern. Sie haben eine falsche Öffentlichkeit und Sie haben einen Gegenstand, der ohnehin zu dem Medium, so wie es sich immer weiter entwickelt, zunehmend weniger auch ästhetisch paßt. Seit 1984, seit die Politiker geglaubt haben, daß es richtig ist, den unveränderten Auftrag des öffentlich-rechtlichen Rundfunks dadurch zu unterlaufen, daß sie auch diesen Rundfunk auf die schräge und glitschige Rutsche des Marktes gestellt haben, haben wir eine Lage, daß alles, was nicht marktgerecht ist, auch im öffentlich-rechtlichen Rundfunk in Diskussionen gerät. Dem kann man eigentlich nur entgegensteuern, wenn man ein Marktsegment bedient, für das es nur eine begrenzte Kundschaft gibt. Eine Marktanalyse des Bühnenvereins würde den Herren im öffentlich-rechtlichen Rundfunk bei ihren Entscheidungen helfen können. Das hätte auch in den Gremien geholfen. Denn die Gremien sind Ihre Partner (nicht die Redakteure, wir sind Ihre Partner in der Praxis), um politisch und lobbyistisch tätig zu sein. Dann wäre Ihnen das gleiche mit Herrn Kienzle geglückt, was dem *Kleinen Fernsehspiel* geglückt ist. Denn beides waren Testballons. Irgendwo muß es Opfer geben, aber keiner hat über die Abschaffung des Kirchenfunks geredet. Die Bischofskonferenz hat ganz offensichtlich die bessere Lobby. Wo ist der Bühnenverein in dieser Frage geblieben? Wie aktiv ist er auf diese Gremien zugegangen? Also, kurz gesagt: Es geht nicht um Geld, sondern es geht darum, daß in einem zunehmend mehr zum Marktverhalten gedrängten Fernsehen (so geschickt das auch vertuscht und vernebelt wird) nur mit Marktargumenten und offenbar auch mit Markttechniken ein Überleben gesichert wird. Der reine Appell an den Kulturauftrag, Michael Kluth, hat nur noch etwas mit der Rundfunkgesetzesrealität, aber nicht mehr mit der Rundfunkwirklichkeit zu tun - das muß man so simpel sehen. Wir hantieren sozusagen mit einer öffentlich eingestandenen Schizophrenie. Wir haben einen unveränderten Auftrag des öffentlich-rechtlichen Rundfunks, aber eine völlig ausgehöhlte Praxis.

Es wäre sicher auch falsch, wenn der Bühnenverein sich nur auf seine alten Partnerschaften - also den öffentlich-rechtlichen Rundfunk - stürzen würde, viel wesentlicher scheint mir zu sein, auf die privaten Kanäle mit der gleichen Vehemenz zuzugehen. Da wird es dann zwar noch mehr um Marktverhalten und um Marktangebote gehen, aber wenn Herr Everding in Classic Radio sprechen kann - warum soll er nicht auch bei SAT 1 eine Theatersendung kriegen? Ein Star, der zeigt, wie gut Theater ist. Ich denke mir, mit solchen Methoden läßt sich auch da irgendwie etwas machen.

Susanne Müller-Hanpft (Dokumentarfilmerin und Produzentin, aus dem Publikum): Also, ich weiß nicht, wie Sie auf diese Zahlen kommen.

Wiebel: Mit der branchenüblichen Denkmethode. Wir teilen, wie Sie wissen, zwischen direkten und indirekten Kosten. Das ist aber allgemein bekannt. Die indirekten Kosten werden ja auch ausgegeben, wenn die Kollegen, die hinter den elektronischen Kameras stehen, zu Hause auf Bereitschaft sitzen oder auf einem Fußballfeld stehen. D. h. die Kollegen arbeiten sowieso und werden ohnehin bezahlt. Wenn sie dann mal Theateraufzeichnungen machen, machen sie das übrigens mit großer Liebe und einige sogar mit ganz großem Können. Das sind zwar nur zehn Prozent unserer Kameraleute, aber die sind es auch wirklich wert, mit denen kann man sehr gut arbeiten. Wenn ich diese indirekten Kosten nehme, dann habe ich einen Etatansatz von ca. 300.000 Mark für eine Theateraufzeichnung. Mit denen komme ich manchmal nicht hin. Es gibt einige Bühnen, die sind teurer, aber es gibt auch andere Bühnen, die sind billiger, und das gleicht sich übers Jahr auf irgendeine Weise aus. Da es in Deutschland neunzig Minuten kurze Stücke relativ selten gibt, habe ich den Durchschnittswert von 180 Minuten genommen. Und nun teilen Sie 300.000 durch 180 und dann sind sie in etwa bei diesem Minutenpreis.

Kritz: Herr Kienzle wird gleich schmunzelnd widersprechen.

Kienzle: Ich glaube schon, daß da der WDR paradiesische Zustände hat, vielleicht auch auf Grund einer gewissen Unausgelastetheit einer Landesanstalt. Was indirekte Kosten angeht, ist es bei uns so, daß wir oft auf freie Firmen zurückgreifen müssen, weil eben praktisch keine Festangestellten da sind. Bei uns hat das Kostenargument sehr wohl eine Rolle gespielt. Ich war natürlich schon bestrebt, die Schaubühne oder die Münchner Kammerspiele mit erstklassigen Inszenierungen ins Programm zu kriegen. Und das waren dann Umsetzungen, die paradigmatisch Medienhistorie geschrieben haben. Das hat natürlich schon einen Gesamtkostenrahmen von bis zu einer Millionen und sogar - wenn wir an die *Orestie*[1] oder die *Drei Schwestern*[2] denken - darüber hinaus ergeben. Wenn man das auf die 180 Minuten umrechnet, ver-

---

1 Erstsendung: ZDF 03.01.1984.
2 Erstsendung: ZDF 08.09.1986 (Erster und Zweiter Akt), 09.09.1986 (Dritter und Vierter Akt).

billigt sich das. Nur sind wir - auf Grund unseres späten Sendetermins - nicht in der beneidenswerten Situation des WDR, der im Dritten Programm sagt: 'Gut, 180 Minuten und wenn es 200 Minuten sind, macht es auch nichts'. Wir mußten statt dessen (auf Grund unserer Sendesituation und des späten Termins) die Theater und die Regisseure beknien, eine Kurzfassung zu machen, was natürlich in der Endrechnung einen teureren Minutenpreis ergibt, aber einfach auch konsumierbarer war, denn wir können ja nicht bis zwei oder drei Uhr nachts senden. Denn Theater liegt natürlich auf dem Spättermin und hat eine ungemäße Sendelänge.

Weil ich gerade dran bin, möchte ich Herrn Kluth etwas zum Thema 'Aushängeschild' sagen. Das war ja mein Problem. Theater war kein Aushängeschild für das ZDF. Es gab mal von einer Universität demoskopisch erfaßte Kompetenzprofile, durch Umfragen, wo gefragt wurde: Welcher Sender ist besonders leistungsstark und hat die Meinungsführerschaft? Da hat das ZDF die Unterhaltungspräferenz gehabt, die ARD die Informationspräferenz usw. Und der Theatersender in der Medienlandschaft der Bundesrepublik war SAT 1, weil alle befragten Leute gesagt haben: 'Ja natürlich, dieser Sender macht doch *Steiners Theaterstadl* am Samstag.' Und das ZDF als Imageträger für Theater lag weit abgeschlagen. Ich glaube an letzter Stelle, weil natürlich Theater spät abends für die Rezipienten völlig untergegangen ist, obwohl wir uns Mühe gegeben haben, es durch das Motto *Aktuelle Inszenierung* oder durch das Motto *Theaterwerkstatt* thematisch zu bündeln. Untergegangen jedenfalls bei den Leuten, die befragt wurden und die einen repräsentativen Querschnitt der Bevölkerung ausgemacht haben. Und vielleicht noch ein Drittes: 3sat-Theateraktivitäten werden mit der Formel "abgedrängt" belegt. Da möchte ich widersprechen. Im Grunde ist es heute die einzige Möglichkeit, einen zuschauerfreundlichen Sendetermin von 20.15 Uhr zu schaffen. Und man kann auch einen Theaterabend in seiner ganzen Länge durchführen. Ich wurde immer wieder von Theaterfans sehr begreiflich beschimpft, wenn wir bis 2 Uhr nachts gesendet haben. Die Bündelung von Kulturaktivitäten in einem Kulturkanal, sei es arte, sei es 3sat, macht natürlich schon einen gewissen Sinn. Wenn wir an den Samstagabend denken, wo ja 3sat wöchentlich Theateraktivitäten anbietet - in einer Regelmäßigkeit, die sich in den Köpfen der Theaterfans auch festsetzen wird.

Kritz: Herr Wiebel hat den konkreten Vorschlag gemacht, daß es vernünftig wäre, wenn der Bühnenverein sich in einer Erklärung auch zur Kultur im Fernsehen äußern würde. Da das Beste, was wir heute erreichen können, ein paar kleine pragmatische Ergebnisse sind, würde ich sagen, wenn das zustande kommen sollte, wäre das eins. Aber wir sollen nicht so tun, als hätte das Theater nicht mit sich selber Probleme, als sei das Theater nicht selber in einer fraglichen Position. Ich will es mal ganz vereinfacht sagen: Wenn das Theater - wir reden jetzt nur vom Sprechtheater - gesellschaftlich eine zentrale Bedeutung hätte, auch in unseren Kulturdebatten eine zentrale Bedeutung hätte, würde das Fernsehen selbstverständlich Theater aufzeichnen. Wir haben gestern mehrfach davon geredet und immer wieder gehört, man müsse das Theater im Fernsehen auch zum Ereignis machen. Herr Canaris, hat das Theater nicht selber das Problem, sich erstmal zum Ereignis zu machen?

Canaris: Sicher haben wir das. Und angesichts der Probleme, die wir haben mit uns selber, mit der Definition dessen, wofür wir Theater machen und sicher auch in bestimmten Zusammenhängen, für welches Publikum wir das machen, ist das ein wesentlicher Punkt. Ich glaube nur, daß da zwei verschiedene Definitionen zugrunde liegen. Ich habe große Sorge - um nicht zu sagen einen Horror - vor dem Ansatzpunkt: Wir müssen die Theaterereignisse so machen, damit sie Fernsehereignisse werden können. Es war die Rede davon, daß das öffentlich-rechtliche Fernsehen, beim Privaten ist das sowieso klar, sich zum Teil (Herr Janke hat das gestern sehr deutlich gesagt) inzwischen erklärtermaßen auch schon nach den Marktgesetzen richtet. Und wenn Herr Kammann gestern gesagt hat, die Fernsehformen selber - ein gutes Feature, ein Fernsehspiel, vielleicht sogar ein politisches Magazin - haben einen bestimmten Kulturcharakter, dann ist das genau das, was im Fernsehen immer weniger stattfindet. Also, wenn Fernsehen sich nicht mehr um Theater kümmert, Herr Kritz, dann nicht in erster Linie, weil Theater keine gesellschaftliche Funktion mehr hat, sondern weil das Fernsehen in sich - sage ich jetzt mal etwas polemisch - immer kulturloser wird, nicht nur in den spezifischen Formen. Das Fernsehspiel, also das genuine fiktive Kunstprodukt des Fernsehens, spielt quasi im Fernsehen keine oder kaum noch eine Rolle. Alles was im Fernsehprogramm - und zwar im Öffentlich-Rechtlichen - stattfindet, wird immer kulturloser und marktorientierter. Das hat schon angefangen, bevor es die kommerziellen Sender gab. Ehe es die Kommerziellen gab, haben die Öffentlich-Rechtlichen schon diese Strategien entwickelt, wie sie die auf deren Bereich schlagen können. Zu der Zeit habe ich gerade noch beim Fernsehen gearbeitet. Die Quotendiskussion hat da schon angefangen. Und ich denke, die Konsequenz kann doch nicht sein, daß wir dieses Produkt, also z. B. das Theater, das ins Fernsehen will oder dort stattfinden soll, auch noch marktorientiert produzieren müssen. Wenn denn schon das Rundfunkgesetz ausgehöhlt ist, wir aber der Meinung sind - und ich bin das -, daß das Gesetz des öffentlich-rechtlichen Rundfunks etwas höchst Sinnvolles ist, muß man doch nicht sagen: 'Gut, dem tragen wir Rechnung, indem wir weiter uns an dieser Aushöhlung durch die Definition unseres eigenen Produktes beteiligen'. Sondern die Konsequenz muß sein, daß man dagegen opponiert. Und in dem Punkt bin ich der Meinung von Michael Kluth. Natürlich funktioniert Theater im Fernsehen nicht mehr, weil das Fernsehen sich verändert hat und weil diese Art von Sprache in dieses Fernsehen überhaupt nicht mehr paßt. Wenn man hört, wie im Fernsehen geredet wird, dann ist natürlich noch die langweiligste Theateraufzeichnung etwas, was Herr Kluth widerständig genannt hat. Das paßt nicht da rein. Aber die Konsequenz kann doch nicht sein: 'Also passen wir - ich überspitze jetzt - unsere Sprache der Fernsehsprache an, damit wir dort einen Markt haben'. Das ist doch absurd. Sondern es muß umgekehrt sein. Das ist vielleicht eine idealistische Position, aber man muß sie behaupten. Ich finde (nicht nur, weil ich da gearbeitet habe), daß das Fernsehen natürlich ein Kulturträger per se sein kann und sein müßte. Wir müssen versuchen, den Tendenzen in den Sendeanstalten gegenzusteuern - sei es verbal, sei es mit der Art und Weise, wie wir mit unserem genuinen Produkt, also dem Theater im Fernsehen, umgehen. Gegensteuern und uns dem nicht anpassen.

Kritz: Herr Beelitz, Anpassung des Theaters an neue Sehgewohnheiten, ans Fernsehen?

Canaris: Entschuldigung, das Stichwort 'Sehgewohnheiten', da muß ich noch etwas zu sagen. Da wird mir immer ganz schlecht, wenn von den Sehgewohnheiten die Rede ist, die ja übrigens keine naturwüchsigen sind, sondern die durch das Fernsehen auch geprägt werden. Die Sehgewohnheiten vor zwanzig Jahren waren andere als heute, weil das Fernsehen vor zwanzig Jahren ein anderes war. Wenn dieser Punkt kommt: Das Theater entspricht nicht den Sehgewohnheiten, und dann der Schluß lauert, wir müssen uns diesen Sehgewohnheiten annähern, damit wir da noch überhaupt irgendwie vorkommen - dann lasse ich es lieber bleiben.

Kritz: Ich stimme Ihnen zu, Herr Canaris.

Wiebel: Habe ich vorhin auch übrigens nicht gemeint.

Kritz: Ich habe den Vorschlag auch so nicht gehört. Herr Beelitz, was versprechen Sie sich von der Zusammenarbeit mit dem Fernsehen?

Beelitz: Das Entscheidende hat Volker Canaris gerade eben gesagt und vorweg vielleicht auch Michael Kluth, wenn auch polemischer. Ich würde das ganz schlicht - nach jetzt doch fast 25 Jahren und vielen Aufzeichnungen mit dem ZDF und anderen Sendeanstalten - sehr skeptisch im Grundsätzlichen beurteilen. Für mich ist der Weg ganz abscheulich, daß wir uns anpassen sollen, um ins Fernsehen zu kommen. Das ist ja die Plattformel. Und es ist ein ganz typischer Weg, daß das Fernsehen das von uns eigentlich verlangt. Zu sagen: 'Ihr seid nicht mehr Ereignis, so wie wir Ereignis verstehen, und deswegen fallt Ihr raus'. Ich denke umgekehrt, Theater ist das Ereignis, von dem das Fernsehen nur träumen kann, und wir können uns maximal gegenseitig unterstützen - aber nicht mehr. Ich persönlich finde den Weg falsch, den wir in den letzten Jahren eingeschlagen haben. Nämlich eine sehr gute Theatervorstellung durch Fernsehaufzeichnungen im Studio oder im Theater vollkommen zu entstellen und dann zu sagen: 'Das ist etwas Neues'. Das ist etwas Neues, aber es ist nicht mehr die Theatervorstellung. Und ich denke, wir müssen darüber nachdenken, wie die Ereignishaftigkeit des Theaters sich ganz scharf absetzen kann und als Qualität für das Fernsehen wiedergewonnen werden kann. Nur dann hat das Ganze einen Sinn.

Romeo und Julia[3] ist ein Paradebeispiel für mich. Es ist eine neue Transformation für das Fernsehen entstanden - ganz ohne Zweifel. Aber sie hatte nichts mehr mit der Vorstellung zu tun. Und es ist noch dazu eine Produktion, die ein enormes Geld gekostet hat. Herr Kienzle kann vielleicht die Gesammtsumme nennen, dann stimmen die Zahlen von Herrn Wiebel in gar keiner Weise mehr. Diese Art von Transformation ins Fernsehen halte ich für das Theater für schädlich. Das ist meine persönliche Meinung und ich hoffe, daß wir andere Wege finden, Theater im Fernsehen zu präsentieren. Wichtig ist, die Einzigartigkeit und die Besonderheit des Theaters im Fernsehen als solche zu dokumentieren und sie nicht mit den Mitteln des Fernsehen

---

3   Bayerisches Staatstheater, Inszenierung: Leander Haußmann, Fernsehregie: Rainer Ecke, ZDF 12.04.1994.

auf das Fernsehen zu entstellen. Diese Anpassung wäre der Gesichtsverlust und das vollkommene Einordnen in das Schema des Fernsehens.

Ich habe sehr viel Umgang mit den Goethe-Instituten und ich verfolge im In- und Ausland, wie Aufzeichnungen des Theaters als Lehr- und Lernstoff wahrgenommen werden. Bei Auswertungen mit jungen Studenten habe ich gemerkt, daß Adaptionen wie *Romeo und Julia* für uns als Theater eher gefährlich sind. Darüber könnte man im einzelnen noch reden, Herr Ecke, da streite ich mich gerne mit Ihnen. Ich verstehe auch, daß Sie verteidigen, was Sie gemacht haben, denn Sie haben es für das Fernsehen auf dem allerhöchsten Niveau gemacht - das ist ganz unstrittig. Aber es ist nur die inhaltliche Frage: Ist es das noch, was wir im Theater gemacht haben? Die Frage muß und möchte ich hier in den Raum stellen.

Kritz: Prima, auf die müssen wir auch kommen. Wir haben ja gestern dazu in der Tat eine Menge Anschauungsmaterial gesehen. Es stammte zum großen Teil tatsächlich aus Fernsehinszenierungen - sage ich jetzt mal - von Theaterinszenierungen, die Herr Ecke für's ZDF gemacht hat. Und natürlich ist das eine prinzipielle Frage: Soll man das Theaterereignis so authentisch wie möglich transportieren? Oder soll das Fernsehen - und das, Entschuldigung, Herr Canaris, haben Sie mit Zadek auch schon gemacht bei *Kleiner Mann, was nun?*[4] - ein Theaterereignis mit fernsehästhetischen Mitteln so inszenieren, daß es auch als Spielform im Fernsehen eine eigene Kraft und Qualität hat? Herr Ecke, Sie fühlen sich angegriffen, ich glaube, es ist aber eher eine Grundsatzerörterung.

Ecke: Nein, ich fühle mich nicht persönlich angegriffen, ich möchte etwas Grundsätzliches sagen. Ich möchte mich direkt auf die formalen Kriterien beziehen, die augenscheinlich insbesondere jetzt auch wieder in den Ausführungen von Herrn Beelitz als problematisch erscheinen. Wenn ich einen Moment lang ausholen darf. Mich gemahnt dieses ganze Gespräch an meine Studentenzeit. Es wurde genau das gleiche diskutiert. Es hatte den gleichen Nulloutput und man bewegte sich ununterbrochen munter in Worthülsen vor sich hin, ohne irgendwelche Ergebnisse zu erzielen. Ich würde es praktisch belegen: Es hat Versuche gegeben, in denen man das objektive Bild - also die Abbildung des Theaters in der totalen Realität - versucht hat. Die extremste Form, die ich kenne, ist diese: eine Kamera - zehnte Reihe - Mitte-Totale -

---

4 Sendedaten vgl. Becker: Die vermittelte Unmittelbarkeit. In diesem Band.

festgeschnallt. Und die macht dieses Ereignis neunzig Minuten pur. Und ich garantiere Ihnen, nach dreieinhalb Minuten, Herr Beelitz, haben Sie die Schuhe voller Sand, weil Sie es nicht mehr ertragen.

Beelitz: Das stimmt nicht!

Ecke: Ich rede von einem Extrem. Und von Versuchen. Ich bin gerade am Anfang dessen, was ich Ihnen erklären möchte. Und ich habe mich mein Leben lang damit beschäftigt. Wovon nie die Rede war, und das möchte ich zumindest einmal anklingen lassen, ist, daß es eine große Anzahl von Rezipienten - sprich Zuschauern - gibt, die sagen, daß etwas, das sie nachträglich im Fernsehen gesehen haben, ihnen wesentlich mehr bedeutet hat als das, was sie auf der Bühne gesehen haben. Das möchte ich nur mal jetzt hier interpolieren. Aber es gilt etwas anderes: Meine Arbeit ist im Prinzip eine dienende - und dazu bekenne ich mich. Das heißt, sie geschieht in Zusammenarbeit mit dem 'Erstkünstler', möchte ich es mal nennen: dem Regisseur. Und gerade die jetzt von Ihnen zitierten Beispiele sind Ergebnisse von Zusammenarbeiten. Dort ist nicht das Fernsehen gekommen oder irgendein Wahnsinniger und hat sich darübergestülpt, sondern das sind die Ergebnisse längerer Vorbereitungen. Und zwar ganz einfach in der Erkenntnis, daß Theater einer Übersetzung bedarf, weil es sonst in diesem Medium auf überhaupt keine Weise funktioniert.

Wiebel: Ich möchte einen kleinen Zusatz machen, um noch einmal das ökonomische Argument und die ästhetische Debatte zusammenzugreifen. Die hohen Kosten bestimmter Aufzeichnungsarbeiten des ZDF haben zu tun mit einer sicherlich ästhetisch interessanten und ambitionierten, aber das Theater durchaus mit Fernsehmitteln überholenden Fernseharbeit. Ich halte das nicht für die Aufgabe des Fernsehens. Es geht bei Theateraufzeichnungen letztlich um eine Art von Dokumentation - im übrigen auch nicht für den Tag, sondern auch für übermorgen - von dem, was Theaterarbeit war. Ich habe mal Theaterwissenschaft studiert und mußte aus Theaterkritiken interpolieren, wie wohl Gerhart Hauptmann im Anfang dieses Jahrhunderts inszeniert worden ist. Das muß der Theaterwissenschaftsstudent von morgen nicht mehr tun. Er kann ins Archiv gehen und kann sehen, was Andrea Breth gemacht hat. Aber die Aufgabe des Fernsehregisseurs ist nicht, Andrea Breth mit seinen Mitteln zu erschlagen, sondern ihrer Arbeit, so weit es geht, zu dienen - übrigens immer mit einer Differenz. Es wird nie so sein, wie es im Theater ist. Das sind ja auch zwei verschiedene Öffentlichkeiten. So kommt man zu pragmatischen Aufzeichnungsbedingungen - auch zu wirtschaftlichen.

Ich würde sagen, wir bewegen uns im Moment gefährlich in die Nähe von zu sparsamen Aufzeichnungsbedingungen. Ob das ein richtiger Weg ist, wage ich zu bezweifeln. Wir schaffen manchmal Stücke in fünf Tagen. Ich bin nicht sicher, ob das der richtige Weg ist. Aber zwischen fünfzehn Tagen mit einer Handkamera von Thomas Mauch[5] und fünf Tagen gibt es ja noch viele andere Möglichkeiten. Und wenn es uns darum geht, Theater im Fernsehen zu erhalten, müssen wir auch mit wirtschaftlicheren Methoden umgehen. Ich wäre froh, wenn wir nachher mal über Marketing von Theater im Fernsehen reden würden. Denn das scheint mir das Problem zu sein. Nachts um 23 Uhr 1,5 Millionen ausgeben, kann man nicht sehr lange, besonders wenn das Wasser in den Ohren steht.

Seibert: Wir haben es bequemer, wenn es um Quoten und um Marktanteile geht, wir stehen ja außerhalb solcher Zwänge. Wir sind wesentlich interessiert an den ästhetischen Formen, die sich entwickelt haben. Was wir gestern vorzeigen wollten, war doch, was für eine ästhetische Vielfalt, was für ein Reichtum sich bei Theater im Fernsehen entwickelt hat. Diese Vielfalt droht im Augenblick verloren zu gehen. Daß sie mal da war - ich denke jetzt noch mal an Zadek -, hat natürlich auch gesellschaftspolitische Gründe und nicht nur medienpolitische Gründe im engeren Sinne gehabt. Theater im Fernsehen ist nicht zu retten über Marktanteile oder über Quoten. Das ist eine falsche Diskussion. Es ist nur zu retten über die Ästhetik, wenn man dahingehend Anstrengungen unternimmt, neue Wege versucht und sich noch mal an alte erinnert. Uns ging es darum, daran zu erinnern, was schon mal möglich gewesen ist. Und es ging auch darum nachzuweisen, daß es nicht der Dokumentationstypus ist, auf den man allein setzen muß. Henning Rischbieter hat das einmal in den siebziger Jahren postuliert. Man muß dieses Postulat historisch sehen und man sollte versuchen, die ganze Vielfalt an Formen noch einmal zu reaktivieren bzw. zu überlegen, was in die Zukunft gerettet werden kann von diesen ästhetischen Möglichkeiten. Die ZDF-Reihe *Aktuelle Inszenierung* hat ja noch mal zum Schluß eine breite Palette gebracht an solchen Möglichkeiten. Dann kam aber die Stolte-Initiative mit 3sat und dem neuerlichen Live-Postulat. Doch nicht "live", weil das die entscheidende

---

5 Vgl. *Die Hermannschlacht*, Schauspielhaus Bochum, Inszenierung & Fernsehregie: Claus Peymann, ZDF 15.05.1984.

ästhetische Möglichkeit bei der Umsetzung zu werden verspricht, sondern weil es den Vorteil hat, billiger zu sein. Ich glaube, dagegen müssen wir uns wehren, daß die Produktionskosten bestimmend werden und daß institutionell entschieden wird über den ästhetischen Reichtum von Theater im Fernsehen.

Kritz: Herr Canaris, Sie sind gestern zitiert worden mit einem wunderbaren Satz, den ich gerne noch einmal zum besten geben möchte. Sie sollen geschrieben haben von einer 'prinzipiellen Unverträglichkeit von Theater und Fernsehen'[6]. Damit sind wir ja genau an dem Punkt. Sehen Sie das als Intendant heute anders als Sie es damals als Dramaturg des WDR gesehen haben?

Canaris: Ich sehe das überhaupt nicht anders. Ich habe den Akzent auf 'prinzipiell' gelegt. Die Prinzipien, nach denen Theater produziert, gespielt und rezipiert wird, und die Prinzipien von Fernsehen im ganzen Umfeld sind unterschiedliche und im Kern in der Tat unverträglich. Das heißt nicht, daß man nicht Versuche machen kann, und ich habe versucht, eine ästhetische Debatte zu führen - erst mal mit mir selber, weil damals gab es niemanden, der sich über diese Frage Gedanken gemacht hat, jedenfalls nicht öffentlich. Im ästhetischen Kern denke ich, ist das wirklich unvereinbar. Und deswegen, Herr Ecke, denke ich tatsächlich: Sie werden es nicht schaffen, aus der Aufzeichnung einer Theaterinszenierung eine Fernsehfassung zu machen. Ich bin an allen verschiedenen Formen von der Dokumentation bis zur Studioinszenierung, bis zur Mischform beteiligt gewesen. Sie werden es nicht schaffen, aus diesem Fernsehprodukt ein eigenständiges ästhetisches Produkt zu machen. Sie werden immer - Sie haben das fair und bescheiden gesagt - letztlich eine dienende Funktion haben. Diese Konsequenz habe ich damals gezogen, wenn ich gesagt habe, es ist unvereinbar. Ich habe allerdings auch die praktische Konsequenz gezogen. Wenn wir über diese *Kleiner Mann, was nun?*-Produktion reden, die sozusagen das Musterbeispiel für den Versuch war, aus einer Theaterinszenierung ein eigenständiges Fernsehprodukt zu machen, dann war der entscheidende Punkt erstmal, daß in diesem Theaterprodukt Elemente waren, die sehr nahe beim Fernsehen waren - nämlich die Showelemente. In dem Moment, wo in der Fernsehfassung der Umschnitt auf die Showszene kam, war die Fernsehästhetik da. Ich würde sagen: ironisch zitiert, aber benutzt. Wenn Sie so wollen, hatten wir ein ideales Objekt im Theater, um daraus einen solchen Zwitter zu machen. Wenn ich heute sage

---

6 Vgl. Becker: Die vermittelte Unmittelbarkeit. In diesem Band S. 110.

'Zwitter', habe ich damals geglaubt, es sei kein Zwitter, es sei was Eigenes. Heute denke ich und kurz danach habe ich gedacht: Es ist ein Zwitter. Ich bin noch in einem anderen Zusammenhang zitiert worden, Herr Kritz, da würde ich gerne was zu sagen.[7] Ich habe nicht kapituliert. Sondern ich habe aus meiner Erfahrung thesenhaft das feststellen müssen, was ich gerade formuliert habe. Die Quotendebatte, die in dem Zusammenhang auch zitiert wurde, spielte 1974 tatsächlich eine relativ geringe Rolle. Das spannende war die Kurve - und in diesem Zusammenhang habe ich die Zahl benutzt. Das heißt, wir hatten am Anfang 20% mit diesem - sagen wir - Fernsehereignis. Und nach einer halben Stunde hatten wir noch 10% und nach einer Stunde hatten wir 5% und diese 5% sind es dann bis zum Ende geblieben. Worum es mir ging bei dieser Art von Untersuchung des Zuschauerverhaltens, war nicht die Quantität, sondern die Qualität. Wenn wir von Anfang an bis zum Ende 5% gehabt hätten, hätte ich das als Sieg betrachtet oder zumindestens als zureichend. Im Laufe der Veranstaltung dreiviertel seiner Zuschauer zu verlieren in diesem Medienzusammenhang, zeigt, daß das Produkt (und das muß man jetzt nicht werten) innerhalb der Medienrezeption zumindestens nicht auf den Punkt kam. Denn: Es war unterhaltsam, es war gut gespielt, es war gut inszeniert und es war auch nicht endlos lang. Es dauerte nur zwei Stunden, und damals gab es Fernsehspiele, die dauerten zwei Stunden. Diese Dinge konnten es alle nicht sein. Mein Schluß war: Es war die Eigenart des Theaters, das in die Eigenart des Fernsehens nicht zu vermitteln war. Ich will die Schlüsse ziehen, und die sind heute in der Tat keine anderen als damals.

Ich denke auch, daß aus diesen Gründen, aber auch aus Gründen, die mit dem Fernsehen und seiner Verrottung zu tun haben, die - nennen wir es mal so - dokumentarische, also die in erster Linie das Produkt mitteilende und nicht noch mal neu gestaltende und interpretierende, Vermittlungsform probiert werden sollte. Und, Herr Ecke, die Alternative ist wirklich nicht die eine Kamera, die in der zehnten Reihe steht. Diesen Unsinn haben wir in unseren schlimmsten Zeiten nie gemacht. Es gibt sehr genaue, sehr dokumentarische Aufführungen, die nicht versuchen, etwas Eigenes herzustellen und sehr wohl den Eindruck von dem wiedergeben, was da auf dem Theater gewesen ist. Das ist ein wesentlicher Punkt für das Programm, daß dort diese Art von Sprache, von Schauspielerei, von Form, von Geschichtenerzählen vorkommt. Zweitens ist es ganz sicher - da kann ich nur unterschreiben, was

---

7 Vgl. Becker: Die vermittelte Unmittelbarkeit. In diesem Band S. 110.

Martin Wiebel gesagt hat - ein bildungspolitischer Punkt, der ja bei den Öffentlich-Rechtlichen immer noch eine Rolle spielen sollte oder müßte, sonst gibt es keine Begründung für die Gebühr. Also, wenn Sie so wollen, der Archivcharakter. Und dann gibt es natürlich den Punkt, daß man versucht, etwas zu erhalten durch die sorgfältige Überlegung, wie man mit einer Kamera umgeht und wie man einen Raum umsetzt, der eben in der Tat nicht übertragbar ist auf den Bildschirm. Ich denke, wir sollten Ecke da nicht zum Buhmann machen. Es wird aber (und so wollte ich gestern verstanden sein, und das ist nach wie vor meine Meinung) letztlich kein eigenes Fernsehprodukt. Es kann es nicht werden aus meiner Sicht, und es sollte es auch nicht werden. Denn, Herr Ecke, die Clipisierung von Theaterszenen, die ganz stark z. B. in der Todesszene von Mercutio zu sehen war, ist weder gutes Fernsehen noch hat es was mit dem Theater zu tun. Da, denke ich, ist die Grenze überschritten und zwar im Interesse beider Medien.

Ecke: Es kann einfach nicht unwidersprochen im Raum stehenbleiben, wenn ständig Subjektiva als der Wahrheit letzter Schluß gepriesen werden. Das ist grundsätzlich nicht wahr. Ich möchte von hinten nach vorne gehen. Die Todesszene von Mercutio - vielleicht könnte Ihnen auch was Positives einfallen - ist ein zutiefst filmisches Element. Und bitte, warum müssen wir darüber diskutieren, ob etwas jetzt fernsehtheatralisch oder theatertheatralisch ist. Ich halte das für völlig unsinnig. Entweder es gibt etwas, was ich als Ausdruck vermitteln kann, oder es gibt etwas, was ich nicht vermitteln kann. Und ich möchte dazu sagen, ich habe in meiner Praxis wirklich formal alles gemacht, was möglich ist. Ich habe Übertragungen gemacht, und da nähern wir uns dem, was Sie jetzt wieder beginnen zu propagieren: Die wurden in drei Tagen gemacht. In drei Tagen (und jetzt würden Sie sagen, Gott sei Dank) bleibt einem auch überhaupt nichts anders übrig, als ganz einfach einen Vorgang abzufotografieren - mit einer ungeheuerlichen Distanz und der großen Angst, ihn um Gottes Willen nicht zu verpassen. D. h. ein Ereignis, das sich, und jetzt kommen wir zur Praxis der Sache, weitestgehend in der Halbtotalen bis Totalen abspielt. Und jetzt kann man doch akademisch über das glücklich sein. Man kann sagen: 'Ich habe hier eine perfekte Dokumentation unter Anführungszeichen'. Für den normalen Rezipienten ist das ein Vorgang, der das Theater vom Fernsehschirm noch um ewiges weiter wegbringt, als es jetzt schon ist. Denn dann wird man irgendwann mit allerhöchster Berechtigung sagen: 'Was bitte interessiert uns diese Langeweile, die verbreitet wird?'. Was interessiert uns ein letztendlich reiner Dokumentationsgedanke, der sich nicht minimal in einem Unterhaltungswert vermitteln läßt?

Jürgen Schitthelm (Direktor der Schaubühne am Lehniner Platz, aus dem Publikum): Entschuldigen Sie, Herr Ecke, die *Tagesthemen* tanzen doch auch nicht wie wild herum, wenn der Herr Bundeskanzler oder wer auch immer redet. Warum dokumentieren sie denn dort und kriegen den Zuschauer ran? Wen erreichen wir denn, wenn wir Theater aufzeichnen? Ich behaupte: Im wesentlichen diejenigen, die sich für Theater interessieren und die, die, weil sie ganz woanders wohnen, diesen Ort nicht erreichen. Da dürfen wir uns alle nichts vormachen. Es irrt jeder, der glaubt, daß mit anderen ästhetischen Formen ein anderes Publikum erreicht wird. Wir erreichen weder die Qualität des *Kleinen Fernsehspiels* noch die Qualität des Films, sondern wir verderben unser eigenes Produkt. Gelungen sind die Produktionen, wo wir uns genau den Ausflug in die Filmkunst verboten haben, wo wir drangeblieben sind an dem Produkt, wo wir uns genau überlegt haben: Wen begleitet der Zuschauer, der da unten drinsitzt? Wenn ich eine Reihe von Aufführungen gespielt habe, sehe ich genau: Wen begleitet der Zuschauer? Und wenn ich das dann auf die Kamera übertrage, dann habe ich ein Produkt, das diejenigen, die sich für Theater interessieren, dazu bringt, nicht abzuschalten. Ich sehe die Aufgabe darin, zu bewahren. Dokumentieren im Sinne des Bewahrens, das ist für mich das Entscheidende. Irgendwo passen wir mit dem, was wir machen, nicht ins Fernsehen. Das müssen wir ganz klar aushalten.

Beelitz: Ganz im Gegenteil, wir müssen das Spezielle des Theaters ins Fernsehen bringen.

Seibert: Aber was heißt das denn? Ich würde doch sagen, eine 'Dokumentation' ist keine Dokumentation. Theater und Fernsehen sind sehr voneinander entfernt und von daher muß man über den Dokumentationstypus, wie Sie ihn haben wollen hinausgehen. Ein Beispiel: Peer Gynts Reise im Kopf[8] wäre nicht mehr dokumentierbar, wenn Ecke nur die Bühne abgefilmt hätte, und deshalb hat er den Cinemascope-Balken eingesetzt. Das ist Dokumentation, daß man versucht, interpretatorische Ansätze dieser Aufführungen zu erfassen und nicht nur einfach abzufilmen.

---

8 Vgl. Nuy/Petry: Auf der Suche nach den schönen Bildern. In diesem Band S. 73.

Schitthelm: Eine der eindringlichsten Sterbeszenen, die ich jemals auf dem Theater gesehen habe, hat Leander Haußmann in *Romeo und Julia* gemacht. Für mich eine Sache, die ich mein Leben lang nicht vergessen werde. In der Fernsehfassung bleibt nichts davon übrig. Und es geht anders. Natürlich wäre es anders gegangen.

Ecke: Ein Satz dazu muß genehmigt sein. Hören Sie zu, ich lasse gerade noch zu, daß Sie sagen ich bin ein Idiot. Ist o. k. Aber Sie machen noch ein Zweites, Sie behaupten augenscheinlich auch, Leander Haußmann ist ebenfalls nicht fähig, das zu sehen, was Sie grandioserweise hier erkennen.

Kritz: Jetzt erteile ich mir selber das Wort. Nur zur Spielregel: Ich bin jetzt doch sehr dafür, daß wir die Diskussion öffnen, weil wir sowieso soweit sind, in aller Leidenschaftlichkeit. Aber ich möchte dann gerne im zweiten Teil der Diskussion zum Thema 'Berichterstattung über Theater im Fernsehen' kommen.

Klaus Armbruster: Ich hoffe, Sie lassen mir einen kleinen Moment Zeit, trotz der allgemeinen Erregung, die hier herrscht. Man kann meiner Ansicht nach nicht so vorgehen, daß man hier eine Entweder-Oder-Entscheidung fällt. Daß man sagt, das einzig zulässige ist die Dokumentation. Wobei sofort die Frage auftritt, was ist eine Theaterdokumentation? Kann man Theater überhaupt im Fernsehen dokumentieren? Dann kann man es auch in der Zeitung dokumentieren. Also, wir kommen da in ein riesiges Problemfeld hinein. Wir[9], die gerade mal auch ganz vorsichtig damit anfangen wollen, uns auf diesem Feld zu bewegen, haben für uns eine klare Entscheidung getroffen. Wir versuchen einfach die Aufgabe zu erfüllen, Theaterstücke der Nachwelt im Sinne von Bewahren aufzubewahren, um sie wieder Studien, Forschung usw. zugänglich zu machen. Wenn wir dabei auf Fernsehquoten oder irgend etwas ähnliches schielen müßten, kämen wir sofort in eine Schräglage. Wir könnten nämlich nicht diesen ernsthaften Versuch einer Archivarbeit machen. Wir gehen in der Regel in eine zweite Stufe, wir versuchen sozusagen das Zuschauererlebnis - was auch immer das ist - noch mal mit Mitteln der Fernsehgestaltung einzufangen. Muß man auch ganz genau zwischen den einzelnen Stücken unterscheiden, man muß die einzelnen Stücke sorgfältig untersuchen und fragen, ob eine weitergehende Bearbeitung, eine Adaption im

---

9 Folkwanginstitut für Mediengestaltung, vgl. Erste Podiumsdiskussion, S. 37.

Sinne einer Fernsehfassung, zulässig und nötig ist. Daß man das immer mit den Autoren zusammen machen muß, ist überhaupt keine Frage.

Wir haben inzwischen ja auch eine Wechselwirkung von den Medien zum Theater hin, es ist ja nicht so, daß das Theater sich unabhängig von den Medien entwickelt hätte. Insofern sehe ich diesen absoluten Widerspruch zwischen Theater und Fernsehen, dieses Entweder-Oder, nicht. Die Fernsehanstalten sind in dieser Fragestellung ein wichtiger Partner, und es ist natürlich auch ihre Aufgabe, die Produktionsmittel beizusteuern. Welche Form danach ins Programm gehoben wird, ist dann eine weitere, redaktionelle Entscheidung. Aber daß die Aufforderung zur Dokumentation von Theater an das Fernsehen als der Medienanstalt bei uns im Lande nach wie vor besteht, das ist meiner Ansicht nach unbestreitbar.

Udo Schön (Intendant Theater der Stadt Ahlen): Ich möchte mich in die Diskussion nicht einklinken, ich habe nur eine Interessensfrage an Sie, Herr Ecke. Es würde mich interessieren: Erreichen Sie denn mit Ihrer Art der Umsetzung eine andere Kurve als Herr Canaris oder sind Sie dann auch bei den 5%? Erreichen Sie durch die Art und Weise, wie Sie Aufzeichnungen machen, ein neues Publikum für uns im Theater? Erreichen Sie neue Menschen, die dann sagen: 'Jetzt bin ich neugierig geworden, jetzt gehe ich mir mal das live anschauen'. Das würde mich interessieren.

Ecke: Wenn ich schnell darauf antworten darf. Die Problematik liegt im wesentlichen darin, daß in den letzten Jahren - Sie können das z. B. im ZDF beobachten - die Programmleiste halbstundenmäßig nach hinten abgekippt wurde. Es gab mal Termine, die lagen noch so um 21 Uhr, plötzlich wurde es 22 Uhr, dann wurde es 23 Uhr und bei 24.15 Uhr waren wir bei quod erat demonstrandum - keiner will Theater sehen. Wohlgemerkt, ich beziehe mich jetzt auf die Zeit, in der nicht nur ich, sondern Kollegen wie Stein, Inszenierungen im Fernsehen gemacht haben. In denen wurden diese Wege sehr subtil und genau gegangen, nicht eine Theatersache einfach abzufotographieren, sondern die Mittel des Fernsehens in die Inszenierung hineinfließen zu lassen. Und es waren dort sehr wohl gewaltige Erfolge dabei. Jetzt z. B. kann ich nur zwei Zahlen zitieren, die mir aber auch dasselbe zu beweisen scheinen, was ich gerade sage. In arte fand die Premiere von *Woyzek*[10] statt. Wie

---

10 Sendedaten vgl. Nuy/Petry: Auf der Suche nach den schönen Bildern. In diesem Band S. 76f.

ich hörte, war die Beteiligung sehr hoch und es war ein großer Erfolg. *Woyzek* wurde um 24.15 Uhr im ZDF gesendet und hatte mal eben noch 50.000 Zuschauer. Darüber zu diskutieren, ob eine Form um 24.15 Uhr erfolgreich ist oder nicht, kann ich mir nicht erlauben. Das halte ich für Blindenprogramm. Da bin ich auch der Meinung, es hat nur noch einen Dokumentationswert, daß es gemacht wurde. Mehr kann da nicht mehr passieren.

Günther Rühle (Ehemaliger Intendant, Kritiker, Publizist): Eine Bemerkung vorab. Ich denke, wenn wir über die Quoten sprechen, geht die Überlegung in eine falsche Richtung. Es kommt doch darauf an, ob wir im Fernsehen einen Kulturwillen erhalten können oder nicht. Wir entdecken natürlich in der ganzen Szene, auch in der Presse, daß der Kulturwille sehr abnimmt - in der Form der Auseinandersetzung, in der Bildung, die der Hintergrund von Zeitungsberichten ist, usf. Man kann über Theater im Fernsehen nicht in Form von Quoten reden. Da gebe ich Ihnen völlig recht. Dies als Vorbemerkung.

Im Theater wohnt ein alter Traum: Das Theater als vergängliche Kunst möchte sich aufheben. Die Möglichkeit dazu hat es zum ersten Mal wirklich durch das neue Medium bekommen, durch die dokumentarische Abfilmung. Wir haben inzwischen eine große Substanz und wir können die Geschichte des neueren Theaters seit den sechziger Jahren sehr gut belegen. Die große Zustimmung, die im Theater für die Fernsehanstalten da war, beruht auf der Erfüllung dieses alten Traums. Und die Wissenschaft hat sich nachher drangehängt, ebenso wie die Volksbildung. Das sind alles Kulturelemente, die geschaffen worden sind vom Fernsehen. Wenn dieses vermindert wird, bauen wir hier einen Teil auch von kultureller Weitergabe von Leistungen ab, die das Theater einmal erbracht hat. Wir wären sicher froh, wenn wir heute noch mal eine Inszenierung von Max Reinhardt sehen könnten, die auf diese Weise dokumentiert worden wäre. Also, die Aufzeichnung selber ist eine Kulturleistung, auf die wir nicht verzichten können. Die Frage ist, in welcher Form. Der Streit, der sich hier eben ausgebildet hat, ist für mich sehr symptomatisch. Hier wird der Anspruch des Theaters auf möglichst echte Wiedergabe dessen, was es produziert, formuliert. Wir sind uns aber alle einig, daß auch die beste dokumentarische Abfilmung nicht der Wahrnehmung des Zuschauers vom Theaterabend entspricht. D. h. die Wahrnehmung ist nicht identisch mit der Wahrnehmung, die ich im Theater habe. Selbst der Zuschauer, der eine Aufführung zum zweiten oder dritten Mal sieht, nimmt jede anders wahr, entdeckt anderes. Also, die 'Verfälschung' kommt. Aber:

Was passiert denn im Theater selber mit den Stoffen, die sie darstellen? Wir können doch nicht so tun, als verhielte sich das Theater selber entwicklungslos zu den Stoffen, die es reproduziert. D. h. das Theater selber hat auch in sich einen permanenten Veränderungsvorgang, der sich jetzt zum ersten Mal - in unserer Diskussion wird es ja deutlich - im Fernsehen abspielt. Wie verhalten wir uns zu dem, was wir im Theater sehen? Ich habe in meiner Zeit in Frankfurt immer wieder erlebt, daß die Regisseure, bevor sie an die Arbeit gehen, sich erst mal zehn Filme kommen lassen, um sich einzustimmen in bestimmte Verhaltensweisen, in Kundgebungen usf. D. h. die Inszenierungen selber sind sehr viel filmischer geworden, als sie früher waren. Wenn Herr Ecke also sagt, da sind Elemente drin, die ich heraushebe, dann hebe ich doch eine Entwicklung, die im Theater sehr verdeckt verläuft, in die Sichtbarkeit. Wir haben gestern über die zweite Qualität gesprochen, die ein Theaterabend enthält. Die zweite Qualität spielt sich immer ab im Zuschauer, das, was er wahrnimmt, womit er sich beschäftigt, welche Gedanken er mit nach Hause nimmt. Und wenn ich mir jetzt die Szene *Romeo und Julia* noch einmal vor Augen stelle: Ich habe den Theatereindruck dort noch einmal bestätigt bekommen, ich habe also keinen Verlust gespürt. Wir haben in Berlin Bernhard Minettis neunzigsten Geburtstag gefeiert, und dort wurden sehr viele Videos - Theateraufzeichnungen - noch einmal vorgeführt. Und was war das Tolle und das Überraschende daran? Von Minetti wird immer gesagt, er könne im Fernsehen so schlecht auftreten, weil seine Person zu stark sei. Es waren aber jetzt Aufzeichnungen, die im Fernsehen wiedergegeben waren, also die Verkleinerungen. Nun wurden diese wieder vergrößert auf eine Filmleinwand, und wir hatten einen wahnsinnigen Eindruck, den sie auf der Bühne nie wahrnehmen können, von dem, was sich über das Gesicht im Inneren des Schauspielers abgespielt hat. Es war eine totale Veränderung der Wahrnehmung. Der Wahrnehmung der Person und seiner künstlerischen Leistung. D. h. hier sind Differenzen, die wir wahrnehmen und erkennen müssen und auch in die Überlegungen des Transports von Theater ins Fernsehen hineinbringen müssen. Ich denke, und damit komme ich zum Schluß, wir können das Fernsehen nicht entlassen aus der Verpflichtung, sich dem Theater gegenüber dokumentarisch, oder wie immer es wiedergebend, es reproduzierend, zu verhalten. Aus einem einfachen Grund, der bisher gar nicht zur Sprache gekommen ist. Als das Fernsehen begann, hatte es zwei Zellen, aus denen es sich entwickelt hat: Einmal aus dem Zeitungsjournalismus und zum anderen aus dem Theater. Es hat viele Spielformen des Theaters übernommen und variiert. Das Theater erbringt bis heute für das Fernsehen Vorleistungen, die nie sichtbar in Erscheinung treten. Nämlich in der ganzen Ausbildung der Schauspieler, in der ganzen Freistellung der Schauspieler aus den Spielplänen - das Fernsehen greift oft ganz rüde in die Spielpläne der Theater ein. Das sind Vorleistungen, die sie mit Geld nicht bezahlen können. Und darauf hat sich das Theater immer wieder zu berufen, daß es diese Verpflichtung gibt, denn das Theater erfüllt seine Verpflichtung der Erziehung von Schauspielern für das Fernsehen auch, also hat das Fernsehen auch zurückzukommen. Jetzt komme ich noch auf die Quote zurück: Weil dieser Anspruch besteht, muß das Theater aus der Quotendiskussion heraus.

Susanne Müller-Hanpft: Ich bin Dokumentarfilmerin und Produzentin und habe unter anderem für Herrn Kienzle eine ganze Reihe von *Theaterwerkstätten* gemacht. Und ich möchte hier erstmal Herrn Rühle sehr zustimmen, weil ich hier schon den ganzen Vormittag das Wort von der Dokumentation höre. So als gäbe es eine ganz objektive Dokumentation, als wäre nicht jede Entscheidung, jeder Schnitt, jede Art, wo ich die Kamera aufstelle, was ich gerade filme, wie lange ich die Einstellung mache, eine Entscheidung, die gefiltert ist durch den Autor, durch den Fernsehregisseur, der hoffentlich kongenial mit dem Theaterregisseur zusammenarbeitet. Und deswegen sehen die Fernsehaufzeichnungen der früheren Jahre ganz anders aus als die heute, weil natürlich jeder seine Biographie, seinen Kopf, sein Wesen mitbringt und dort auch einbringt, das geht gar nicht anders. Aber ich möchte gerne noch etwas anderes sagen: Und zwar möchte ich wegkommen von der Diskussion nur um die Ästhetik, nur um das Formale, sondern einmal auch auf die Technik zu sprechen kommen. Die heutigen Fernsehaufzeichnungen werden mit einem solchen irrsinnigen technischen Aufwand gemacht. Da stehen fünf, sechs Riesen-Kameras, da sind Ü-Wagen vor den Theatern. Dabei wird immer von den Fernsehleuten behauptet, das koste nichts, weil es ja indirekte Kosten seien. Das kann mir kein Mensch weismachen, daß diese gewaltigen Anschaffungen, die ja gemacht wurden, nichts kosten. Und nach meiner Auffassung erschlagen diese technischen Einrichtungen letztendlich den Zugang zu den Theatern, weil man nur noch aufpassen muß, wo welche Kamera steht, wo wer herumfährt. Dann wird aufgezeichnet und dann gibt es zum Schluß nur noch eine geringfügige Möglichkeit, das Resultat irgendwie zu korrigieren. Ich persönlich bin eine ideologische Vertreterin der Filmkamera und ich habe auch Theateraufzeichnungen mit Film gemacht - mit drei kleinen Kameras, fünf Tage, drei-Stunden-Stücke. Hinterher sitzt man natürlich sechs Wochen am Schneidetisch. Aber dieser Aufwand lohnt sich dann, weil man dann wirklich genau und sehr sorgfältig arbeiten kann. Und dann kommt ein Ergebnis, das, glaube ich, dem, was auch Herr Canaris vorhin meinte, näher kommt, weil man das Material selbst erzählen lassen kann, wo es richtig ist zu schneiden und man nicht in der Hektik dieses Ü-Wagens sitzt und das, was gerade aufgenommen wird, schon bearbeiten muß. Also ich würde gerne auch mal über die Technik reden und ob dieser gewaltige technische Aufwand nicht eigentlich das Gegenteil von dem bewirkt, was man eigentlich haben möchte.

Canaris: Ich würde gerne auf das eingehen, was Sie gerade gesagt haben, Frau Müller-Hanpft. Das weiß ich doch auch, daß jede Dokumentation einen subjektiven Charakter hat, das ist doch gar keine Frage. Und deswegen haben wir ja gesagt, Beelitz und Schitthelm und Wiebel und ich, es geht ja nicht darum, irgendwo eine scheinbar objektive Kamera hinzustellen. Aber die Frage ist doch, unter welchem Aspekt ich diese subjektive Dokumentation herstelle. Ob es um ein eigenes Produkt geht, was seinen eigenen ästhetischen Wert hat und damit natürlich das Ausgangsprodukt verändert, oder ob ich sage, das Ausgangsprodukt ist das Entscheidende und dem will ich mit den Mitteln - selbstverständlich den persönlichen Mitteln - der Dokumentation zu einer Erscheinungsform verhelfen, die, um es so blumig zu sagen, die seine ist. Lassen sie mich zwei Beispiele nehmen, Herr Ecke, aus meiner Sicht ein gelungenes und ein nicht gelungenes, beide in der Todesszene von *Woyzeck*.[11] Ich nehme das aus meiner Sicht Gelungene vorweg. Die Kamera endet auf dem Narren, der sich da in den Hintergrund geschlichen hat - auf der Bühne sichtbar, im Fernsehen unsichtbar - und man sieht das große Gesicht und der Narr gibt seinen Kommentar dazu ab. Ich finde das deswegen gelungen, weil hier die Tatsache, die auf dem Theater in der Simultanität und in der Permanenz vorhanden war, gezeigt wurde. Nämlich, daß dieser Narr derjenige ist, der subjektiv das kommentiert, was auf der Bühne stattfindet an Geschichte zwischen Marie und Woyzeck - das konnte der Theaterzuschauer anderthalb Stunden lang sehen. Sie konnten das nicht im Fernsehen einfangen, weil Sie nicht anderthalb Stunden lang mit einer Totale umgehen können. Da haben Sie völlig Recht, da habe ich nach drei Minuten Sand in den

---

11   Vgl. Nuy/Petry: Auf der Suche nach den schönen Bildern. In diesem Band S. 78f.

Schuhen. Sie haben aber einen Moment gefunden, wo die Kamera dieses, was das Theater mit seinen Mitteln gezeigt hat, mir als Fernsehzuschauer - auch wenn ich die Aufführung nicht gesehen habe - auf den Punkt vermittelt hat.

Das Gegenbeispiel, wirklich nicht, um zu polemisieren, oder auch um zu polemisieren, aber nicht in erster Linie, sondern um etwas zu beschreiben: das Gegenbeispiel ist der Versuch, mit spezifischen Fernsehmitteln, nämlich mit Überblendung, mit Entsättigung, mit Dreifachbildern diese Mordszene zu vermitteln. Diese Mordszene, die eine klare, entschiedene Aussage - oder Erscheinungsform - hatte, nämlich erstens: Es ist ein rein physischer Vorgang. Ein physischer Vorgang, der obendrein übersetzt ist, weil man auf dem Theater bekanntermaßen nicht mordet. Also war es über Woyzecks Körper erzählt. Und zweitens, was ganz wichtig ist, es war nicht klar, ob er nicht gleichzeitig mit Marie auch sich selber umbringt. Und drittens, er hat dies nicht gemacht, indem er auf sie eingestochen hat, sondern er hat sich rasiert - ein Zitat, so, wie er sich vorher rasiert hat. D. h. es war ein Zusammenhang, der gleichzeitig den Vorgang vorstellte: 'Er bringt sie um, vielleicht auch sich selber', und dieses tut er im Zusammenhang mit der Manipulation, die mit ihm durch den Hauptmann - Stichwort Rasieren - vorgenommen worden ist. Durch die Art und Weise, wie Sie das aufgelöst haben, ist keiner dieser drei Aspekte sichtbar geblieben. Und damit ist die ganze Szene sinnlos geworden. Es war effektvoll, man sah etwas, da ist Fernsehen passiert. Ich finde nur - halten zu Gnaden - auf eine unsinnige Weise. Sie hätten sich besser, wie bei dem Narren, an das gehalten, was das Theater erzählt hat.

Nun noch einen Satz zu Herrn Rühle. Herr Rühle, ich stimme Ihnen zu in der Beschreibung: 'Unsere Sehnsucht ist aufgehoben' oder 'es gibt eine kleine Chance, daß unser Medium erhalten bleiben könnte'. Das ist ein höchst zweischneidiges Schwert, denn wo blieb bisher unser Medium erhalten: im Kopf, in der Phantasie, in der Erinnerung. Die Tatsache, diese Phantasie und die Erinnerung überprüfen zu können, ist höchst ambivalent. Weil das, was ich vor inzwischen 20 Jahren im Theater gesehen habe, hatte damals seine Berechtigung. Ich fand es damals gut, es war vielleicht sogar authentisch. Wenn ich das heute, im anderen Medium, für das es nicht gemacht ist, überprüfe, weiß ich nicht, ob das immer ein Vorgang ist, der nur positive Aspekte hat - neben dem, daß da etwas dokumentiert wird. Sie haben eben gesagt, 'wenn wir eine Inszenierung von Max Reinhardt sehen könnten' - ich bin eher froh, daß ich die nicht sehen kann. Wenn ich heute eine Inszenierung von Karl-Heinz Stroux - um aus meiner persönlichen Geschichte zu reden - sehen könnte, die ich hoch geschätzt habe, die mein Theaterverständnis mitgeprägt hat, ehe ich mich davon abgelöst habe, wäre ich nicht so sicher, ob das ein besonders erfreulicher Vorgang wäre.

Ecke: Eine kurze Replik dazu. Ganz schnell noch vorweg: Ich bedanke mich besonders bei Herrn Rühle für diese Ausführungen, die ich nicht nur sehr gescheit, sondern auch unglaublich treffend fand. Herr Canaris, in einem Vorgang konstatieren Sie mir, daß mir etwas gelungen ist, d. h., wir befinden uns natürlich auf der Schiene, daß etwas mit den Mitteln des Bildes übersetzt wird. Bei der anderen Szene geschah etwas sehr Interessantes. Wir waren in einer gewissen Hilflosigkeit, wie man diesen Mord machen soll, und haben es pur versucht. Wir haben die Kamera beinhart draufgehalten, in einer Ganzkörpereinstellung eingemauert, und wir haben es auf diese Weise aufgezeichnet. Und der Erste - und jetzt komme ich zu den entscheidenden Dingen, die immer wieder passieren - war der Regisseur, aber auch die Darsteller haben bei der Kontrolle dieses Vorganges gesagt: 'Uns fehlt etwas, das ist leer, das ist tot, da vermittelt sich nichts'. Und jetzt kommen wir an einen dieser Punkte, wo es wirklich magisch und mystisch wird. Der Unterschied zwischen Theater und Fernsehen ist nicht nur die Vermittlung von Dingen, sondern auch die Wirksamkeit, die eine komplett andere ist. Jenseits des Gedankens, was eigentlich ist eine Dokumentation; also wohlgemerkt, jeder Schnitt ist eine Eingriffnahme, alles, jede Bildgröße, alles, das Licht, was ich mache, usw. Ich brauche nur das Theaterlicht zu lassen und schon verändere ich es dadurch, daß ich es ins Fernsehen nehme, weil der Auflösungsvorgang ein komplett anderer ist als der, den das Auge vollzieht. Gut, jetzt zurück zu *Woyzeck.* Wir haben diskutiert, bitte, was können wir tun. Und wir sind ganz am Schluß zu dieser Lösung gekommen, die den Beteiligten in dieser Situation am bestmöglichen gefallen hat. Jetzt kann man natürlich nachträglich sagen, möglicherweise hätte es noch etwas Besseres gegeben. Wir sind auf das Bessere nicht gekommen, und dort liegt die Wahrheit, und so möchte ich das mal sagen.

Kritz: Wir haben noch Wortmeldungen. Ich möchte damit diese Diskussion zu dem Thema auch dann bitte gerne abschließen.

Doris Rosenstein: Diese intensive Diskussion über die ästhetischen Problemstellungen bei den Transformationen ins Fernsehen belegt, daß da im Grunde ein ganz langes Defizit bestanden hat. Ich möchte etwas fragen, was ich auch in meinem Vortrag angesprochen habe. Wenn jetzt so viele 'Ja-Worte' für Theater im Fernsehen ausgesprochen werden, wieso wird die publizistische, die theaterkritische Öffentlichkeit so wenig aktiv in dieser Richtung? Ich könnte mir vorstellen, daß die Redakteure, die Regisseure und die Autoren sehr dankbar gewesen wären, wenn ihre Arbeiten regelmäßig Rezensionen bekommen hätten. Die zweite Frage bezieht sich darauf, ob eine Möglichkeit besteht, diesen Appell, Theater im Fernsehen aus der Quotendiskussion herauszuhalten, nicht nur auf der Ebene des Appells zu belassen. Kann man nicht die Überlegung anstellen, die Gebührenerhöhung zu koppeln an die Auflage von bestimmten quotenfreien Programmräumen? Daß man also eine Differenzierung im Programmangebot vornehmen würde, das definitiv von diesem Quotendiktat freigeräumt würde. So hätte man die Möglichkeit, Freiräume für Experimente und für das Erproben neuer Umsetzungsformen zu schaffen.

Wiebel: Ich möchte Frau Rosensteins Frage an Fernsehinsider aufgreifen, warum eigentlich Theateraufzeichnungen dann, wenn sie noch stattfinden und auch gezeigt werden, keine öffentliche Rezeption erfahren. Die Frage muß man ja im Grunde an die Medienkritik zurückgeben, vielleicht sogar noch gezielter an die Theaterkritik. Und nun merken Sie etwas Interessantes. Für die Theaterkritiker ist die Premiere das Ereignis, wie für die Filmkritiker übrigens auch die Filmpremiere. Kommt die Kinofernsehkoproduktion zwei Jahre später ins Fernsehen, wird sie nicht mehr wahrgenommen. Und so ähnlich ist das mit den Theaterkollegen auch. Da die sich ohnehin dann auch nicht so sehr dafür interessieren, weil sie eigentlich das Theater im Fernsehen ja prinzipiell für nicht richtig halten, gucken sie nicht hin, setzen sich nicht so dezidiert mit der Differenz zwischen Bühnenaufführung und Fernsehadaption auseinander. Also das, denke ich, erklärt, warum es von außen kein Interesse gibt und von innen nur ein sehr mäßiges Engagement, darüber jetzt viel zu machen. Das läßt sich so erklären, daß es ja ein Grabenkampf ist zur Erhaltung dessen, worüber sie hier gerade eben so vorzüglich gestritten haben. Ich fand das eine wunderbar nützliche, aber auch eigentlich hilflose Debatte über künstlerische Fragen angesichts des nahenden Hochwassertodes durch die Einfaltquote.

Weil, die Einfaltquote ist das Problem! Ihre Forderung nach dem quotenfreien Raum für Theater ist schon ein bißchen freundlich bis blauäugig. Lassen sie uns einfach zur Kenntnis nehmen; der öffentlich-rechtliche Rundfunk steht unter einem - nicht nur in den Zeitungen nachzulesenden - heftigen politischen Überlebensdruck. Und die Menschen, die innendrin Verantwortung tragen, neigen zur Überlebensform des Zynismus. Das ist eine Berufskrankheit solcher Menschen. Dabei opfern sie gerne irgendwas, was sich nicht verteidigt. Wie vorhin schon gesagt, eine Kirchensendung wird sicherlich erst hinter einer Theatersendung abgeschafft, das ist eine mächtigere Lobby. Und wenn Ihnen Ihr Theater wichtig ist, so wichtig wie mir als einem ehemaligen Theatermann, müssen Sie dafür was tun und kämpfen. Mit einer Lobby, wie sie dem Bühnenverein ja zur Verfügung steht. Und nicht so vornehm. Sie dürfen auch nicht so viele organisatorische Fehler machen, wie sie z. B. bei dieser Tagung stattgefunden haben. Man merkt, daß das ein Nachplappern ist und keine Barrikadenhaltung. Wenn Sie Ihr Theater auch ökonomisch und politisch, dem Kulturauftrag entsprechend, erhalten wollen, müssen Sie sehr, sehr, sehr schnell aufwachen und sehr, sehr massiv und sehr laut werden. Ich würde Sie ausdrücklich animieren, das zu tun. Es müssen neue Produktionsmethoden gefunden werden - und davon gibt es sehr viele - die dem Theater gerecht und dem Fernsehen nicht ungerecht werden. Ich will das gerne noch mit einem Satz sagen. George Moores' Aufzeichnungsarbeit ist für mich eins der interessantesten Beispiele in letzter Zeit. Was macht dieser Mann? Er setzt sich hin und macht aufgrund einer einfachen Ein-Kamera-Aufzeichnung ein dezidiertes Storyboard. Soviel Zeit nimmt er sich für die Vorbereitung und er ist so gut vorbereitet, wie wahrscheinlich Frau Müller-Hanpft, wenn sie einen Theaterfilm macht. Dementsprechend kommt das Produkt der Theateraufführung auch sehr nahe und macht sich nicht selbständig. Da ist für mich die entscheidende Grenze, über die würde ich auch ungerne hinausgehen wollen.

Kritz: Ich sehe jetzt eine einmalige Chance, mich unbeliebt zu machen, und ich möchte sie mir nicht entgehen lassen. Ich fürchte, es gibt noch viele Wortmeldungen und ich bitte um Verständnis dafür, daß wir die jetzt nicht einfach alle durchspielen, denn dann kommen wir wirklich in des Teufels Küche - die Zeit läuft uns davon. Mir läge sehr daran, daß wir uns hier nicht völlig resultatlos verabschieden. Ich käme jetzt gerne auf das Thema 'Perspektiven eines verbesserten Zusammenarbeitens zwischen Theater und

Fernsehen'. Wobei wir nun in der Tat nur von den Öffentlich-Rechtlichen reden, und wir reden im Moment auch nach wie vor ausschließlich über den Aspekt Aufzeichnung, Adaption, Dokumentation von Aufführungen als kulturelle Tat. Ich möchte nur über eine kleine Initiative der Deutschen Akademie der Darstellenden Künste - personifiziert durch Herrn Rühle - informieren. Da haben sich Theater- und Fernsehleute zusammengesetzt und haben die Lage sondiert. Ich fasse das jetzt notgedrungen subjektiv zusammen und muß ganz klar sagen: Es gibt bei den meisten Kulturredaktionen im öffentlich-rechtlichen Fernsehen nicht gerade Begeisterung für Theateraufzeichnungen. Sehr direkt gesagt, ist es für viele geradezu eine Horrorvorstellung, daß über drei bis vier Stunden im regionalen Programm eine Theatervorstellung zu sehen ist. Das ist so. Ich kann ihnen da keine Illusionen machen. Nur mit der Quotendiskussion ist der Situation nicht beizukommen. Im Hessischen Rundfunk haben wir diese Erfahrung auch gemacht. Am Zweiten Weihnachtstag haben wir am späten Nachmittag eine Theateraufzeichnung gezeigt - eigentlich ein Zeitpunkt, wo man mit Kultursendungen ganz gute Zuschauerresonanzen hat. Wir hatten null Prozent, das sind 10.000 Zuschauer. Sie dürfen bitte die Diskussion nicht immer so führen, als ginge es nur um Quoten. Damit würden Sie das Problem unterschätzen. Fernsehredaktionen müssen Zuschauer haben für die Programme, die sie wollen. Wenn wir uns in eine Lage bringen, wo wir die Zuschauer einzeln begrüßen können, dann können wir uns auch verabschieden, dann haben wir auch unseren Programmauftrag nicht mehr erfüllt. Also, die Debatte ist schwieriger.

In dieser Initiative haben wir versucht, ganz pragmatisch vorzugehen. Die 3sat-Redaktion produziert ohnehin eine bestimmte Stückzahl von Aufführungen, ebenso wie der WDR und der BR. Das nächste wäre, alle potentiell in Frage kommenden ARD-Redaktionen zu fragen: 'In welchem Maße seid Ihr bereit und finanziell in der Lage mitzugehen?'. Dann hätten wir eine benennbare Zahl von Theateraufführungen, die jetzt allerdings primär auf 3sat hin gedacht sind. Aber das bedeutet ja auch nahezu eine nationale Ausstrahlung, plus Österreich und der Schweiz. Also, wieviele kriegen wir zusammen? Wenn es mit Unterstützung der ARD am Ende 12, 16, 18 oder 22 wären im Jahr, wäre das ja schon mal was - auch im Sinne der Rühle'schen Idee des Bewahrens. Mein Eindruck ist, daß wir überhaupt nicht weiterkommen, wenn wir uns in sehr diffizilen Debatten aufreiben. Ich denke, wir müssen uns jetzt einen Ruck geben und versuchen, ganz pragmatisch zu handeln und von da aus dann weiter zu diskutieren.

Kammann: Ich bin dankbar, Herr Kritz, daß Sie das mal auf eine praktische Perspektive gebracht haben. Ich finde auch, daß Quotenverteufelei überhaupt nicht hilft. Herr Canaris hat ganz schön gesagt, wie die Quote auch Indikator sein kann für Interesse. Für die Privaten ist die Quote natürlich die Existenzgrundlage überhaupt, für die hat sie eine andere Bedeutung als für die Öffentlich-Rechtlichen. Aber in bestimmten Bereichen können wir nicht an der Quote vorbeisehen, und aus redaktionellem Interesse braucht man sie auch. Und die Kulturdeklamatorik von Herrn Kluth hilft überhaupt nicht weiter, denn die Situation ist für das Theater und für das Fernsehen sehr unterschiedlich geworden. Das Theater ist ja in vielem doch eine statische Einrichtung: Es spielt vor Ort, es spielt in einem Land, es ist insofern nicht bedroht, hat keine Konkurrenz von außerhalb. Das Fernsehen ist ja nicht nur politisch bedroht, indem dieser öffentliche Gedanke ausgehöhlt wird, sondern es ist ja auch schlichtweg durch kommerzielle Konkurrenz von außen bedroht. Wenn Sie heute Ihre Kinder fragen, dann werden die Ihnen in der Regel sagen, sie gucken wahrscheinlich Pro 7, oder sie gucken VIVA, oder sie gucken MTV. Sie sind gar nicht mehr da, wo Sie sie gerne hätten und vermuten. Das können wir alles nicht außer Acht lassen. Wenn Theater einen Platz haben soll - unabhängig mal von der ästhetischen Seite -, dann muß ich fragen, wo? Ich glaube, daß dieser Gedanke, für Theater etwas Besonderes zu haben, wie beispielsweise bei 3sat, richtig ist.

Es wäre doch wirklich nicht falsch, wenn man sagt, man hat einen Pool, in den man das zusammen gibt, was man für fernseh-transportfähig hält - ein schrecklicher, technologischer Begriff, Verzeihung. Die Inszenierungen, wo man denkt, die seien es wert, bewahrt zu werden, die seien es wert, Interesse und Neugier zu wecken. Oder dieser Pool sollte sozusagen als Bildungseinrichtung verwendet werden. Denn - und da stimme ich Herrn Beelitz vollkommen zu -, das Theatererlebnis, was uns bewegt, das kann man im Fernsehen so nicht haben. Insofern sollten beide Medien für sich jeweils das Beste behalten. Sie müssen dann nur sehen, wo sie bestimmte Sekundärfunktionen weitergeben können. Und, Herr Canaris, da hilft es auch nicht, das Fernsehen zu verteufeln. Es stimmt nicht, daß es verrottet ist. Das ist der Anschein, den wir haben, weil es so unendlich viel geworden ist. Ich könnte ihnen sicher jetzt zwei Dutzend Namen sagen von Leuten, die heute vielleicht besseres Fernsehen machen, als in den sechziger oder siebziger Jahren - das sind für uns die goldenen Zeiten -, nur: damals fiel das alles auf. Heute haben Sie eine Konkurrenz von dreißig Kanälen, und die Öffentlich-Rechtlichen haben innerhalb von zehn Jahren ihr Angebot verdreifacht. D. h. das Unikat, das gutgemachte Stück, das es wirklich in vielen Einzelfällen gibt - ich sitze in der Grimme-Jury seit langer Zeit -, das ist nicht schlechter geworden. Und wenn sie heute noch einen Reitz mit 13 Folgen[12] ins Erste Programm bekommen, ist das doch auch ein Signal. Insofern lassen wir dem Fernsehen das Beste da und fordern ihm das auch ab.

Spezialinteressierte am Theater, Engagierte, Begeisterte schaffen sich möglicherweise sogar einen eigenen Kanal. Bei den Kindersendungen, auch ein großes Gut öffentlich-rechtlichen Fernsehens, tritt dasselbe ein. Diese Vervielfältigung ist gar nicht mehr aufzuhalten. Theater bleiben in ihrer Zahl gleich, aber die Fernsehkanäle multiplizieren sich. Also wird überlegt, mit viel Aufwand gemachte Kindersendungen an einer bestimmten Stelle zu wiederholen, möglicherweise sogar gegen zusätzliches Geld. Man muß eine Gesamtstrategie entwickeln, Theater ist dann für sich eine Sparte Fernsehen. Ich glaube, dieser Gedanke wird unausweichlich sein. Die Konkurrenz durch andere Einzelprogramme (mit all ihren ästhetischen Mängeln, die wir ja kennen) ist zu groß. Und ich kann es auch keinem Intendanten übelnehmen, wenn er überlegt: 'Sind 1,5 Millionen um 23.00 Uhr noch richtig eingesetzt?' Auf die Öffentlich-Rechtlichen als Hilfsträger zu bauen, wird nicht funktionieren. Aber ein eigenes, konzentriertes Angebot - vielleicht sogar mit den Privaten: Nehmen Sie Bertelsmann, nehmen Sie Kirch (ich weiß, das darf man nicht sagen), die machen natürlich interessante Sachen. Ich glaube, da wäre etwas zusammenzufassen ohne Verluste - aber es müßte etwas Eigenes sein.

Beelitz: Vielleicht nochmal ganz kurz, Michael Kluth hat gesagt: 'Wie können wir offensiver werden?' Das scheint mir eine ganz wesentliche Frage. Ich glaube, wir können das nicht, indem wir versuchen, mehr Theateraufführungen in das Fernsehen umsetzen zu lassen. Wenn wir davon ausgehen, was das Besondere am Medium Theater ist, nämlich dieses Moment der Vergänglichkeit, dann müßte das Fernsehen - zu Zeiten, wie es das auch beim Film tut - unendlich viel mehr über die Andersartigkeit des Mediums Theater berichten. Selektierend berichten, erklärend berichten, kritisch berichten. Wenn wir diesen Platz haben, dann ergänzen wir uns, dann gehen wir miteinander auf die Barrikaden, was vorhin auch eingefordert wurde. Übrigens, daß wir so ganz

---

12 Die Zweite Heimat, 13 Folgen, Erstausstrahlung arte März bis April 1993, ARD April bis Juni 1993.

ohne Quote am Theater arbeiten dürfen, scheint mir doch wohl auch ein Gerücht. Wir stehen bis zu einem gewissen Grad natürlich auch unter diesem Druck durch den öffentlichen Auftrag der subsistären Gelder, aber wir versuchen doch das soweit wie möglich zurückzudrängen. Die besondere Ereignishaftigkeit des Theaters, die sich im Augenblick der Vorstellung abspielt, als etwas Wesentliches zu schildern - das könnte die Aufgabe des Mediums Fernsehen für mich in allergrößtem Maße sein.

Ich möchte noch ein Wort dazu sagen: Daß wir bei 'Theater' immer nur über fünf Theater sprechen, ist ja eine unglaubliche Verflachung unserer Kulturlandschaft. Also, unsere Kulturlandschaft ist eine der reichsten auf dem Theatersektor in der ganzen Welt. Und es stimmt nicht, daß es nur an der Schaubühne gutes oder wesentliches Theater gibt. Die notwendige Information über diese Breite, die von einem kleinen Theater in Kleve bis nach Berlin reicht, wäre regional in den einzelnen Dritten Programmen oder in 3sat sehr ausführlich zu machen. Genauso wie ich mir wünschen würde, daß das Fernsehen sich mal um junge Autoren kümmert, und zwar nicht nur, indem es sie vorstellt, sondern indem es vielleicht mal so etwas wie einen Workshop darüber macht. Ein Letztes noch. Ich will nichts aufwärmen, aber damit Herr Ecke nicht denkt, er muß mich hinterher erschlagen. Wir haben ein sehr interessantes Beispiel zusammen gemacht, Herr Ecke, mit Schnitzlers *Professor Bernhardi*[13], was so eindeutig und schön die Grenzen und Möglichkeiten von Theater im Fernsehen gezeigt hat. Eigentlich ein reines Sprach-, Dialog- und Konversationsstück, wo wir bei der Aufzeichnung medial gänzlich anders vorgegangen sind als bei *Romeo und Julia*. Die Inszenierung von *Romeo und Julia* war natürlich auch im Kopf von Leander Haußmann sehr viel stärker filmisch konzipiert. Ich will das nur noch abschließend sagen. Die Doppelung, daß Leander Haussmann bereits - insbesondere bei der Mercutio-Szene, aber auch bei vielen anderen - sehr bühnenfilmisch gearbeitet hat, was dann nochmal filmisch umgesetzt wurde, hat für mich im Endeffekt dann ein fatales Mißverständnis herausgebracht. Dies ist nicht mit gegenseitigem Vorsatz geschehen, sondern ist, glaube ich, durch die Medienverdopplung eingetreten. Und das wird des öfteren so sein. Also, die Devise muß sein, das Theaterereignis offensiv zu publizieren und sich zu ergänzen. Wir machen das übrigens mit dem Fernsehen laufend, wir holen ja sogar Fernsehfilme in das Theater. Ich habe da überhaupt keine Berührungs-

---

13 Erstsendung: ZDF 12.7. 1987.

ängste. Besondere Fernsehfilme zeigen wir im Theater - statt einer Matinée, statt eines spielfreien Tages oder während hinten eine technische Probe stattfindet. Das sind Dinge, wo wir uns gegenseitig stark machen können und uns nicht nur immer über Quoten niederreden müssen.

Pavel Fieber: Ganz direkt zu dem, was Günther Beelitz sagt. Im Südwestfunk ist die kulturelle Berichterstattung um fünf Stunden zurückgegangen. Ich habe das gestern schon gesagt[14], aber es verhallte ungehört, niemand sagte was dazu. Das finde ich viel schlimmer als Nichtaufzeichnungen von Theatervorstellungen.

Kritz: Sie berichten aus dem Sendegebiet des Südwestfunks, da stimmt das. Es trifft nicht generell zu. Ich habe in einem ganz anderen Zusammenhang addiert, welche regelmäßigen Kulturmagazine es denn in den Dritten Programmen der ARD gibt. Und da kommen pro Monat ungefähr 600 Sendeminuten zusammen. Das ist nicht ganz wenig. Es gibt allerdings das spezifische Theatermagazin nicht mehr oder kaum noch. Da ist in der Tat das gestern auch apostrophierte *Allerlei Theater* vor einigen Jahren beim Hessischen Rundfunk abgeschafft worden,[15] weil man im Zuge einer Programmreform gesagt hat: 'Theater nur für sich und nur für dieses segmentierte Publikum bringt es nicht. Es soll eingebettet werden in ein allgemeines Magazin.' Das Vertrauen von Programmachern und Programmanagern in die Sparte 'Theater im Fernsehen' ist nicht sehr groß. Dennoch, wenn wir uns das panoramahaft angucken würden, kommt sehr viel Theater in Einzelberichterstattungen, in kleinen und nicht ganz so kleinen Formen vor - magazinartig, in Dokumentationen, in Gesprächsformen und auch immer noch in die Theaterproduktionen begleitenden Dokumentationen. Die Berichterstattung über Theater ist quantitativ also gar nicht so gering. Ich glaube nur, es fällt trotzdem nicht auf. Es macht sich nicht markant im Programm, und es fällt zum Beispiel offenbar auch Ihnen, die Sie nun zum engeren Kreis der Interessierten gehören, nicht in dem Maße auf, in dem es im Programm existent ist. Es ist auch die Frage, wie man damit umgeht. Da kann man idealistische Diskussionen darüber führen. Wie stellt man eine Theaterpremiere in einem Magazin dar, wenn Sie nur 3 Minuten zitieren dürfen aus einer Aufführung - unter dem Druck der Aktualität.

---

14 Vgl. Erste Podiumsdiskussion, S. 35.
15 Vgl. Rosenstein: Theater im Kulturmagazin. In diesem Band S. 129.

Canaris: Wenn Sie wenigstens 3 Minuten bringen würden. Das Problem ist doch, daß es nur noch Schnipselchen sind. Das ist eben der Punkt, den ich mit Verrohung oder Verrottung der Fernsehkultur meine. Es ist nicht das Problem, daß da weniger Minuten sind, sondern wie diese Minuten genutzt werden - in Anführungszeichen - das ist der Skandal. Da ist sozusagen der Punkt, wo die Kultur dem Fernsehen nicht mal mehr nachlaufen kann, sondern einfach vor die Hunde geht. Ich polemisiere jetzt ein bißchen. Wenn Sie schon mal 3 Minuten am Stück, wo man einem Gedanken oder einem Dialog folgen könnte, senden würden, da wär' ich doch dankbar. Das Einzige, was übrig bleibt von den zwei Stunden, die Sie mitgeschnitten haben, weil Sie ja Ihre festangestellten Leute beschäftigen müssen, sind dann maximal die drei Minuten - aber die aufgesplittert in 27 Sekunden Schnipsel. Und das soll dann Kulturberichterstattung sein.

Kritz: Ich bin froh, daß ich Moderator bin und deshalb dazu nichts sagen muß. Das überlasse ich jetzt Herrn Kluth.

Kluth: Ich kann das leider nur bestätigen, was Volker Canaris eben gesagt hat, ich bin ja eine Weile dabei. Wir machen es uns da viel zu leicht. Wir sind zu wenig offensiv in den Sendern oder in den Redaktionen gegenüber den gar nicht mal immer klar ausgesprochenen Richtlinien. Es ist also oft auch ein bißchen ein vorauseilender Gehorsam und eine Selbstkommerzialisierung. Ich sage das jetzt mal, ich setze mich auch gern jeder Kritik aus. Es ist einfach so, daß im *Kulturweltspiegel*, *Kulturreport* oder *T.T.T.* - also den Magazinen, die im Ersten Programm ausgestrahlt werden - Theater tatsächlich kaum mehr vorkommt, es sei denn auf eine denunziatorische und voyeuristische Art und Weise, wie ich das in dem letzten *Kulturweltspiegel* des WDR gesehen habe, bei einem Bericht über die Bonner *Lulu*-Inszenierung von Fricsay. In der Sendung waren fürchterliche Kameraeinstellungen denunziatorischer Art, sexistisch würde ich fast sagen. D. h. also, es wird in vielen Redaktionen unter dem Aspekt des Ungewöhnlichen diskutiert, wenn es um die Frage geht, über welches Theaterstück, über welche Inszenierung berichtet werden soll. Ein gutes Beispiel dafür ist der komprimierte Medienwahnsinn im Zusammenhang mit dem Namen Castorf. Das wissen Sie alle, was sich da in der letzten Zeit abgespielt hat. Da gibt's ein *Spiegel*-Interview und dann zieht *Die junge Welt* nach mit dem tatsächlichen Text des Interviews und plötzlich berichten alle. Plötzlich reden alle von Herrn Castorf und sagen: 'Ja, das ist ein Medienereignis'.

Es wird nicht mehr seriös und systematisch über das berichtet, was in unserer Theaterlandschaft passiert, denke ich. Wobei ich überhaupt nicht sagen will, daß es eine bestimmte Quote in der Berichterstattung zu geben hat. Das ist auch eine Qualitätsfrage, die viel zu selten gestellt wird. Die Entscheidung darüber, was wichtig ist, müßte in den Diskussionen innerhalb der Redaktionen fallen. Vorausgesetzt, daß man sich dort irgendwelche Kriterien zu eigen gemacht hat, die ein Urteil über die Auswahl dessen, was ich in einem Kulturmagazin bringen will, erlauben. Und da habe ich aufgrund meiner Zusammenarbeit - immer von Ausnahmen abgesehen - inzwischen meine sehr konkreten Bedenken. Ausnahme ist hier, ich will das nicht verhehlen, das *Focus*-Logo-geschädigte *Aspekte*-Magazin, das zumindest quantitativ immer noch über Ereignisse der Theaterlandschaft berichtet. Aber insgesamt, und das ist für mich das eigentlich Betrüblichste an der Sache, wird kaum mehr etwas über wirklich Innovatives innerhalb der Theaterszene gebracht. Da heißt es dann sofort: 'Unbekannte Gruppe, unbekannter Künstler. Ist der schon mal irgendwie hervorgetreten durch irgendetwas?' Und da hat sich Entscheidendes geändert, sage ich mal. In den siebziger Jahren habe ich sehr intensiv in dem WDR-Kulturmagazin *Spectrum* diese Sparte Theater so ein bißchen mitbedient. Und wir sind grundsätzlich in den redaktionellen Auseinandersetzungen davon ausgegangen: 'Was bewegt sich in der Szene, was ist nicht abgestanden, was wird nicht zum zehnten Male präsentiert?' Ich denke, daß das eine Aufgabe der Kulturmagazine wäre: Einfach aufzuspüren, wo tut sich was, wo sind Dinge, die für uns vielleicht mal Bedeutung gewinnen könnten? Und sich nicht auf das nur Spektakuläre oder schon total Abgesicherte einzulassen.

Schanze: Ich fühle mich hier als Medienhistoriker angesprochen und hatte ja gestern einen Vorschlag zum Thema gemacht.[16] Der Vorschlag läuft im Wesentlichen darauf hinaus, daß man davon auszugehen hat, daß die ästhetische Debatte - also unsere Debatte über Umsetzungen - eine gewisse Gleichberechtigung erreicht hat. Und diese Gleichberechtigung heißt praktisch, daß wir inzwischen auch wieder gute Argumente für die Übertragung finden können. Nun ist nicht zufälligerweise die Übertragung der Kanon der Berichterstattung. Das Problem besteht nur meines Erachtens in folgendem - und hier spreche ich nicht als Wissenschaftler, sondern als einer, der das Ver-

---

16 Vgl. Schanze: Theater und Fernsehen im Kontext "Neuer Medien". In diesem Band S. 51.

fahren beobachtet: Solange es so ist, daß das Fernsehen immer erst zu den Theatern gehen muß, um Aufzeichnungen zu machen, kommt das Fernsehen immer zu spät. Deswegen plädiere ich dafür, daß man in diesem Falle dasjenige, was man senden möchte, vorbereitet. Viele Theater tun dies ja auch schon auf hoher Qualität. Ich plädiere also für eine eigene Produktionskompetenz der Theater, die auf diese Weise wirklich Sponsor des Fernsehens werden können und dort auch qualitativ etwas verändern können. Man sollte durch Eigenaufzeichnung Material zur Verfügung stellen, was man dann in der Tat ereignis-zeitgleich senden kann. Hier sehe ich keinerlei Quotenfrage, denn hier kann das Theater in eigener Entscheidung für Aufzeichnungen sorgen. Es kann sich dabei der Hilfe der Rundfunkanstalten bedienen, die ja Kapazitäten in dieser Richtung haben. Ich würde den ursprünglichen Poolvorschlag verbinden mit dem Vorschlag, Aufzeichnungen im Theater zu vermehren, um offensiv die Erweiterung der Theaterberichterstattung auf der Basis von dann vorhandenem Material voranzutreiben.

Kritz: Ich denke auch, daß das im Ansatz zumindest ein sehr bedenkenswerter Vorschlag ist. Ich glaube, wir müssen über neue Koproduktionsmöglichkeiten und über neue Produktionsmodelle nachdenken.

Wiebel: Auf die Gefahr hin, sich bei den Kollegen unbeliebt zu machen - nur weil der Gedanke jetzt gerade da ist und bevor er verlorengeht: Ich möchte den Bühnenverein in Ihrem Sinne ganz nachdrücklich auffordern, eine Marketingstudie über einen Spartenkanal anzufertigen. Dann wissen Sie, ob Sie eine eigene Produktionsgesellschaft gründen sollen, und sicherheitshalber können Sie schon mal den Finger heben, wenn es darum geht, einen solchen - ich sag jetzt mal - wirklich astreinen Kulturkanal zu beantragen. Verträumen Sie nicht die politische Entwicklung mit Bedenken und Vorsichtigkeit. Machen Sie es jetzt. Die Theaterleute innerhalb des Fernsehens werden Ihnen dabei helfen, so eine Fernsehstudie zu machen. Ich wäre jedenfalls dazu bereit.

Kritz: So bitte, aber nach Möglichkeit jetzt noch Beiträge zu dem Thema, wie wir es besser machen können.

Karin Sarholz: Ich bin so eine, die in den Redaktionen dafür kämpft, daß immer noch über Theater berichtet wird. Ich arbeite beim Westdeutschen Rundfunk für das Magazin *Kulturszene*. Ich geb es zu, wir sind die, die auch häufig 'Kleine-Häppchen-Kultur' bringen. Ich muß Ihnen ganz ehrlich sagen, ich finde das auch gar nicht so schlimm, weil wir letztendlich wollen, daß gerade junge Leute neugierig werden. Da genügen manchmal schon anderthalb oder zwei Minuten, daß sie dann halt selber ins Theater gehen. Erlauben Sie mir doch eine Bemerkung dazu, wie ich das hier empfunden habe. Also, wir sind natürlich auch in der Bredouille, daß wir Quote wollen. Wir haben meistens nur zwei Prozent, egal was wir machen, Hochkultur, Alltagskultur. Wir kriegen einfach nicht mehr. Wenn etwas als Kultur 'gelabelt' ist, gibt's einfach nicht mehr, also machen wir auch Theater und zwar gerne. Aber jetzt hier nach dieser Diskussion hab' ich schon gewisse Vorbehalte. Ich finde die Haltung der Theaterleute gegenüber dem Fernsehen zum Teil ungeheuer arrogant. Wir sind irgendwie immer die blöden armen Irren, die von Kultur sowieso keine Ahnung haben, wenn wir darüber berichten.

Ewig dieses: 'Na ja, Ihr armen Fernsehleute, Ihr habt ja auch so mit den Quoten zu kämpfen.' Beim Theater ist es doch nicht anders. Man muß sich doch nur mal angucken, wie es im Ruhrgebiet aussieht. Wie gekürzt wird, wie Theater unter Umständen zusammengelegt werden sollen. Ich meine, wir haben es doch alle angesichts der privaten Konkurrenz unglaublich schwer. Sie haben doch auch die Musicals, die Ihnen die Zuschauer wegnehmen. Die Situationen sind doch sehr vergleichbar. Und sich dann an so einem Ort darüber aufzuregen, ob die Einstellung jetzt nun so war oder so, finde ich - mit Verlaub - angesichts der Situation absurd. 'Wir müssen zusammenhalten' hört sich immer so blöde an, aber eigentlich ist es so, glaube ich. Wir müssen aufhören, uns gegenseitig herunterzuputzen. Vor allen Dingen muß sich die Perspektive der Theaterleute auf das Fernsehen ändern. Denn mal so gefragt, warum soll ich mir denn den ganzen Streß machen? Ich brauche das Theater nicht, um ein gutes Kulturmagazin zu machen. Aber ich will es, weil mir Theater wichtig ist.

Kritz: Im Sinne des Zusammenhaltens will ich einfach nochmal fragen, ob es unter dem Gesichtspunkt Pragmatismus noch produktive Ideen gibt, wie wir weiter kommen?

Seibert: Wir kommen hier langsam zu Ergebnissen dieser Tagung. Das Ergebnis ist nicht so sehr befriedigend. Was Herr Kammann vorschlägt, ist Defensivstrategie. Das heißt doch im Endeffekt ein Hauptprogramm ohne Theater in einer Situation, wo das Fernsehen eindeutig Dominanzmedium geworden ist. Wo das Fernsehen mitentscheidet, was wichtig ist. Und deswegen wäre ich mit dieser Defensivstrategie als Ergebnis dieser Tagung nicht einverstanden. Man muß wirklich überlegen, ob es nicht ein Theatermagazin geben sollte. Ob man nicht im Zweiten Programm eine Sendung einrichtet, in der regelmäßig über Theater berichtet wird. Niemand hätte vor dem *Literarischen Quartett* (und die Literatur ist auch nicht besser als das Theater im Augenblick) oder den *Tausend Meisterwerken* gedacht, daß dort eine Quotenhöhe erreicht wird. Also, mein Vorschlag wäre, man sollte überlegen, ob zumindest nicht als Ersatz in einem der Hauptprogramme ein regelmäßiges Theatermagazin etabliert wird.

Kritz: Sie können uns abnehmen, daß wir diese Überlegungen natürlich dauernd führen und das wir uns dauernd streiten. Es gibt im Gegensatz zu Kluth's Pessimismus in den Redaktionen noch Leute, die sich nicht selber um ihren Job bringen wollen, indem sie sich nicht über Kultur streiten. Das ist Alltag in den Redaktionen und mein Kollege Glässgen hat das gestern auch gesagt. In jeder Zeitung hat es immer Interessenskonflikte gegeben zwischen der Politik und dem Feuilleton. Das ist ein ganz alltäglicher Streit im journalistischen Apparat. Damit müssen wir leben. Ich kann auch in dem Falle wieder nur sagen: Wenn es die erklärte Meinung gibt, daß so etwas in der ARD oder im ZDF oder wo auch immer wünschenswert wäre - deklariert es, bringt es zu Papier, schreibt es auf, stellt Forderungen und laßt die Nachtgedanken über den kulturellen Auftrag der Öffentlich-Rechtlichen nicht eingeschlossen in dieser Kammer, denn dann war es wirklich umsonst.

Kluth: Ich bin gar nicht pessimistisch, sondern realistisch. Das wollte ich nur nochmal sagen, Herr Kritz. Pessimismus ist keine Haltung, die ich in irgendeiner Form akzeptiere.

Kritz: Gut, ich danke Ihnen.

Rosenstein: Diese Gefahr, die vorhin angesprochen worden ist, daß bei Theaterbeiträgen innerhalb von Kulturmagazinen das Spektakuläre in den Vordergrund rückt, wäre durch ein Theatermagazin durchaus gebannt. Vor allen Dingen scheint mir aber noch wichtiger, daß es auffindbar wäre, daß es regelmäßig und stringent berichten könnte und daß eben die verschiedenen Theaterformen berücksichtigt würden. Bis jetzt sprechen wir ja immer so, als wenn Theater nur Schauspiel sei, bestenfalls noch Oper. In Wirklichkeit gibt es unendlich viele theatrale Formen.

Christoph Quest: Guten Tag, ich bin Schauspieler von Beruf. Ich möchte mich bei Herrn Rühle bedanken. Er hat auf das Momentum meines Berufes hingewiesen. Die Ware Theater, über die wir reden, die verhandelt wird, geschieht über den Menschen. Vom Menschen auf der Bühne zum Menschen im Publikum. Es geht nicht um Theaterstücke, nicht darum, daß die Deutschlehrer wissen, was Theater war und wie was gehandelt wird. Es kostet unendlich viel Kraft, auf der Bühne noch eine Vorstellung zustande zu bringen, die die Leute erfreut und die sie erhebt. Um ein Konklusum zu geben: es geht um den Menschen. Wenn Sie den Menschen wiederentdecken - wie das die Werbung längst getan hat -, so daß Sie das Gesicht des Menschen wieder sehen, dann haben Sie eine Geschichte des Menschen und nicht irgendwelche Geschichten über die wir resümieren und wo wir langsam aber sicher veröden in diesem Land. Wenn ich auf der Bühne bin und Theater mache, gibt es einen Geist, den ich beschwören kann, einen Geist, um den es geht. Egal in welcher Form ich ihn anbiete. Ob ich ihn in einer Sendung anbiete, ob ich ein Theaterspiel mache, ob ich eine Übersetzung finde, wie auch immer. Jenseits dieser Diskussion geht es darum, diesen Geist wieder lebendig zu machen, der sehr wohl eine Sehnsucht erfüllt, die da ist.

Thomas Dentler: Ich bin vom Theater der Westentasche aus Ulm. Ich bin das erste deutsche Theater, was in Afrika, Elfenbeinküste, *Ansichten eines Clowns* von Heinrich Böll gespielt hat - in deutscher Sprache. Dort unten gibt es keine Theaterräume, dann spielt man im Freien. Dort unten im Urwald gibt es auch keine Beleuchtung, dann hat man halt eine 25 Watt Birne vor sich und da geht was ab - innerlich. Theater macht man mit Liebe, Journalismus wohl auch. Und Liebende werden sich hoffentlich immer wieder finden, auf ganz verschiedenen Wegen. Wenn der eine Weg nicht mehr geht, dann probieren wir einen anderen, irgendwann einmal.

Kritz: Ich danke Ihnen. Sie sollten für dieses wunderschöne Schlußwort beim Bühnenverein ein Honorar einklagen. Herr Bolwin, möchten Sie die Sache zum krönenden Abschluß bringen und vielleicht auch in Ihre Schlußgedanken ein bißchen miteinflechten, was der Bühnenverein nach diesen Diskussionen tun kann, damit was passiert?

Bolwin: Meine Damen und Herren, ich will dies zum Anlaß nehmen, doch ganz kurz noch einmal auf manchen kritischen Punkt einzugehen, der, bezogen auf den Bühnenverein, angesprochen worden ist. Nicht sehr ausführlich, sondern nur ein wenig zur Förderung des Realitätsbewußtseins, für die Möglichkeiten, die wir haben. Ich fange mal an mit der interessanten Frage, ob wir eine Marktstudie für einen Spartenkanal in Auftrag geben. Ich weiß gar nicht, was das kostet. Ich weiß aber auch gar nicht, was das Ziel sein soll. Soll das Ziel sein, daß dann das Theater selbst sein Fernsehen macht? Das war eigentlich nicht die Diskussion, die wir führen wollten, sondern es ging darum: welche Verantwortung hat das Fernsehen für die Kultur und welche Verantwortung hat insbesondere auch das öffentlich-rechtliche Fernsehen für die Kultur? Womit ich nicht gesagt haben will, daß man nicht einem solchen Gedanken nachgehen kann. Ich habe mich auch ein wenig darüber gewundert, daß uns gesagt worden ist, wir seien zu defensiv. Der Bühnenverein ist der einzige, wenn ich's richtig gesehen habe, der in der Öffentlichkeit gegen die Einstellung der Sendereihe *Aktuelle Inszenierung* protestiert hat. Ansonsten habe ich nicht viel in der Öffentlichkeit dazu gehört. Und Sie können sich darauf verlassen, daß es auf einen öffentlichen Protest nicht beschränkt war, sondern, daß es natürlich im Hintergrund auch Briefe an die Personen gegeben hat, die es angeht. Heute ist ebenfalls gesagt worden: 'Gestern war es langweiliger als heute.' Das räume ich gerne ein. Ich weiß nicht, ob das ein organisatorischer Fehler war, Herr Wiebel, ich habe das nicht so empfunden. Ich kann dazu nur sagen: wir hatten ja gestern eine ganze Reihe von Leuten (auch aus dem öffentlich-rechtlichen Fernsehen) eingeladen, die - sagen wir - weniger von der Kultur kommen, um sie mit den Wünschen und Absichten aus der Kultur zu konfrontieren. Sie sind alle nicht gekommen und haben sich der Diskussion nicht gestellt. Vielleicht wäre die Diskussion dann etwas spannender geworden. Also, die Möglichkeiten, die wir haben, sind begrenzt. Wenn wir mit der Kirche verglichen werden, so nehme ich das mit Interesse zur Kenntnis, wenn ich mir die Möglichkeiten vor Augen führe - auch finanziell -, die die Kirche hat und die wir haben. Zunächst einmal fängt es aber doch damit an, daß selbstverständlich die katholische Kirche und die evangelische Kirche in jedem Gremium, was es zum Thema Rundfunk gibt, einen Platz haben. Darüber diskutiert kein Mensch. Ich habe das gestern kurz angeschnitten, welche Möglichkeiten wir haben, überhaupt zu einem solchen Sitz zu kommen, und das ist ja nicht nur eine Frage der Interessenswahrnehmung, sondern daraus resultieren doch die Kontakte und daraus resultieren die Gesprächsmöglichkeiten. Ich sage noch einmal schlicht: die haben wir nicht, und sie sind schwer herzustellen. Und ein letztes Wort zu der Frage: 'Wie äußern wir uns eigentlich zu den aktuellen medienpolitischen Debatten?' Ich weiß nicht, ob Sie alle gestern gehört haben, was ich gesagt habe. Ich habe gestern sehr eindeutig gesagt: 'Es ist Irrsinn und Unsinn, darüber nachzudenken, auch angesichts der Rechtsprechung des Bundesverfassungsgerichts, das Erste Fernsehprogramm der ARD abzuschaffen.' Das ist sehr eindeutig erklärt worden. Genauso eindeutig erkläre ich heute noch einmal: Der Bühnenverein steht für eine angemessene Erhöhung der Rundfunkgebühren, damit Kulturberichterstattung noch stattfinden kann. Das sind doch alles unmißverständliche Äußerungen im Sinne vor allem des öffentlich-rechtlichen Rundfunks. Sie werden aber nicht immer von der veröffentlichten Meinung so wahrgenommen, wie wir das wünschen. Also, Sie sehen, defensiv sind wir nicht und auch meine Äußerungen gestern waren nicht defensiv und sie werden auch nicht defensiv sein. Auch diese Veranstaltung gehört dazu. Ein Forum zu bieten, um zu diskutieren, welche Möglichkeiten bestehen und welche Erwartungen eigentlich aus der Sicht der Kultur zu formulieren sind, darum geht es uns. Ich glaube, daß dies in sehr umfassender und sehr ausgiebiger Weise geschehen ist, daß verschiedene Aspekte beleuchtet worden sind, daß es eine offene Debatte war, eine Gelegenheit zur offenen Aussprache. Die sollte gegeben werden. Ich denke, dies ist gelungen. Natürlich ist es schwierig am Ende einer solchen Veranstaltung irgendwie konkrete Pläne entwickelt zu haben und zu sagen: 'Das ist jetzt ganz genau das, was wir machen!' Ich sage Ihnen ganz offen, ich habe das nicht erwartet. Ich gehe davon aus, daß, nachdem eine Reihe von Argumenten ausgetauscht worden sind, wir, d. h. die Theater auf der einen Seite, einschließlich dem sie vertretenden Bühnenverein, und die Fernsehveranstalter, insbesondere die Öffentlich-Rechtlichen, auf der anderen Seite die Chance nutzen und die Gespräche weiterführen sollten, um herauszufinden, was möglich ist und was nicht möglich ist. Und ich wünsche mir, daß nicht alles am Geld scheitert, daß es nicht daran scheitert, daß die Möglichkeiten, Rechte abzugelten, die einfach abgegolten werden müssen, daß diese Möglichkeiten nicht erfüllt werden können, weil das Geld nicht reicht. Darüber werden wir auch zu reden haben, und das ist, wie ich schon häufig in Gesprächen gemerkt habe, ein nicht ganz leichtes Thema. In diesem Sinn möchte ich nur noch mit Karl Valentin sagen: 'Kunst ist schön, macht aber viel Arbeit', das haben wir heute morgen auch gemerkt.

Anhang

Die Referentinnen und Referenten

Rolf M. Bäumer
Dipl.-Soz., Dr. phil., Germanist, Literatur und Medienwissenschaftler an der Universität-GH Siegen.

Stephan Becker
M. A., Germanistik, Allgemeine Literaturwissenschaft und Kunstgeschichte.

Günther Beelitz
Intendant des Deutschen Nationaltheaters in Weimar.

Rolf Bolwin
Direktor des Deutschen Bühnenvereins.

Karlheinz Braun
Geschäftsführer des Verlages der Autoren. Mitglied in der Deutschen Akademie der Darstellenden Künste, des Internationalen Theaterinstituts (ITI) und in der Dramaturgischen Gesellschaft.

Barbara Büscher
Dr. phil., wissenschaftliche Mitarbeiterin für Theater und neue Medien am Institut für Theaterwissenschaften der Universität Leipzig.

Volker Canaris
Dr. phil., Theater-Lektor beim Suhrkamp-Verlag, Dramaturg in der Abteilung Fernsehspiel beim WDR in Köln, 1979 Schauspieldirektor am Schauspielhaus Köln, seit 1985 Generalintendant am Düsseldorfer Schauspielhaus.

C. Rainer Ecke
Freier Regisseur und Autor für Theater und Fernsehen.

August Everding
Generalintendant der Bayerischen Staatstheater, Staatsintendant, Gründer und Präsident der Bayerischen Theaterakademie, zahlreiche Ämter im deutschen Kulturleben: u. a. Präsident des Deutschen Bühnenvereins, Sprecher des Deutschen Kulturrats, Präsident der deutschen Sektion des ITI, Präsident

der Internationalen Vereinigung der Opernhausdirektoren, Mitglied im Bayerischen Rundfunkrat, Professor an der Münchner Hochschule für Musik.

Heinz Glässgen
Dr. phil., Leiter des Programmbereichs Kultur und Stellvertreter des Programmdirektors Fernsehen beim NDR.

Hans Janke
Leiter der Hauptredaktion Fernsehspiel und stellvertretender Programm-Direktor des ZDF.

Uwe Kammann
Verantwortlicher Redakteur bei epd / Kirche und Rundfunk, Mitglied in verschiedenen Juries (Adolf-Grimme-Preis, Fernsehpreis der Deutschen Akademie der Darstellenden Künste, Hörspielpreis der Kriegsblinden u. a.).

Siegfried Kienzle
Dr. phil., Leiter der Schauspielredaktion des ZDF, Lehrauftrag für Theaterwissenschaft an der Universität Mainz, Mitglied in der Deutschen Akademie der Darstellenden Künste und des ITI.

Michael Kluth
Dr. phil., freier Fernsehproduzent und Kulturjournalist.

Jürgen Kritz
Leiter der Hauptabteilung Fernsehen-Bildung und Kultur des HR.

Inga Lemke
Dr. phil., wissenschaftliche Mitarbeiterin des Teilprojektes "Theater im Fernsehen" (B7) im DFG-Sonderforschungsbereich 240 "Bildschirmmedien" der Universität-GH Siegen.

Sandra Nuy
M. A., wissenschaftliche Mitarbeiterin des Teilprojektes "Theater im Fernsehen" (B7) im DFG-Sonderforschungsbereich 240 "Bildschirmmedien" der Universität-GH Siegen.

Gül Oswatitsch
Redakteurin bei SAT.1 im Bereich Eigenproduktion (Serien, Ein- und Mehrteiler).

Die Referenten und Referentinnen

Bettina Petry
Diplom-Theaterwissenschaftlerin, freie Film- und Fernsehschaffende.

Sabine Rollberg
Dr. phil., Chefredakteurin bei arte.

Doris Rosenstein
Dr. phil., wissenschaftliche Mitarbeiterin des Teilprojektes "Magazin-Sendungen" (B8) im DFG-Sonderforschungsbereichs 240 "Bildschirmmedien" der Universität-GH Siegen.

Helmut Schanze
Dr. phil., Professor für Germanistik/Neuere Literaturgeschichte an der Universität-GH Siegen, Sprecher des DFG-Sonderforschungsbereichs (sfb) 240 "Bildschirmmedien" der Universität-GH Siegen.

Peter Seibert
Dr. phil., Professor für Germanistik an der Universität-GH Siegen; Projektleiter des Teilprojektes "Theater im Fernsehen" (B7) des DFG-Sonderforschungsbereichs "Bildschirmmedien" der Universität-GH Siegen.

Martin Wiebel
Stellvertretender Leiter der Programmgruppe Fernsehspiel beim WDR Lehrtätigkeiten an diversen Instituten, Mitarbeit beim European Script Found, bei Sources Amsterdam und beim Vergabeausschuß der NRW-Filmwirtschaftsförderung, Mitglied in der Deutschen Akademie der Darstellenden Künste und in der Dramaturgischen Gesellschaft.

Unterhaltsames Fernsehen

Irmela Schneider (Hrsg.)
Serien-Welten

Strukturen US-amerikanischer
Serien aus vier Jahrzehnten

1995. 240 S. Kart.
ISBN 3-531-12703-9

US-amerikanische Serien gehören seit rund vier Jahrzehnten zum Programmalltag des deutschen Fernsehens. Mit Titeln wie „Auf der Flucht", „Bonanza", „Lassie", „Flipper", „Dallas", „Columbo" oder „Die Golden Girls" verbindet heute fast jeder Fernsehzuschauer Erinnerungen an Geschichten, Schauspieler, an bestimmte Typen von Akteuren, ihre Verhaltensweisen und Wertvorstellungen. Serien sind ein Teil des kollektiven Gedächtnisses unserer Gesellschaft. In diesem Sammelband werden die Ergebnisse einer umfangreichen Inhaltsanalyse US-amerikanischer Serien vorgestellt, bei der u. a. die Entwicklungen von Erzählformen, erzählten Konflikten und inszenierten Werten untersucht wurden. Der Leser erhält einen Überblick über die Entwicklung der Serien von den Anfängen des Fernsehprogramms bis in die 90er Jahre.

Doris Rosenstein (Hrsg.)
unter Mitarbeit von Anja Kreutz
Unterhaltende Fernsehmagazine

Zur Geschichte, Theorie und Kritik eines Genres im deutschen Fernsehen 1953 – 1993

1995. 350 S. (Studien zur Kommunikationswissenschaft, Bd. 11) Kart.
ISBN 3-531-12753-5

Seit Beginn des Fernsehens sind Magazinsendungen ein fester Bestandteil des Programms. Gegenstand dieses Sammelbandes ist ein bestimmter Typ dieser Fernsehgattung, der vorrangig durch die Unterhaltungsfunktion gekennzeichnet ist. Seine Varianten entstehen durch die Verbindung unterschiedlicher Unterhaltungs-Facetten mit Informations-, Ratgeber- und Bildungselementen. Die Beiträge untersuchen bekannte und repräsentative Beispiele aus der Sicht von Wissenschaftlern, Kritikern und „Machern". Analysiert werden Magazinreihen des öffentlich-rechtlichen Fernsehens (u. a. „Drehscheibe", „Bitte umblättern", „V.I.P.-Schaukel", „Leo's"), aber auch Sendungen, die im Rahmen des dualen Systems von Privatsendern ausgestrahlt wurden (u. a. „Avanti", „Traugott", „Liebe Sünde" bzw. „Elf99").

Martin Jurga (Hrsg.)
Lindenstraße

Produktion und Rezeption
einer Erfolgsserie

1995. 241 S. Kart.
ISBN 3-531-12693-8

Populäre Medienprodukte sind ein fester Bestandteil unserer Medienlandschaft. Fernsehserien spielen dabei eine herausragende Rolle. Unter ihnen haben gerade endlos produzierte Dauerserien eine große gesellschaftliche Reichweite und stellen ein Medienphänomen besonderer Art dar. In diesem Band werden zum einen Ergebnisse aus Rezeptions- und Zuschauerforschung sowie aus medien- und kulturgeschichtlicher, soziologischer, linguistischer und kommunikationswissenschaftlicher Beschäftigung mit der ersten deutschen Endlosserie – „Lindenstraße" – vorgestellt. Zum anderen berichten die „Macher" über Konzeption, Dramaturgie, Produktion und Hintergründe der Serie.

WESTDEUTSCHER VERLAG
OPLADEN · WIESBADEN

Aus dem Programm Literaturwissenschaft

Martin Rector/
Jochen Vogt (Hrsg.)
Unter Mitwirkung von
Irene Heidelberger-Leonard,
Christa Grimm und
Alexander Stephan
Peter Weiss Jahrbuch 4
1995. 183 S. Kart.
ISBN 3-531-12539-7

Der vierte Band des Peter Weiss Jahrbuchs enthält ein bisher unveröffentlichtes Rundfunk-Gespräch von Hans Mayer mit Peter Weiss über die Uraufführung der „Ermittlung" aus dem Jahre 1965. Den thematischen Schwerpunkt bildet Weiss' Faschismus-Erfahrung und Holocaust-Verarbeitung im Kontext der zeitgenössischen Literatur. Untersucht werden Bezüge zu Paul Celan, Uwe Johnson, Thomas Bernhard, George-Arthur Goldschmidt, Ruth Klüger, Anne Duden und Stephen Spielberg. Rezensionen zu Neuerscheinungen schließen den Band ab.

Werner Bellmann (Hrsg.)
**Das Werk
Heinrich Bölls**
Bibliographie
mit Studien zum Frühwerk
1995. 292 S. Kart.
ISBN 3-531-12694-6

Vorgelegt wird anläßlich des 10. Todestages Heinrich Bölls die erste vollständige Bibliographie seiner im Druck vorliegenden Arbeiten einschließlich der Interviews, Briefe und Übersetzungen. Gegenüber früheren Verzeichnissen sind zahlreiche Erstdruckdaten korrigiert und über 100 neuentdeckte Schriften nachgewiesen. Darüber hinaus enthält der Band sechs Aufsätze, die aus dem Nachlaß gewonnene neue Erkenntnisse vermitteln, vor allem über die erste Schaffensphase. Geboten werden neben einem Beitrag über die wichtigsten Nachlaßtexte Studien über Bölls künstlerisches Selbstverständnis, seine Lektüre, sein kompositorisches Verfahren sowie über zentrale Motive.

Irene Heidelberger-Leonard /
Volker Wehdeking (Hrsg.)
Alfred Andersch
Perspektiven zu Leben und Werk
1994. 236 S. Kart.
ISBN 3-531-12381-5

Dieser Band enthält eine Reihe von Beiträgen über Leben, Werk und Rezeption des Schriftstellers Alfred Andersch aus der Feder von ausgewiesenen Andersch-Forschern, die kritische Fragen zu einem der wichtigsten Autoren der deutschen Nachkriegsliteratur stellen und dabei Briefe und Nachlaßdokumente einbeziehen. Die Andersch-Studien gewinnen an Reiz durch den „zweiten Blick", den englische, belgische und italienische Wissenschaftler auf die im europäischen Rahmen konzipierten, späteren Andersch-Romane werfen. Die Beschäftigung mit dem Werk und seinen vielschichtigen politisch-ästhetischen Spannungen erweist einmal mehr, daß Alfred Anderschs Erzählprosa Bestand haben wird. Eine aktualisierte Bibliographie der Forschungsergebnisse in den letzten zehn Jahren rundet den Band ab.

WESTDEUTSCHER
VERLAG
OPLADEN · WIESBADEN